大学生社会融入辅导丛书

青年@之声》

新生宝典

（2017版）

共青团中央学校部

全国学校共青团研究中心 编著

中国青年出版社

图书在版编目（CIP）数据

青年之声·新生宝典／共青团中央学校部，全国学校共青团研究中心编著.
－北京：中国青年出版社，2017.8
ISBN 978-7-5153-4847-6

I . ①青　II . ①共… ②全…　III . ①大学生－入学教育
IV . ① G645.5
中国版本图书馆 CIP 数据核字（2017）第 183249 号

责任编辑：李凌　段琼
装帧设计：▨文化·邱特聪·陈慧

出版发行：中国青年出版社
社　　　址：北京东四十二条 21 号
邮政编码：100708
网　　　址：www.cyp.com.cn
编辑中心：010-57350520
营销中心：010-57350370
印　　　刷：北京科信印刷有限公司
经　　　销：新华书店
规　　　格：710×1000　　1/16
印　　　张：22.5
字　　　数：300 千字
版　　　次：2017 年 9 月北京第 1 版
印　　　次：2017 年 9 月北京第 1 次印刷
定　　　价：32.00 元

本图书如有印装质量问题，请凭购书发票与质检部联系调换
联系电话：010-57350337

序 言

让"青年之声"成为大学生成长的良师益友

共青团中央书记处第一书记　秦宜智

欢迎你，新同学！

在大家满怀希望与憧憬、即将踏进大学校门之际，这本由共青团组织倾情打造的《青年之声·新生宝典（2017版）》正式与同学们见面了。该书主题鲜明、内容翔实、文风清新，是一本聚焦大学生适应和发展话题的"工具书"，是一本汇集鲜活案例和智慧观点的"口袋书"，也是一本贴近青年学生真实生活和内心世界的"枕边书"。希望每一位翻开这本书的新生同学都能感受到扑面而来的热情和温暖，感受到共青团组织的关怀和希望。

该书于2016年首次出版以来，赢得了各高校大学新生和团干部、辅导员、思政课教师等思想政治工作者的高度评价。大家认为，书中观点好似一枝枝"报春花"，为大学新生带来美好希望，又像一场场"及时雨"，为处于价值观形成关键时期的大学新生滋润心灵。为使该书内容跟上以习近平同志为核心的党中央对大学生成长成才和对加强改进高校思想政治工作的新要求、新希望，跟上日新月异的时代脚步和青年需求，共青团中央学校部、全国学校共青团研究中心组织专门力量进行了修订完善，力求为广大青年学生端上一份热气腾腾的精神大餐。需要特别指出的是，这本书与其他大学生涯指导类书籍相比，最大特点和价值在于：书中有关大学报考、学业、发展、人际、生活、权益等方面的问题全部来源于"青年之声"互动社交平台，可以说是对广大青年关于大学、成长等话题真实声音的集中"打捞"，是共青团组织回应青年诉求、维护青年权益、服务青年成长的生动实践。

习近平总书记在中央党的群团工作会议上指出，工会、共青团、妇联等群团组织一定要坚持解放思想、改革创新、锐意进取、扎实苦干，切实保持和增强党的群团工作和群团组织的政治性、先进性、群众性。他在全国高校思想政治工作会议上指出，思想政治工作从根本上说是做人的工作，必须围绕学生、关照学生、服务学生，不断提高学生思想水平、政治觉悟、道德品质、文化素养，让学生成为德才兼备、全面发展的人才。共青团是党和政府联系青年的桥梁和纽带，是广大青年在实践中学习中国特色社会主义和共产主义的学校，深化改革的目的正是要接通党与青年紧密联系的这根"地线"，将广大青年紧密地团结凝聚在党的周围。青年学生正处于世界观、人生观、价值观形成和确立的关键阶段，迫切需要提升理论素养、知识涵养和人文修养，扣好人生第一粒扣子。高校共青团组织要充分发挥"青年之声"的作用，通过实时互动、耐心聆听、深度指导、线下服务，为青年学生的健康成长带来全方位、立体化、实打实的帮助，把党的关怀持续传递到课堂上、宿舍中和第二课堂的活动里，最终落到每一位青年学生的心坎上。

——在网络时代为大学生注入激浊扬清的力量。习近平总书记指出，共青团要紧跟共产党走在时代前列、走在青年前列；团的工作要把握住广大青年的脉搏。当今时代的一个重要特征，就是网络技术的快速发展和广泛运用。当代青年生来就是互联网空间的"原住民"，是名副其实的"网络一代"。我们经常讲，青年在哪里，共青团就要出现在哪里，团的工作就要做到哪里。现在，青年在网络上，共青团的工作就要及时跟进。"青年之声"平台就是我们树立互联网思维、运用互联网手段，更好贴近青年、贴近时代的重要举措。当前全国网民数量达到7亿，其中80%是青年；与此同时，青年所获取的信息，又有80%来自互联网。网络空间是充满新奇元素、新鲜观点、新潮文化的一方沃土，但也存在诸多杂音、噪音、靡靡之音。"青年之声"的责任，就是为心怀美好又涉世未深的大学生们注入激浊扬清的正能量，帮助大学生增强辨别力、抵御力和成长原动力，让共青团"好声音"陪伴大学生向善向上。

——在改革时代为大学生提供春风化雨的引领。"青年之声"平台既有服务性，也有政治性，而政治性是根本。我们建设这个平台，不是仅仅为了服务而服务，而是要寓引导于服务，为大学生打造思想的灯塔、行动的路标。当前在校的大学生特别是2017级新生，身处于国家全面深化改革的重要时期，人生旅程与实现中华民族伟大复兴中国梦的历史进程高度耦合，有理想、有朝气、有拼搏、有奋斗，也难免会有一些困惑、疑虑甚至担忧、茫然。"青年之声"平台就是要通过主动设置正面话题开展讨论、及时反馈党和政府关心帮助大学生的情况、反映团组织协调社会资源积极解决大学生困难的努力、组织专家学者和青年榜样走进大学生群体等多种方式，把思想政治工作潜移默化到各项服务和活动中，为大学生们带来温暖而明亮的成长光芒。

——在筑梦时代为大学生带来健康成长的希望。为实现中华民族伟大复兴的中国梦而奋斗，是当代大学生成长的历史背景和时代坐标，也是义不容辞的历史使命。共青团是党领导的先进青年的群众组织，其力量来源于青年，其价值也体现在对广大青年的联系服务、组织动员和团结凝聚上。现在，团组织和团干部中存在不少问题，其中最根本的问题就是离青年太远，不深入青年，不了解青年，不会和青年交流，难以解决青年的困惑。通过"青年之声"反映青年呼声、回应青年诉求、维护青年权益、服务青年成长，是我们打破这一困局的有益尝试。"青年之声"不仅提供优质的"心灵鸡汤"，更会为大学生全面发展带来看得见、摸得着的帮助和服务，努力让每一位大学生的梦想成为可能、未来充满希望。

全国各高校团组织都要深刻认识到，以"青年之声"和"智慧团建"为重点，建设网上共青团，是互联网时代共青团工作的必然要求。办好"青年之声"，旨在引导各级团组织树立互联网思维、运用互联网手段来整合提升团的各项工作，其方向在于融合发展，优势在于线下工作，目的在于服务青年。各级团组织要深刻领会习近平总书记青年工作思想特别是关于网上青年工作的重要指示，准确把握网上共青团建设的总体要求，着眼于更好地联系、服务、引导青年，扎实推动网上共青团建设向纵深发展，不断丰富和拓展网上共青团建设的内容、形式和业态，努力把"青年之声"建设成为共青团的时代品牌，提升共青团工作和组织的信息化水平，以改革创新的优异成绩迎接党的十九大胜利召开。

　　2017级大学新生入学后不久，就会迎来党的第十九次代表大会的胜利召开。同学们经过大学的砥砺前行，在欢庆毕业之时或在刚刚步入社会之际，恰好就是中国共产党成立100周年和"全面建成小康社会"实现之时。历史的长河总会在特定时刻翻涌夺目的浪花，同学们正是时代选中的弄潮儿。希望你们在党的领导下，在共青团组织的陪伴下，学会用正确的立场观点方法分析问题，善于把握历史和时代的发展方向，善于把握社会生活的主流和支流、现象和本质，正确认识世界和中国发展大势、正确认识中国特色和国际比较、正确认识时代责任和历史使命、正确认识远大抱负和脚踏实地，争做"有理想、有追求，有担当、有作为，有品质、有修养"的"六有"大学生，在中华民族伟大复兴进程中写就属于你们这一代青年的精彩篇章！

前　言

　　"芳林新叶催陈叶，流水前波让后波。"2017 年秋季学期，700 余万活力四射、心怀梦想的青年学子将迈入大学校门，开启探究学问、增长见识、砥砺身心、涵养品格的人生新篇章。从年龄上看，2017 级大学新生多生于 20 世纪最后几年，成长在改革开放新时期和全球化、市场化、网络化新时代，具有独特的青春际遇和鲜明的群体特征。新生同学能否尽快适应大学环境，能否扣好人生第一粒扣子，是直接关系到"95 后"一代能否成长为中国特色社会主义事业合格建设者和可靠接班人的大问题。

　　在习近平总书记眼中，"95 后"青年学生"朝气蓬勃、好学上进、视野宽广、开放自信，是可爱、可信、可为的一代"。在全国高校思想政治工作会议上，习近平总书记明确指出："对当代高校学生，党和人民充分信任、寄予厚望"。当前，高校共青团组织要以习近平总书记系列重要讲话精神和治国理政新理念新思想新战略为根本遵循，深刻把握习近平总书记对"95 后"青年学生的高度评价和殷切期望，在高校思想政治工作和"大思政"工作格局中发挥生力军作用，努力做大学生成长的引路人和好伙伴，不断巩固和扩大党执政的青年群众基础。

　　《青年之声·新生宝典》的编写，就是高校共青团回应青年学生在"青年之声"平台上关于社会化融入问题的有力举措，是高校共青团服务和帮助青年学生认识大学、适应大学、融入大学，实现健康成长成才的有力举措。该书着眼于系统性、指导性、实用性的总体定位，选编了大量深受青年学生认可和信赖的专家名师、公众人物、朋辈榜样所提出的真知灼见，并配以文献节选、资料注解和案例介绍等拓展式内容，力求为青年学生带来思想清泉、精神火种、行动标尺。该书于 2016 年首发后，得到许多 2016 级大学新生的认可和点赞，也被高校共青团干部和有关教育工作者称为"多年未见的好书"。为进一步增强该书的针对性、时效性，共青团中央学校部、全国学校共青团研究中心组织专门力量进行了修订完善，形成《青年之声·新生宝典（2017 版）》。全书分为报考篇、学业篇、人际篇、发展篇、生活篇、权益篇六个篇章，对大学新生经常遇到的典型问题、热点话题、实际难题进行了深入剖析和科学解答，不仅是大学新生认识大学、适应大学、"主宰"大学的"良师益友"，也是广大教育工作者特别是高校团干部、辅导员做好新生教育和服务工作的"参考教材"。

当今中国最鲜明的时代主题，就是实现"两个一百年"奋斗目标、实现中华民族伟大复兴的中国梦。广大"95 后"青年学生的成长阶段与实现"第一个一百年"奋斗目标完全吻合，干事创业的黄金时期又与实现"第二个一百年"奋斗过程同频共振，这是莫大幸事，更是重大责任。衷心希望 2017 级新生在本书的陪伴下，牢记习近平总书记的殷殷关怀和谆谆教诲，勇于担当这个时代赋予的历史责任，励志勤学、刻苦磨炼，在激情奋斗中绽放青春光芒、健康成长进步！

编者

2017年8月

目录

报考篇

人际篇

生活篇

报考篇

案例 1. 什么样的大学才是"好"大学？

场景：看到高考成绩后，小研同学陷入了两难，他可以选择一所二线城市的"211"学校，好歹也能顶个名校光环，也可以选择一所一线城市的普通大学，去感受大城市的繁华。小研有点困惑，到底是选择"211"这些名校呢？还是选择到一个梦想中的大城市去读普通大学呢？

 问题

考生如何选择一所满意的大学呢？什么样的大学才是"好"大学？

高考承载着无数考生十几年的心血和期盼，因此在志愿填报上一定要谨慎、谨慎、再谨慎。"志愿"二字，顾名思义就是"'志'向所在，'愿'意而为"，直接指向我们未来的职业发展和梦想实现。因此，报考哪所学校就成为每一位考生有生以来做出的最重大的决定，也可能是一生中做出的最重要的决定。是选择名气大的学校还是选择有特色的学校？是选择北上求学还是选择南下深造……成为摆在考生面前最大的难题。

● 回声一

"985" "211" 只是评价大学的一个维度

提到好大学，我们最先想到的就是一些耳熟能详的"985""211"院校。尽管网络上各种"来路不明"的排行榜颇具争议，但"985""211"这种官方"标签"还是很有说服力的，于是就广泛流传着很多说法，如"985"比"211"高校好，"211"比非"211"高校好。然而，大学的质量高低绝不是某些排行榜就能说明的，大学评价是一个复杂而又抽象的过程，是无法用几个指标、几个数据、几个荣誉量化的。习近平总书记曾提到："大学更重要的是底蕴，不要太过在意那些国内外的大学排行榜，不能用干巴巴的指标评定人民心目中的好大学。"[1]

从国家层面来看，"985"是党和政府为建设若干所世界一流大学和一批国际知名的高水平研究型大学而实施的高等教育建设工程。"211"即面向 21 世纪、重点建设 100 所左右的高等学校和一批重点学科的工程。不可否认，"985""211"确实具备较高的综合实力，但填写志愿时唯"985""211"论是比较片面的，因为国家在确定"985""211"时，除了考虑学校综合实力外，还会综合地域差异、社会需求、学科特色、民族发展等因素。也就是说，有很多综合实力较强的学校并不是"985""211"。

据教育部相关数据统计，我国有 2800 余所高等学校，"985""211"高校仅有 112 所，如果把好大学限定在这 112 所高校内，就等于把绝大多数高校排除在外。"985""211"的人才培养质量固然较好，但是其他高校也有不少社会认可度很高的名牌专业。完全依赖学校身份选择大学，一方面可能盲目进入不适合自己的学校，另一方面可能错失一些自己喜欢的且办学水平较高的特色大学。

---

[1]《习近平总书记来到上海代表团参加审议时的讲话》，2017 年 3 月 5 日。

● 回声二

不一样的城市，不一样的风景

大学，是一座城市的名片。大学所在城市的资源、文化、环境等都会对一个人的视野和机遇产生影响，也会对一个人的性格和气质进行塑造，因此，城市是考生选择大学时考虑的重要因素。

天津大学招生办公室主任谷钰老师从个人发展与地域的关系给广大考生提出建议："从个人继续深造的角度出发，重点高校的机会都会很多，不必纠结是哪个地域或哪个城市的重点高校。因为这样的高校能够为学生搭建继续攻读研究生或出国深造的优质平台。从个人就业的角度出发，东部沿海地区的就业机会及就业质量相对而言优势明显，所谓近水楼台先得月，各类企事业单位对自己区域内大学的毕业生认可度更高。"[2] 因此，考生选择高校时，不能简单地将"地域"作为决定性因素，而应将其作为一个重要的参考因素。

每个城市都是一朵花，绽放着不同的美：西部有戈壁大漠的宽广，东部有日益精进的繁荣，漠北有银装素裹的壮美，江南有秀丽水乡的婉约……大学是城市风景的掠影，尽管风格各异，但都会令人终生难忘。

● 回声三

学校各有特色，重点是你想获得什么

如何选择学校？大多数人会说选择就业好、发展好的大学。真的是这样吗？有这样一个故事，小 A 和小 B 一个村里长大，小 A 自幼学习优秀，小 B 自幼顽劣，高考后小 A 进入大学，小 B 开始混社会。7 年后，小 A 硕士毕业，竟然要去小 B 开的公司应聘。这个故事引发我们思考"上大学的初衷是什么？真的只是为了找份好工作吗？"

---

　2 谷钰：《用好地域因素，选择理想大学》，载《高校招生》，2014 年 8 月。

辽宁大学副校长徐平教授说："大学能够塑造我们昂扬向上的精神气质，大学能够为我们提供多样化的文化体验，大学能够为我们提供涵养文化底蕴的宁静环境，大学能够为我们提供理性道德的体验，大学能够培养我们立足未来社会发展的专业知识。"[3] 大学是丰富个人外在能力与内在精神世界的地方，关乎情怀而无关功利。所以，选择大学前我们要想明白上大学的初衷究竟是什么，最想得到哪些方面的成长。

每所大学都有自己的特点和风格，都有自己的优势学科和特色专业，在不同的大学我们能够受到不同文化的熏陶。西安交通大学招生办公室王西京老师给考生提出建议："大学是接触社会的第一步，在大学期间，希望获得哪些知识和能力，希望得到怎样的发展，这与考生的个人定位和职业规划有着重要的关系。比如希望大学毕业后直接就业的同学，可以选择实用型专业较多的应用型大学；希望在毕业后继续读研的同学，可以选择有自己喜欢专业的研究型大学；希望毕业后出国深造的同学，可以选择国际化程度比较高的大学。"在选择大学时，我们应该将自己的需求与学校进行匹配，做到"按需择校，人校匹配"，只有适合自己的大学才是真正的好大学。

● 回声四
高职院校，大国工匠的摇篮

2016 年，"工匠精神"首次写入政府工作报告，并成为人们特别热衷谈论的高频词。所谓"工匠精神"，是指工匠以极致的态度对自己的产品精雕细琢，精益求精，追求更完美的精神理念。当前"创新驱动发展战略""中国制造 2025"等国家战略相继出台，产业和科技变革加速推进，社会对高级技术技能人才的需求正在井喷。与井喷需求相呼应的，是职业教育重要性的日益凸显。珠海城市职业技术学院院长刘华强曾提到："作为高等教育的重要一环，高职教育是培

---

3 徐平：《大学能带给我们什么》，载《光明日报》，2013 年 11 月 11 日。

养高素质技能型人才的基础工程。其能否围绕科技的进步、生产方式的变革和社会公共服务的要求，培养出职业技能和职业精神高度融合的新时代工匠，直接关系着'中国制造'能否成功升级为'优质制造''精品制造'。"

在举国呼唤"大国工匠"的时代，很多高职院校也做出重大人才培养改革和教学升级。高职院校正焕发出空前的朝气和活力，也给广大学子提供了良好的成长平台。高职院校也是同学们报考志愿的重要选择。

大学从来不存在严格的优劣之分，最重要的是适合。你喜欢的、你能考上的无论是哪一所大学，只要在那里你能感受到学习和成长的快乐，能成为最好的自己，那么你的大学就是一所好大学。

案例 2. 什么样的专业是"好"专业？

场景：小研同学从小就喜欢看考古和探秘类的书籍、电影，梦想着将来也能去发现历史奇迹。填写高考志愿时他打算选择考古类专业，但这个想法遭到了家人和老师的一致反对。他们认为考古学太冷门而且社会需求也很少，应该选择当下比较热门的专业，比如金融、计算机等。小研不想放弃自己的梦想，但觉得大家说的也有道理。他非常困惑，想知道什么样的专业才是"好"专业？

 问题

考生如何选择心仪的专业呢？热门专业就一定好吗？

麦可思研究院曾做过一项调研，有 60%—70% 左右的大学新生不喜欢自己的专业。为什么会有如此多的大学生对专业不满意呢？主要原因在于报考前对专业缺乏客观认识，对自己的志趣缺乏深入探索，导致"选非所爱，爱非所选"。专业选择的标准是学科实力还是就业前景？是兴趣爱好还是能力特长？是传统优势学科还是特色新兴专业？很难有统一的标准答案。

● 回声一
专业，开启职业生涯大门的钥匙

　　韩愈在《师说》中曾言"术业有专攻"。专业是开启职业生涯的敲门砖，是通向未来职业之路的桥梁。有一些专业与职业的匹配度非常高，比如医学、刑侦学等；有一些专业未来可从事的职业跨度就比较大，比如行政管理、工商管理等。选择何种专业，需要结合自己未来的职业期待和生涯规划。

　　天津大学原招生办主任王海龙曾给考生提出建议："填报高考志愿，是每个考生职业生涯发展中的一个重要环节。如医生、艺术家、法官等职业，必须要以大学所学专业为基础。也有些专业的毕业生，虽然所学专业与未来职业的相关度没有那么高，但完全放弃专业改行的人也相对较少。比尔·盖茨'一生只做一件事'的成功经验值得广大考生借鉴。考生应尽可能实现高考志愿、专业学习、就业和事业的统一。"[1] 所以，在选择专业时，我们需要想明白将来想成为一个什么样的人，怎样才能成为那样的人，学习什么专业才能更容易成为那样的人。

● 回声二
兴趣，激发专业学习动力的源泉

　　我国著名心理学家林崇德说过："天才的秘密在于强烈的兴趣与爱好。"有研究表明，一个人如果对某项事情有浓厚兴趣，就能发挥其全部才能的80%—90%，并且可以长时间保持精力和体力的旺盛，也更容易成功；一个人如果对某项事情不感兴趣，那么他只可能发挥其全部才能的20%—30%，并且容易疲倦懈怠。这一结果也在许多著名科学家和成功人士的身上得到验证。只有选择自己感兴趣的专业，才能最大限度地激发自己的学习欲望和动力。腾讯公司创始

1《确立良好职业规划是高考填报志愿的前提》，载《阳光高考网站》，2010年3月11日。

人马化腾曾说："玩也是一种生产力。"在深圳大学就读期间，他就在计算机专业找到了快乐，痴迷于计算机程序的海洋里，从玩中找到乐趣，把玩的心态和现实结合起来，创造了中国聊天软件的神话。

 延伸阅读

弃北大读技校 自定别样人生

　　小周 2014 年以 660 多分考入了北京大学生命科学专业。当时报考专业是按照父母、班主任的意见选择的。生命科学专业有些偏理论研究，但是非常热门。但小周从小喜欢拆分机器，动手能力极强，他的愿望是报北京航空航天大学。但小周还是遵从父命选择了北大。他在大一时也曾经努力适应一切，但跟所读的专业更像是强拧在一起的恋人互相都不来电。他越学越痛苦，越学越难受，最终选择了退学，转学到北京一所技校（北京工业技师学院）学习数控技术。在北大痛苦的他进入那里却如鱼得水，不少企业向他伸出橄榄枝。小周说："北大很好，但不适合我。我不后悔，很幸运。每个人只要在适合自己、自己感兴趣的岗位上工作，都会很强大！"小周的故事值得我们思考。有不少学生在填写报考志愿时盲目追"热"而忽视了自己的兴趣，进入大学才发现自己不喜欢所学专业，学习缺乏目标和动力，最终得不偿失。

（资料来源：《弃北大读技校 自定别样人生》，载《中国青年报》，2014 年 11 月 17 日）

　　在选择专业时，考虑兴趣爱好以及未来的职业梦想是十分重要的。比如，喜欢语文未来又想做记者，就可以选择新闻传播、广播电视新闻、语言文学等专业；喜欢计算机又想做 IT 工作，就可以选择计算机、软件工程、信息安全等专业；喜欢生物又想做医生，就可以选择医学专业。"趣"字包含一个"走"、一个"取"，意思是做好取舍，走自己的路，每位考生都需要认真探索自己的兴趣。

● 回声三
"冷"和"热",只是相对的

讲到"热门"专业,离不开"社会需求多""就业率高""收入高"等关键词,意味着关注的人多,报考的人多,竞争也更加激烈。沃顿商学院教授、经济学家 Peter Cappelli 在他的一部著作[2]中提到:"把高等教育当作工作培训是错误的。如果学生在挑选专业时,以热门职业为方向,你能够选'对'专业的可能性基本为零。"因为所谓的"热"和"冷"都是相对的,随着科技发展和社会需求、市场需求的变化,将来"热门"有可能变成"冷门"。

 延伸阅读

屠呦呦的成长故事

诺贝尔奖获得者屠呦呦 1951 年高中毕业后考入北京大学医学院(现为北京大学医学部),选择了当年并非"热门"专业的药物学系生药学专业为第一志愿。她认为生药专业最可能接近探索具有悠久历史的中医药领域,符合自己的志趣和理想。在大学 4 年期间,屠呦呦努力学习,取得了优异成绩。在专业课程中,她尤其对植物化学、本草学和植物分类学有着极大的兴趣。她有个特点,只要喜欢,就会努力去做。毕业后分配到中医研究院,潜心研究几十年,最终发现抗疟疾新药青蒿素,在全球范围内挽救了数以百万人的生命,对人类医学界发展做出了重大贡献。如果当年屠呦呦选择"热门"而非"兴趣",那也不会有今天的成就。所以,无论哪个专业,都有专家和大牛,都能成就未来的事业。一些考生关注度不高的"冷门"专业,如果学校学科和专业的实力很强,只要学生努力学习,以后无论读研、读博、就业,也都会有很大的选择空间。

(资料来源:《屠呦呦的成长故事》,载《今日教育》,2015 年 11 期)

---

2 Peter Cappelli 著,《Will College Pay Off?: A Guide to the Most Important Financial Decision You'll Ever Make》,Perseus,2015 年 6 月 9 日。

很多考生纠结于专业好坏的原因是：他们认为专业等于未来的职业。也许，专业是通往职业的一把钥匙。但是，现在的情况是：很多专业可以同时打开一把锁。2017年很多高校开始推行大类招生，大学里转专业的政策也更宽松，同学们有了更多的专业选择机会。"选我所爱，爱我所选"才是选择专业的正确态度。

案例 3. 学校和专业哪个更重要？先选大学还是先选专业？

场景：小研同学在填报志愿时陷入了两难境地。根据高考成绩，他可以选择一所比较好的大学，但是很有可能会被调剂到偏门专业。如果选择自己喜欢或是热门的专业，那么就只能选择一个层次相对较低的学校。面对"鱼"和"熊掌"不能兼得的困境，小研想知道是应该先选大学？还是先选专业？

问题
学校和专业哪个更重要？

先选学校还是先选专业，是很多考生和家长填报志愿时非常纠结的一个问题。选择好学校，可能会被调剂到一个自己不喜欢的偏门专业；选择热门专业，只能上一所层次相对较低的大学，无论如何选择总感觉心有不甘。如何在大学和专业之间找到一个平衡点？答案是因人而异、因需求而异、因分数而异，不能一概而论。

● 回声一
期待一种发展，选择一个专业

专业是大学生最重要的"标签"。专业学习的目的是掌握不同行业的基本理论和实践技能。例如，如果你想成为一名医生，那就需要学习医学专业；如果你想成为一名律师，那就需要学习法学专业。有些同学会对未来职业发展有一定规划，很清楚自己将来想做什么，这种情况下毫无疑问要首选专业。只有"选对专业"，才能"入想干的行"。选择专业一定意义上就是"选择职业、选择方向"。

但是，大部分同学对未来职业发展的规划比较粗糙或模糊，对未来的职业期待也只停留在"稳定""自由""权威""专家""富裕"等泛泛之词，还没有具体到某种职业，这种情况下首选专业就会比较困难。

选择一个专业，意味着选择了一种职业发展、一种成才渠道、一种成长方向。如果你有相对清晰的职业规划，也清楚自己的兴趣和特长，那就勇敢选择自己感兴趣的专业。即使没有进入理想的学校，未来同样可以通过读研、读博等方式进入理想的大学。

目前，越来越多高校实施大类招生，给学生更自由的专业选择权，也使高校和专业的选择可以有效结合。北京交通大学原招生就业处处长王化深给广大考生提出建议："考生在填报志愿时，如果学校的层次有差别要首先挑选好学校，如果学校的层次差别不大时再优先考虑专业。近年来，很多高校实施大类招生制度，即将相同或相近学科门类，按一个专业大类招生。考生填报志愿时，直接填报大类名称即可。通过该方式录取的学生，在本科阶段用前一到两年的时间统一学习基础课，然后再根据自己的兴趣，按照双向选择的原则进行专业分流。"

● **回声二**
期待一种精神，选择一所大学

读大学不仅仅是为了掌握一门专业技能，更重要的是培养科学的理想信念、价值观念和生活理念，养成科学精神、良好品质和坚强意志，即获得精神层面的成长。大学的学术精神、校风传统、人文气息、学习氛围……这些看不见

13

的校园文化，如同空气、土壤、环境，对大学生精神层面的成长具有潜移默化作用，深刻影响着大学生的价值观塑造和思想行为选择，会在每个人身上留下"大学"独有的烙印。中国古代教育家荀子有言："居楚而楚，居越而越，居夏而夏，是非天性也，积靡使然也。"由于历史传统、办学定位的不同，每所大学都有不同的精神特质和校园文化，对此，考生应当深入了解，选择一所符合自己理想追求、价值定位和文化认同的大学，以实现更好地成长。

◎ 延伸阅读

"泡菜理论"和"陶冶理论"

著名哲学家、华中科技大学涂又光教授提出的"泡菜理论"，中国科学院资深院士、北京科技大学柯俊教授提出的"陶冶理论"，都强调了校园文化在人才培养过程中的重要作用。"泡菜理论"认为，由糖、盐、生姜、大蒜等构成的泡菜水的味道，决定了泡出来的白菜、萝卜的味道。校园文化的育人过程就像泡菜制作一样，一所学校的校园文化决定了其学生的精神风貌和性格特征。"陶冶理论"认为，在制陶和冶金过程中，即使是成分完全相同的原料，在不同的炉窑气氛中就会形成不同品质的产品。校园文化的育人过程就像陶冶一样，不同的学校氛围会培养出风格迥异的学生。

(资料来源：石新明：《大学生素质拓展理论与实践》，中国青年出版社，2009年)

● 回声三
高考报志愿只是一次选择机会，大学还会给考生继续提供专业选择空间

在大学和专业的选择方面，考生们也不必太纠结，并非一次选择定终身。现在，越来越多高校实施大类招生，考生可以先选择一个"专业类"，入学后通过对学科、专业的学习，根据兴趣和特长再选择专业方向。同时，很多高校也

有比较宽松的"转专业"政策。比如北京科技大学实施"零门槛、零设限"的转专业政策，除招生时有特别约定的考生（外语保送生、提前批录取类别的考生）外，其他在校本科生均可以在大一学年末和大二学年末提出转专业申请。此外，为配合转专业政策的实施，很多高校还开设了双学位、第二专业以及辅修专业制度，进一步拓宽了学生专业选择范围。

场景：小研在填报志愿前锁定了几所心仪的大学，去网上了解学校时却发现信息良莠不齐、鱼龙混杂，有好的声音，也有很多吐槽。问亲戚朋友，得到的建议也五花八门，有人关注师资、有人关注环境、有人关注就业、有人关注科研……小研越了解越糊涂，到底应该通过哪些渠道去了解一所大学？了解一所大学又该关注哪些因素呢？

问题
通过哪些渠道了解大学更有效？

当前，只要轻轻动一动手指，我们随时随地就能通过手机、电脑等设备获得想要的信息。然而，各种各样的论坛、栏目、词条、板块等提供的信息有时会截然不同，甚至还会自相矛盾。面对杂乱海量的信息，我们应当通过何种渠道获得最可靠、最有效、最真实的信息呢？

● 回声一
学校招生信息网最权威

了解一所大学，最便利的途径就是各高校的招生信息网。为方便考生填报志愿，招生信息网通常会凝练最核心的学校信息，包括：学校历史发展、院系设置、师资力量、科研情况、就业发展、学生活动、深造情况、国际交流、生活条件、校院风景、历年招生分数等，这些信息比较客观和权威。

在浏览学校招生信息网的时候，很多考生和家长最关注的信息可能集中在深造情况、就业发展等直观数据、图表上面，对大学的特色、优势、文化等往往缺乏关注和了解。出现这种情况的主要原因是考生和家长浏览网站的方向不清晰、目标不明确。因此，在浏览高校招生网时，不能仅仅把目光停留在介绍上，而是要看这些介绍背后传递的信息。那么应该怎样有效利用学校招生信息网呢？答案可以从下面的"延伸阅读"材料中找到。

 延伸阅读

解读大学招生官网

一要看"学校概况"——通过历史沿革分析学校的传统优势学科及特色。比如石家庄经济学院，大家自然而然认为它是所经济类院校，但看看院校介绍就知道，它的前身是河北地质学院，矿业、地质才是它的优势学科。

二要看"院系设置"——全面深入了解所感兴趣学科或专业的必点链接。比如有考生喜欢计算机，于是选择了"信息与计算科学专业"，其实这是个数学和计算机的交叉学科，主要研究如何计算的更快更准，计算机只是辅助工具，专业方向跟真正的计算机硬件设计或软件开发相差甚远。

三要看"师资队伍"——师资力量决定大学办学水平和学生培养质量。关注两院院士、文科资深教授、"973"项目首席科学家、中央引进海外高层次人才"千人计划""长江学者""国家杰出青年科学基金""万人计划"科技创新领军人才等信息。

四要看"招生政策"——是否了解院校录取规则往往关系到高考志愿成败。大学官网中的"招生政策"应该是家长和考生关注的重中之重。网站中的《招生章程》不可不读。"录取规则"包括专业安排原则、调剂原则、调档比例、加降分规定、专业级差、语种要求、身体要求、特殊招生录取原则等。这些信息需要家长和考生认真细致地阅读。

五要看"教学科研"——了解学校专业培养目标、培养方案的渠道。了解专业培养目标有时也是很有必要的，因为不同学校或院系的相同专业的培养目标很可能不一样，相应的课程设置和培养方案也就不同。举个例子，同样是报考经济学专业，厦门大学经济学院的培养目标是具有运用数量分析方法和现代技术手段进行社会经济调查、经济分析和实际操作的能力的专门人才，但厦门大学王亚南经济研究院的经济学却是为培养国际化经济人才而设立，这个专业采用完全与国际接轨的课程设置，使用英文原版教材，实行的是全英文授课。如果考生的专业兴趣是经济学，但偏偏英语是薄弱科目，那就不太适合报考王亚南经济研究院的经济学了。

六要看"合作交流"——同学，世界那么大，你想不想去看看？一所大学与国际知名大学的交流越频繁，能为学生提供的国际化交流平台就越多，学生就越有机会了解当今国际上的学科前沿资讯，就越能具备更国际化的视野和思维。譬如，有的大学除了众所周知的 CSC 国家公派留学项目，还有 SAF 海外名校交流学生项目，这类项目一般为学生提供三种类型的交流学习。一是专业课程学习：学生可以前往美国哥伦比亚大学、普渡大学、英国牛津大学等近 50 所名校进行一学期或一学年的交流学习，专业不限，并可跨系科选课。二是高端实习：四年级学生和研究生更有机会参加美国首都华盛顿地区的高端实习项目，提升个人竞争能力。三是语言文化学习：低年级学生可以参加在寒假或暑假举办的短期语言文化学习，进一步提高英语并且近距离接触当地文化。

七要看"校园文化"——从校园文化看学校对学生素质发展提供的平台。校园文化能够创造一个无形的"场"，将其感染力和渗透力弥散于校园之内、学生之中，无时不在、无时不有，通过潜移默化的陶冶，使得学生在品行道德、学业、身体素质、心理素质、艺术修养、团队精神等方面的素质得到有益发展。"校园文化"版块与学生的关系绝对是紧密相关的，这里面涵盖的社团活动、讲座信息、BBS 学生论坛等内容，很能反映出一个学校的校风、学风以及师生精神面貌。

八要看"学校新闻"——以小见大，侧面了解大学多方讯息。高校新闻网中既有教学科研进展的新闻，也有招生就业的资讯，小到一个"身边的好同学"的日常报道，大到重大科研项目的攻关成果，把这些新闻资讯浏览下来，整个大学的形象也跟着生动起来，不再觉得那么遥不可及。另外，从"媒体报道"中，很容易看出一所学校在社会民众心目中的地位。从"校友风采"中，通过校友活动及相关介绍，可以看到学校培养的毕业生工作发展情况。

（资料来源：肖娟群：《从大学官网如何去认识一所大学》，搜狐教育，2016 年 4 月 8 日）

● 回声二
师兄师姐的声音最可信

在填报高考志愿过程中，"年轻人帮助年轻人"是最有效的方式。考生可以通过网络或面对面交流等方式，咨询正在读大学的师兄师姐。作为大学的亲历者和"过来人"，他们能够为我们提供最生动的信息、经验、教训和思考，讲的内容更容易引起共鸣。

人工智能公司 iPIN 曾经对 600 多名大学生进行高考志愿调查，发现近 70%的人对自己所报考的学校、专业并不完全了解。就读电子信息科学与技术专业的刘同学说："高考填报志愿时，我想选技术性强的计算机方向的专业，当时就上网查了一下，以为电子信息科学与技术专业符合我的要求，后来才发现这个专业其实更偏理论，做硬件不专业，做软件也不如计算机专业，如果当初有学习这个专业的师兄师姐告诉我这些情况，我会更慎重地选择。"

那么，应该重点咨询师兄师姐哪些内容呢？一要了解学校的校风学风和特色优势；二是要了解大学的名师专家和杰出校友；三是要了解相关专业的课程设置、就业方向；四要了解师兄师姐的学习感受和对大学的满意程度，若他们有着幸福的大学生活，相信你也会有同样的幸福。

● 回声三
走进大学去感受最直接

想了解一所大学，有什么会比"走进大学校园"给你更直观的感受呢？大学的教学楼、图书馆、体育馆、操场、食堂、实验室、宿舍，甚至一个雕塑、一棵树、一朵花都可能是一段历史、一个风景、一个故事。在大学里走一走、看一看，亲身去欣赏校园风景，去感受青春气息，去目睹大师风采，方能真正理解一所大学的内涵。

◎ 延伸阅读

考大学，不妨实地走访

复旦大学生命科学学院学生蔡梦怡曾用自己的亲身感受建议考生："你可以站在教室外面聆听一场精彩的讲座。那场讲座很可能是某位知名的哲学系教授侃谈人生哲理，他渊博的知识、理性的思辨、优雅的风度，无一不让你为他深深地折服。也许你还不那么理解教授旁征博引的具体含义，但是你听罢一定会开始重新思索大学带给我们的价值。你不妨与在实验室里埋头苦干的师兄师姐们聊上几句。他们会告诉你正在为哪个科研攻坚项目打拼，已经反反复复地做了几个月了，还不知道什么时候能理出头绪来。你会从他们的脸上读到一种充实并快乐的表情，甚至你还会开始艳羡他们这样辛苦而快乐的学术生活。在食堂门口，你可能会被一连串塞在你手中的各种活动传单弄得不知所措，有招新宣传、校园选秀、社团创意活动……在大学里我们关心的不只是专业知识，我们在大学里所做的一切，无论是专业学习还是学生工作，都是了解体验社会的过程。"

（资料来源：蔡梦怡：《考大学，不妨实地走访》，载《文汇报》，2008 年 4 月）

目前，很多高校都会在高考结束后组织"校园开放日"活动。例如组织各系所教师为考生和家长解读专业学习内容、研究领域、未来从事的工作方向等，

同时还有机会参观实验室、体育馆、图书馆、文博馆、餐饮服务中心等，让考生能够身临其境地感受大学的多彩风韵。新生同学可以关注心仪高校的校园网，及时参加高校举办的"校园开放日"活动，通过亲身体验来深入了解大学，为自己的选择提供充分的依据。

场景：小研同学的父母都是教师，从小耳濡目染对教师职业产生了深深的向往，希望以后也能像父母一样教书育人，因此报考师范类院校成为他的首选。但是父母的意见却与他相反，父母认为教师比较清苦，希望他能够选择金融、计算机等热门专业。小研很苦恼，不知道应该遵循自己内心还是接受父母的意见。

问题
如何处理与家长意见不一致的难题？

四川某教育机构 2016 年对两千多位学生和学生家长进行了调研，数据显示，12% 的受访者明确表示高考志愿被父母包办，8% 的受访者表示完全学生自己做主，还有 80% 的受访者表示由双方协商填报。目前考生大部分是独生子女，习惯了父母包办自己的事情，父母也自然觉得什么事都该替孩子做主。当家长与考生志愿填报意见不一致时，就会出现"孩子不知如何反抗、家长不知如何退让"的现象。作为子女应该体谅父母的心情，作为父母应该尊重孩子的选择，但如何把握这个度成为一件不容易的事情。

● 回声一
沟通和倾听，你们有相同的初衷

父母与子女本就是两代人，在价值取向、思维方式、情感表达等方面有很大不同，想法和意见存在分歧也十分正常。但是，抛开分歧本身，父母与子女有着相同的初衷，就是都希望考生做出不后悔的选择，拥有美好光明的未来。父母有更多的人生阅历和社会经验，想法更加现实，特别是受教育程度较高的父母，对子女志愿填报的干预程度可能更高。而考生的想法更贴近自我期待和兴趣。双方对志愿选择都有自己的理解和判断标准，要想达成意见统一，首先需要做到两点。

一是主动沟通，促进双方互相理解。意见出现分歧虽然令人不快，但让误会加深的往往是双方对待分歧的态度。考生认为家长根本不懂自己，家长认为考生太不成熟，导致彼此互不让步，甚至通过冷战期待对方低头。这样不仅不能解决问题，还会令矛盾升级。家长与考生应该主动沟通、充分交流，积极获得彼此的理解，使双方能够站在同一个立场去讨论问题。

二是学会倾听，发现彼此真正需求。倾听是最有效的沟通技巧，有效的倾听会让我们发现对方真正的需求是什么。家长倾向选择"热门专业""名牌大学"等，真正的需求是认为这些"名头"能给孩子带来一个好前途；考生倾向选择"兴趣专业""特色大学"，真正的需求是认为这些"特质"能给自己创造一个好未来。用心倾听后，就会发现彼此的需求是一致的，解决问题的关键就是探讨哪种选择更利于赢得"好前途"。当对"好前途"有了统一的定论后，分歧自然也就迎刃而解了。

● 回声二
考生要尊重自己的内心

上大学是考生自己的事，这个过程家长、老师谁也无法替代。很多大学生会出现对专业学习的抵触情绪或厌倦心理，究其原因，很多学生会说："我不喜欢这个学校和专业，是我父母让我选的。"因此，上什么样的大学、学什么样的专业，归根结底还需要考生自己做出选择。考生要尊重自己的内心，但更重要的是学会辨别自己的内心。我们的决定是一时冲动还是深思熟虑？是天马行空还是有理有据？是管中窥豹还是全面客观？都需要在不断反省和总结中去澄清。只有想清楚弄明白自己内心的需求是什么，才能做出正确的选择。

一要反思自己，不要走极端。当考生和父母的意见发生分歧时，要冷静分析原因，不要一上来就认为父母的想法保守、落伍、现实，要认真反思自己的决定是否过于理想化。大部分考生高中时期接触的专业和职业信息都非常少，通常很难判断自己喜欢什么、不喜欢什么，能做什么、不能做什么。很多自认为喜欢的"兴趣"是来源于艺术加工后的影视剧作品，而非来源于生活中的真实认知。与此同时，大部分考生对自己的兴趣、爱好、能力也很难做出客观的判断，这种情况下一定不要偏执地认为自己的选择是最正确的。

填报志愿前，需要做广泛的信息搜集，需要从家长、老师、亲友及学长那里获取重要的信息和建议。然后将信息进行整合分析，再去判断自己的决定是否科学合理。如果是自己的想法太过理想化，那就要调整自己的期望；如果找到真正喜欢的学校和专业，那就要坚持自己的意见。

二要坚持自己，努力获得认同。不忘初心，方得始终。北京林业大学15级学生冯一帆热爱绘画，喜欢植物与设计，这些爱好带领他找到理想中的专业——风景园林专业。然而父母对选这个专业比较疑虑，更希望他能选择未来能够从事医生、教师、公务员等职业的专业。在家长的意见与自身梦想之间，他坚持自己的选择。他坚信自己对这个专业的钟爱足以让他克服未来的一切困难，最终说服父母接受他的意见。他用自己的经历告诉大家："面对专业选择，要谨慎认真，但更要对得起自己的内心。无悔，莫过于一个不忘初心的选择。"

当我们真正发现梦想、找到梦想，并且坚信能够克服一切困难追求自己的梦想时，就要努力说服家长尊重自己的想法。真诚地向他们表明自己的立场和想法，让他们相信无论做怎样的选择，自己都会成为一个有理想、有作为、有成就的人。

● 回声三
考生要把家长当顾问、当帮手

填报志愿是人生路上一个重大的选择，直接影响到我们以后的生活和深造。如果全部由家长代替，忽略了自己的兴趣爱好，不仅会挫伤自己的自信心，甚至会产生逆反心理，影响今后的学习和生活。

在填报志愿的过程中，我们要把家长当顾问、当帮手，而不是当领导。如果不能跟父母平等对话、有效沟通，我们可以通过三种方法来争取自己的话语权。一是寻求隔代长辈或家族中比较有权威的亲戚帮助，请他们出面协调，让我们与父母进行平等对话；二是用一种较为成熟的态度和行为与父母沟通，切忌任性耍脾气，让父母看到自己的能力和担当；三是适当示弱与撒娇，用亲情软化强势，父母是世界上最牵挂我们的人，适当让他们看到事情对自己造成的心理伤害，也能引起父母的反思。

聪明的考生不会任由父母把他们的想法强加到自己身上，而会从家长那里获取一些客观的信息帮助我们找到兴趣爱好，设计自己的职业理想。当然，让家长尊重自己并不意味着"让父母放任不管"，也不意味着"父母说什么都不听"。如果我们的志愿选择是"凭空臆想""知之甚少""道听途说""盲目攀比""不合实际"，那么一定要听听家长的意见和建议，既不要轻易否定家长的观点，也不要无原则地顺从家长，而要从家长那里"获得选项""获得信息""获得建议"，并通过自己的综合考量做出较为正确的选择。

> **场**景：高考成绩出来了，小研的分数比较尴尬，卡在很多学校的录取线边缘，运气好能考上，运气不好就落榜，看着身边的小伙伴都填完志愿了，自己越来越着急，不知道该如何才能最大限度用好自己的分数，选择理想的学校。

问题
怎样根据分数选择学校？

分数是考生选择大学最重要的依据。在填报志愿时，每个考生都希望以最低的分数考入最好的大学，发挥分数的最大效能，"把分数用足"。如何准确地预测高校的调档线是报考成功的关键。

● 回声一
近三年分数段是最靠谱的参考

目前，全国大部分省份已实行大平行填报志愿。所谓"大平行志愿"，是指考生可以填报若干个平行但有逻辑顺序的院校志愿，各地区按照"分数优先，遵循志愿"的原则，将文史类、理工类达到省级批次控制分数线的考生，按总分（文化课成绩＋全国性照顾政策分）从高到低排序并依次投档。大平行志愿填报使各高校录取分数更加扁平化，使各高校录取分数及考生层次也更加稳定。

考生填报平行志愿，可以参考近三年各高校的录取分数，以此为参考上下略作浮动即可作为报考分数标准。在填报志愿时，考生要重点关注两个指标。一是关注"高考相对分"，即高出录取控制线（一本线或二本线）的分数。考生可根据近三年不同高校的相对高考分选择与自己分数相匹配的学校；二是关注"高考省排名"，即自己高考成绩在本省所有考生中的位次。如果能够了解到自己意向高校近三年录取考生的省排名情况，填报志愿时将会有更大的把握。

● **回声二**
  一冲、二稳、三兜底，级差设计要合理

考生填报平行志愿时，所填报的高校之间要适当拉开"梯度"，坚持"冲一冲、稳一稳、保一保"的原则。考生在填报志愿前，首先要准确定位自己的分数，确定自己属于哪一分数段，前面的志愿要"冲"，中间的志愿要"稳"，最后的志愿一定要"保"。切记不要急功近利，不要全部报考同一层次的高校，否则一旦一个高校录取不成功，其他高校也很有可能错过。

平行志愿也有顺序之分，考生要注意高校排列的顺序，将最喜欢的高校排在前面。第 1 到 2 个志愿，要填报自己"跳起来够得着"的学校，即往年录取分数稍高于自己分数的学校（高于考生分数 1—10 分）。第 3 到 4 个志愿，要填报与自己"实力相当"的学校，即往年录取分数持平或略低于自己分数的学校（低于考生分数 20 分以内），以保证分数合理利用。第 5 到 6 个志愿，要填报自己"拖得住"的学校，即往年录取分数明显低于自己分数的学校（低于考生分数 20—40 分），以确保自己能够被录取。

● 回声三
报志愿不是"买白菜"，高分进大学不浪费

谁都希望用最低的分数进最好的大学，如果是被"兜底"的学校录取，虽然也能深造读书，但总觉得心有不甘。其实，高分进大学不浪费，要知道学校和志愿之间还存在着一个专业。同样分数的考生，可以"冲"进一所好一点的大学，但专业选择上就没有太大空间，也可以"保"进一所分数低一点的大学，但可以选择一个自己喜欢或热门的专业。这其中的优劣分析，仁者见仁、智者见智，谈不上"浪费不浪费"的问题。

高考填报志愿不是市场买白菜，一定要把价格砍到最低才不算吃亏。考生和家长要放平心态，5—10分差距的高校其实差别不大，为了几分的差距放弃更多专业选择空间，其实未必是件好事。考生应该根据自己的兴趣和理想，留出一定余地，保证录取概率，不要给自己留下遗憾。

场 景：历经高考的洗礼，小研终于考上自己心仪的大学，成为一名准大学生。拿到录取通知书的那一刻，小研立刻幻想起在象牙塔可能度过的美好时光，但是兴奋和激动过后，小研开始迷茫，对于即将开始的大学生活一无所知，不知道自己该做些什么准备才能更好地开启大学生活。

 问题

大学入学前，我们还要做些什么准备？

每年 8 月，考生陆陆续续会接到大学录取通知书。相信每个考生看到通知书时都会非常激动，就像打了十几年的游戏终于升级了，恨不得能彻底给自己放个假，把没有潇洒的青春补回来。但是，当打开录取通知书，看到各种繁杂的入学说明、入学要求、英语分级考试通知等材料时，你会发现入学前还有很多事情要做。

● **回声一**
资料准备，入学还需入场券

高校在给录取考生邮寄录取通知书时，通常会附带一份报到须知，上面注明了考生需要注意的事项和应该准备的材料等。考生在接到通知书后一定要仔细阅读并按相关要求提前做好准备。

证件材料是大学新生入学报到的依据，出行前一定要核实并逐一落实。

1. 相关证件。一是准备好身份证。有些考生未满 18 岁，可能没有办理身份证，那么可以利用假期办理一张身份证。二是做好党团关系转接证明。如果是党员，需要所在学校党组织开具转出证明，并准备好自己的组织关系档案；如果是团员，应由学校团委在团员证上填写"转至某某高校团委"并加盖公章。三是家庭经济困难证明。对于家庭经济困难的学生，要准备好由乡（镇）、街道、民政部门出具的经济困难证明，以便入学时申请助学贷款。此外，有的学校会提出一些特殊要求，同学们要认真阅读入学须知。

2. 户口、档案。关于户口，目前大多数高校对新生是否迁户口采取自愿原则，新生可根据实际情况决定是否办理户口迁移手续。如果迁户口，则需要凭录取通知书并带上户口簿和身份证到户口所在地派出所申报迁出登记。派出所审查复核后，签发户口迁移证明。档案是新生入学非常重要的材料，档案通常包括高考报名登记表、体检表、高中阶段学籍档案材料和党团关系材料等，有些高中会直接邮寄给相应大学，大部分高中需要学生自行提取档案并带到相应大学。被录取的考生（包括军事院校录取的新生、空军和民航招收的飞行学员）可凭高校录取通知书在指定时间内到县（市、区）招办指定的地点领取档案。

● **回声二**
心态准备，大学生活不简单

对大部分新生来说，上大学意味着离开父母、家乡，开始独立生活，开始自己处理生活中遇到的各种困难和挑战。因此，除了相关材料准备外，还要做好一定的心理调整。

一要学会自我管理。大学与高中不同，没有老师和家长监督，我们必须学会自己对自己负责。在学习上，老师不再是"填鸭式"的教育，更多需要主动学习和思考。在生活上，有了更多自由，但也意味着更多责任，要自己做好财务管理、生活管理、形象管理、情感管理等。因此在走入大学前，我们需要思考并确立自己的大学目标，并利用假期尝试打理日常事务，以便更好地适应大学生活。

二要提高抗压和承受能力。大学隐藏着很多未知的挫折，曾经成绩优异的考生可能泯然众人，巨大的城乡差异可能让来自农村的考生产生自卑心理，习惯按部就班的考生可能因不适应大学的学习方式而无所适从……总之，大学等待我们的是很多的未知，有好的，也有不那么好的，需要我们提前打好心理预防针。

三要培养理解和包容的心态。大学是社会的缩影，我们需要与来自五湖四海、形形色色的年轻人交朋友，建立新的人际圈。大学交友与高中交友最大的不同是存在地区和文化差异。高中同学大多来自同一地区，大多有着相同的生活习惯和价值观念，而大学同学来自全国各地，生活习惯和文化理解上可能会有冲突，需要我们去包容和理解。要明白人际相处也讲究能量守恒，你期待别人怎样对待自己，就要用怎样的心态和行为去对待周围的人。

● 回声三
技能准备，抓住充电黄金期

大学前的假期，没有作业和压力，可以说是最轻松的假期。除了好好放松之外，也是各位"准大学生"非常宝贵的能力提升阶段。

一要准备学习技能。入学前，我们可以阅读一些与自己专业相关的书籍，了解专业背景与前沿，将自己的兴趣与专业有效结合，避免进入大学后对专业一无所知；也可以利用假期学习英语，很多高校入学后会进行英语分级考试。

二要加强身体锻炼。大部分高校入学后会组织新生军训，由于强度较大，不少新生会由于体力不支而无法坚持到最后。为更好地开启大学生活，建议大家在假期坚持锻炼身体，养成强身健体的好习惯。另外，要养成良好作息习惯，高考结束后不少同学彻底放松，养成了熬夜打游戏、看小说等不良习惯，累坏身体不说，还导致无法适应大学作息时间。

三要提升其他技能。走进大学后，我们会发现身边很多同学身怀"绝技"，在各种文艺演出、科技竞赛、演讲大赛中大放光彩。如果我们也有些小兴趣和爱好，不妨利用开学前的假期重点提升一下，比如学一段吉他、说一段相声、唱一段京剧、练一段舞蹈、编一个程序……说不定给你的大学带来意外的惊喜。此外，也可以学习驾驶、计算机语言等，为长远职业发展做些准备。

场景：高考之后，有人欢喜有人忧。小研在班里成绩一直不错，但天不遂人愿，高考没有发挥好，成绩与预期相差甚远，眼看理想大学与自己擦肩而过，内心十分痛苦。最终小研被录取到一所自己并不满意的学校，看着小伙伴们兴高采烈地畅谈大学梦想，小研不禁开始怀疑，没有走进理想大学的自己还会有未来吗？

问题
考不上好大学，就没有前途吗？

古人云："骐骥焉能骈死于槽枥之间？！英雄岂可丧志于三流之地？！吾非骐骥，但仍愿驰骋于大江南北，纵横天下！自非英雄，但仍思遨游于九天之上，奋发图强！"一匹千里马，不会因为关在普通的马厩就丧失斗志。即便不是千里马，也同样要心怀理想、奋发图强、驰骋天下。"英雄不问出处"，只要有真本领就能创造属于自己的未来。大学只是一个学习过程的开始，后面还有很多的挑战，一时的得失并不意味着永远的得失。

● 回声一
高考不是命运的最终裁判者

人生不是百米冲刺，而是一场艰苦卓绝、持久的马拉松，起点是站在第一还是最后并不重要，重要的是你能够走多远、走多久。大学只是这场马拉松的一个驿站，有人此刻速度快些，有人此刻速度慢些，但每个人都行走在自己的时间轴中，只要坚持努力，同样能走到别人达不到的地方，看到属于自己的风景。

《华尔街日报》曾做过一项调研，美国 500 家大公司的 CEO 当中，只有 10% 毕业于常春藤名校。新东方教育集团创始人俞敏洪也曾向媒体提供了这样一组数字：国内近千名青年企业家中，只有 10% 毕业于北大、清华、复旦等名校；80% 毕业于国内普通的大中专院校；其余 10% 的青年企业家，学历从小学到高中不等。虽然财富并不代表成功，但从这组数据中可以看出，学历并不代表个人能力。

延伸阅读

马云写给高考失意同学的一封信

高考失败算个啥！我发现很多成功的人都有过高考失败经历的，重要的是他们从没有放弃过努力！

我想你这几天肯定很失落，我理解！因为我有过两次同样的经历。特别是第二次高考失败，我记得发榜那天晚上，自己和几位同样没有考进大学的同学一起，躺在老浙江图书馆门口的平台上，望着满天的星星，对自己的未来充满忧虑惆怅……怕被人看不起，怕被家人埋怨，怕自己会永远抬不起头，怕自己没有未来……

高考试卷的答案，往往只有一个，如果没有找到它，就是不合格。这真的很残酷。但是人生不一样。

人生变化无常，今天顺利未必未来就一定会成功。今天不成功也不意味着未来就没有机会。有些人是天生会读书、会考试！我们不会考试，我们也许不如别人会算、会背书，但在其他方面我们并不比他们差。也许我们生下来不是为了考试的，但我们会努力干活、努力工作！我们也许确实需要考几次才会成功。我们的运气不是在考试中，我们的运气一定是在其他地方！只是我们还没有找到。

我从来没有想过自己会有今天的成绩。但我相信这辈子总有机会是等着我的！有些机会是别人的，忌妒羡慕也没有用。那些天生会读书的人是命，但我们这些不太会读书和考试的人却未必没有我们的运气，只要我们坚持做我们喜欢的事，并努力把它做好、做完美！

（资料来源：马云：《写给高考失意同学的一封信》，载《马云微博》，2015 年 6 月）

非名校出身的社会精英母校大揭秘

马云经过 3 次高考才被杭州师范学院（现在改名为杭州师范大学）录取，毕业后当上了一名普通大学教师，每月拿着微薄工资。机缘巧合，几年后，马云用借来的钱创建了自己的公司。之后，经过不断努力，他一手创建的阿里巴巴成为中国最大的 B2B 网站，并成功在香港上市，马云一举成了亿万富豪。

在两院院士中，化学工程学专家李洪钟毕业于太原理工大学、生态学专家方精云毕业于安徽农业大学、物理化学家姚建年毕业于福建师范大学、生物化学与分子生物学家王恩多毕业于曲阜师范大学，而南华大学、长江大学、扬州大学、上海师范大学等人们眼中的"非名校"也都培养出了院士。

尽管如今的就业市场越来越看重毕业学校，但这些活生生的例子给处于困顿之中的我们还是带来了新的希望——麻雀变凤凰这样的事，并不仅仅发生在童话当中。

（资料来源：方奕晗：《那些非名校出身的精英》，载《中国青年报》，2008 年 5 月 26 日）

● **回声二**
修炼自己才是最重要的砝码

豆瓣评价很高的畅销书《精进》里有这样一段话："一个成熟的人，他的标准来自他的内心，而大多数人，却受环境左右。一个年轻人，进入一所不那么优秀的高校，对自己的标准会不由自主地降低以适应这个环境，以减少自身与环境的冲突，而这种做法对人生也许是致命的。"这段话很真实地描述出很多非名校学生的现状，在一个学习氛围相对没有那么浓厚的学校读书，如果自己努力刻苦、积极上进，可能就会与其他人格格不入，可能需要放弃诱惑忍受孤独，这个时候是否能够坚持自己的理想就非常关键。

北京某"211"高校曾做过研究生生源统计，数据显示，近三年每年录取的研究生中，非"211"院校的学生占到 40% 左右，同时报考研究生的本科生中有 50% 的"985、211"院校考生落榜。可见，无论一本、二本还是三本，每个学校都有好学生，都有特别勤奋的人，每个人最终能走多远与学校没有绝对关系。每个人心中都有一颗种子，只是每颗种子渴望发芽长大的愿望不同，如果愿望足够强烈，那么即使在艰难的环境中它依然能够破土而出，长成参天大树。因此，只要坚持理想和不断提升自己，无论在什么样的学校，都有希望实现个人的进步和成长。

● 回声三
重要的不是上什么大学，而是在大学里学到了什么

中国科学技术大学原校长万立骏曾在新生开学典礼上讲道："人生路漫漫，切记不要以一事一时成败论英雄。并请时刻谨记：成功就是做最好的自己。"的确，无论进入什么样的大学，对所有新生来讲都是一个摸着石头过河的过程，能收获什么、体验什么都是未知。

很多人都说走进大学以后大家就都站在了同一起跑线上。其实不然，走进大学后，大家各自会选择不同的起跑线，只是站在同一个赛场而已。有人参加了开幕式，有人参加了百米，有人参加了马拉松，有人参加了跳远，有人放弃了比赛，还有人一直坐在看台上当观众。四年之后，不同的期待和付出，自然收获不同的成长。对即将开启大学之旅的新生而言，要正确面对高考的成功或失意，既不要沾沾自喜，更不要自暴自弃，因为对整个人生而言，重要的不是上了什么大学，而是在大学里学到了什么。

延伸阅读

三本高校女生拿全额奖学金将赴美国名校读研

武昌理工学院文法与外语学院08级学生乔天钰被美国阿拉斯加大学费尔班克斯分校 (University of Alaska Fairbanks) 录取为硕士研究生，并拿到全额奖学金，成为该校的助教。同时，她还被美国的另外两所大学以及加拿大的一所大学录取。

"成绩很优秀，发展很全面。"这是听力老师对乔天钰的评价。据介绍，乔天钰曾获得2010 "外研社" 杯英文演讲比赛湖北省二等奖、第十五届 "21世纪·星火英语杯" 英语演讲比赛湖北省二等奖、2009年湖北省翻译比赛二等奖等重要奖项。她还是校广播台的成员之一，主持英文节目，曾被评为该校首届形象大使以及 "湖北高校广播优秀工作者"。

"我喜欢让自己的生活充实而有意义，我也喜欢做自己喜欢的事情。"乔天钰说道。对于她来说，选择英语专业也是出于自己的喜爱。"学自己喜欢的知识，而不是以应试为目标"，乔天钰表示这是她能在英语学习的道路上走得长远的原因之一。

乔天钰说，真正决定出国是在大二的暑假，确定了目标之后，她就利用大二暑假，上网收集了很多相关的资料，了解了应该做哪方面的准备。想要去美国，就必须考GRE和TOEFL。"学习GRE比较耗时间，当时基本没有娱乐活动，每天在图书馆里泡着。"乔天钰说道。坚实的基础加上充分的复习，她顺利通过GRE和TOEFL两项考试。

凭借较强的综合素质和流利的口语，乔天钰成功申请到美国阿拉斯加大学费尔班克斯分校研究生，并拿到全额奖学金。在接受该校教授的视频面试中，教授多次提到教书方面的问题，由于乔天钰在校期间曾在外教Steven开的学校Excel Language Center工作半年多，有着一系列的教学经验，所以她对该教授所提出来的问题应对如流，继而成功通过面试并拿到了奖学金。在免去学费的同时，还有相应的工资以及医疗保障。"如果比较节约，挣的工资足够支付自己的生活费。"乔天钰说道，"一般每年的学费加生活费合计为18万人民币，现在基本上都可以自己解决了。"

据了解，利用所学的知识在 Excel Language Center 工作，乔天钰自大四以来就没有向家里要过钱，连申请出国的费用也是自己解决的。被录取后，乔天钰可以好好放松一番，然而她依然坚持不断充电。"因为我选择的是传播学，与之前的专业有很大不同，有很多东西要学，一切都只是开始而不是结束。"乔天钰告诉记者，她还找到了在该校学习的学长学姐，尽量利用各种资源充实自己。她告诫学弟学妹：不管大家有什么打算，一定要好好努力，越努力的人越幸运！

（资料来源：《三本高校女生拿全额奖学金将赴美国名校读研》，参见：http://edu.163.com/）

学业篇

案例 1. 大学究竟是什么？

场景：小研同学在高中阶段过得"很郁闷"，自己有很多想法和特长，却被高考的"五指山"死死压住。如愿考进大学后，他认为终于得到"解放"了，打算在丰富多彩的校园活动中充分释放自己。然而，进入大学后，他又听到老师们反复强调"在大学，学习依然很关键"，听到学长学姐们不断叮嘱"一定要争取高分考研"。小研感到非常困惑。

问题
新生究竟应该怎样认识大学呢？

从公元 1895 年我国近代第一所大学——北洋大学诞生，到当前国家统筹推进世界一流大学和一流学科建设，大学的发展见证着、推动着人类文明的进程，也与我们中华民族近代以来苦难而辉煌的复兴之路紧密相连。习近平总书记曾深刻指出："教育强则国家强。实现中华民族伟大复兴，教育的地位和作用不容忽视。我们对高等教育的需要比以往任何时候都更加迫切，对科学知识和卓越人才的渴求比以往任何时候都更加强烈。"面对具有如此厚重历史感和鲜明时代感的大学，同学们不可能在短时间内就形成全面、深刻的认知，不妨静下心来品读如下几种观点，为自己打开几扇理解大学的智慧之窗。

● 回声 1
大学是发现自己的旅程

　　进入大学后，同学们应当更加懂得：考试和文凭只是检验教育效果的一种方式，并非大学教育的终极目的。在大学阶段过度关注考试和文凭，会使人沉迷于分数、奖励、名气这些虚荣和诱惑中，禁锢自己的好奇心和创造力，影响自己的成长成才。那么大学会给你带来哪些真正的价值呢？北京大学校长林建华说，大学，就是让你去"发现自己、认识自己、选择未来将成为怎样的人"的地方。大学，应当是一次激动人心的自我发现之旅，追随你的好奇心，以继承、批判、创新的态度去丰富自己、去探索奥秘、去挑战自我的极限；大学，应当是一个启迪智慧的自我发现之旅，倾听并追随自己仁厚之心，摈弃骄傲与狂躁，学习倾听、学习分享、学习选择、学习放弃、学习如何变得更加聪明，也要学习难得糊涂；大学，就是要不断发现和了解自己的兴趣、才华、禀赋，发现和了解自己的弱点和不足，这是一个为未来做准备的过程，是发现自己、雕塑自我的旅程。[1]

　　大学是发现自己的旅程。首先，新生同学要发现自己的志向。立志是一切开始的前提，志不立，天下无可成之事。因此，新生同学要树立正确的人生观、成才观，"要立志做大事，不要立志做大官"，要把人生理想融入国家和民族的事业中，勇做走在时代前面的奋进者、开拓者、奉献者，努力使自己成为祖国建设的有用之才、栋梁之才，为实现中国梦奉献智慧和力量。其次，新生同学要培育正确的价值观。"青年处在价值观形成和确立的时期，抓好这一时期的价值观养成十分重要。这就像穿衣服扣扣子一样，如果第一粒扣子扣错了，剩余的扣子都会扣错。人生的扣子从一开始就要扣好。"因此，新生同学要树立正确的价值观，"要从现在做起、从自己做起，使社会主义核心价值观成为自己的基本遵循，并身体力行大力将其推广到全社会去"。再次，新生同学要重新认识学

---

1 林建华：《发现自己——林建华校长在 2015 年新生开学典礼上的讲话》，参见：http://www.pku.org.cn/?p=22259。

习的价值，掌握大学学习的方法。"非学无以广才，非志无以成学"，梦想从学习开始，事业靠本领成就。人生的黄金时期在青年。青年时期学识基础厚实不厚实，影响甚至决定自己的一生。因此，新生同学要如饥似渴、孜孜不倦学习，既多读有字之书，也多读无字之书，注重学习人生经验和社会知识。另外，新生同学还要发现自己的兴趣、爱好，发现自己的不足、短板，发现志同道合的良师益友。

● 回声2
大学是探究学问的天地

蔡元培先生曾说："大学者，研究高深学问者也。"清华大学前校长梅贻琦先生曾鼓励同学们："最好最切实的救国方法，就是致力学术，造就成有用人才，将来为国家服务。"可见，大学是探究学问的天地，研究学问是大学生的本职主业和成才之路，新生同学要自觉将学习摆在首要位置。正如中国工程院原院长徐匡迪院士所说："对于大学生，一定要踏踏实实做好现在的一切，做好现在所做的一切，做好能做好的一切，把这些都做好。在学校里学习，先把所要学习的专业课程学好，不要好高骛远。"[2]

新东方教育集团创始人俞敏洪说："大学期间到底应该做一些什么事情？第一个事情就是要认真学习。大学的认真学习跟中学认真学习是不一样的，大学是拓展自己的眼光、拓展自己人生的学习。我说的学习就是要重视大学的专业知识，我在北大不学好英语，哪有可能做今天的新东方，所以专业知识是非常重要的。"[3]当然，大学的学习并非高中那般死记硬背、追求高分，而是重在锻炼思维、发现知识、培养想象力。请记住两句话，其一是"大学没有教科书，只有教学参考书"。不要把某科书籍看作如中学一样的"教科书"。其二是"学术面前人人平等"。不要认为老师讲的每一句话都是正确的。提出不同的看法和老

2 徐匡迪：《"院士回母校"北京科技大学演讲》，参见：http://www.aiweibang.com/yuedu/110390439.html。
3 俞敏洪：《相信未来—2011中国大学新生学习规划公益巡讲》，参见：http://blog.sina.com.cn/。

师讨论，这在大学是很正常的。即使老师讲错了，通过讨论，彼此都能得到提高，达到"教学相长"的目的。此外，大学的学习不应只学已有的知识，还要培养自己的想象力。爱因斯坦曾说："提出一个问题往往比解决一个问题更为重要，因为解决一个问题也许只是一个数学上或实验上的技巧问题。而提出新的问题、新的可能性，从新的角度看旧问题，却需要创造性的想象力，而且标志着科学的真正进步。"

延伸阅读

蔡元培就任北京大学校长之演说

诸君来此求学，必有一定宗旨，欲求宗旨之正大与否，必先知大学之性质。今人肄业专门学校，学成任事，此固势所必然。而在大学则不然，大学者，研究高深学问者也。外人每指摘本校之腐败，以求学于此者，皆有做官发财思想，故毕业预科者，多入法科，入文科者甚少，入理科者尤少，盖以法科为干禄之终南捷径也。因做官心热，对于教员，则不问其学问之浅深，唯问其官阶之大小。官阶大者，特别欢迎，盖为将来毕业有人提携也，现在我国精于政法者，多入政界，专任教授者甚少，故聘请教员，不得不下聘请兼职之人，亦属不得已之举。究之外人指摘之当否，姑不具论。然弭谤莫如自修，人讥我腐败，而我不腐败，问心无愧，于我何损？果欲达其做官发财之目的，则北京不少专门学校，入法科者尽可肄业法律学堂，入商科者亦可投考商业学校，又何必来此大学？所以诸君须抱定宗旨，为求学而来。入法科者，非为做官；入商科者，非为致富。

(资料来源：杨叔子《中国著名大学校长开学训词》，华中科技大学出版社，2014 年 2 月)

● 回声 3
大学是掌握机会的基石

有一个在银行工作了十年的 HR（人力资源管理师）在网络上发了一篇帖子，叫作《寒门再难出贵子》。意思是说在当下的社会，出身寒门的孩子想要出人头地、想要成功，比父辈那一代更难了。这个帖子引起了特别广泛的讨论。同学们觉得这句话有道理吗？

北京大学法学院研究生刘媛媛对此有一番精彩的论述：拿我自己说，我就是出身寒门。我都不知道，当初我爸跟我妈那么普通的农村夫妇，是怎样把三个孩子（我跟我两个哥）从农村供出来上大学、上研究生的。我一直都觉得自己特别幸运，我爸妈都没怎么读过书，我妈连小学一年级都没上过，她居然觉得读书很重要，吃再多的苦，也要让三个孩子上大学。每一个人的人生都是不尽相同的，有些人出生就含着金钥匙，有些人出生后连爸妈都没有。人生和人生是没有可比性的，我们的人生是怎么样，完全取决于自己的感受，你一辈子都在感受抱怨，那你的一生就是抱怨的一生，你一辈子都在感受感动，那你的一生就是感动的一生，你一辈子都立志于改变这个社会，那你的一生就是一个斗士的一生。我们大部分人都不是出身豪门的，我们都要靠自己，所以你要相信，命运给你一个比别人低的起点，是想告诉你，让你用一生去奋斗出一个绝地反击的故事。这个故事关于独立、关于梦想、关于勇气、关于坚忍，它不是一个水到渠成的童话，不可能没有一点人间疾苦。这个故事是有志者事竟成，破釜沉舟，百二秦关终属楚；这个故事是苦心人天不负，卧薪尝胆，三千越甲可吞吴。[4]

"宝剑锋从磨砺出，梅花香自苦寒来"，机会总是留给有准备的人，留给努力奋斗的人，正如团中央书记处第一书记秦宜智同志所说："奋斗是青春的底色。没有奋斗，就不会有一切美好的东西。青春的光辉，理想的钥匙，生命的意义，乃至人类的生存、发展……全包含在（奋斗）这两个字之中……奋斗！只有奋斗，才能治愈过去的创伤；只有奋斗，才是我们民族的希望和光明所在。"[5]

亲爱的新生同学，正所谓"一千个读者就有一千个哈姆雷特"，每个人心中都有一个大学的样子。这种样子，既源于大学本身的积淀、定位，更源于每个人看待大学的角度和度过大学的方式。大学阶段，是一个人成长的重要阶段，

---

4 刘媛媛：《超级演说家》节目第二季总决赛演讲《寒门贵子》，参见：http://tv.sohu.com/。
5《人生哲理名言警句赏析》，成功励志网，参见：http://www.17coolz.com/。

是人生中最美好的时光，也是专业学习的起点。大学给你更多的成长机会和更好的成长平台，助推你成为一个更有思想的人。可以说，认识大学，首先要认识自己；不负大学，关键是找到自己。因此，每个人的大学都必将独一无二，而不懈地求知和思索就是助你遇见心中最美大学的强大力量。

案例 2. 如何在大学保持学习热情和动力?

场景：小研同学生活在县城，当地经济发展状况比较落后，家长们都希望孩子通过努力读书、考上大学来改变生活条件和人生道路。小研在中学阶段一直以此为动力，起早贪黑，刻苦学习，终于获得一张北京某大学的录取通知书。他兴高采烈地进入大学后，发现身边许多同学不仅学习成绩好，而且兴趣爱好广泛，同时也被大城市的繁华生活所震撼。他开始四处逛街、游玩，渐渐失去了对学习的兴趣。他甚至觉得：考进大学就是应该让自己"放个假"，就是应该好好享受一下青春时光。

 问题

小研的想法对吗？如何才能在大学阶段保持学习的热情和动力呢？

有人说："中国大学生放松的 4 年，恰好是国外大学生最勤奋的 4 年，积蓄人生能量的 4 年。"这句话虽然比较极端，但确实道出了当前国内高校许多大学生学习动力不足、上进心缺失、将大学时光当作一种"享受""放松"的现状。这些问题的产生固然有高中阶段应试教育"消磨"学习热情、部分高校教学管理失之于宽等客观原因，但一些大学生对大学学习的认知和理解存在偏差才是真正内因。正所谓"解铃还须系铃人",大学生保持学习热情和动力归根结底要靠自己看清楚、想明白、动起来。

● **回声 1**
看清楚前路,争做"六有"大学生

"人生在勤,勤则不匮",勤勉、奋斗的青春最美丽。习近平总书记曾勉励大学生:"现在,青春是用来奋斗的;将来,青春是用来回忆的。"因此,从高考的重压下"解脱"出来的新生同学,仍需要艰苦奋斗、努力学习,要让勤奋学习成为青春飞扬的动力,让增长本领成为青春搏击的能量。

那么,新生同学努力奋斗的方向或应当树立的远大志向是什么呢?习近平总书记在中国政法大学考察时的讲话中指出:"当今中国最鲜明的时代主题,就是实现'两个一百年'奋斗目标、实现中华民族伟大复兴的中国梦。当代青年要树立与这个时代主题同心同向的理想信念,勇于担当这个时代赋予的历史责任,励志勤学、刻苦磨炼,在激情奋斗中绽放青春光芒、健康成长进步。"可见,新生同学要正确认识时代责任和历史使命,用中国梦激扬青春梦,自觉把个人的理想追求融入国家和民族的事业中,勇做走在时代前列的奋进者、开拓者;珍惜韶华、脚踏实地,把远大抱负落实到实际行动中,肩负时代责任,高扬理想风帆,静下心来刻苦学习,努力练好人生和事业的基本功,做有理想、有追求的大学生,做有担当、有作为的大学生,做有品质、有修养的大学生。

● **回声 2**
想明白定位,大学生就是要做大学问

许多大学生每天的节奏很紧张、状态很忙碌,奔波在各种资格考试、实习面试或是社团活动之中,希望以此"锻炼能力",为就业增添砝码。然而,上大学仅是为了获取一纸文凭和一份职业吗?大学之"大"又体现在何处?复旦大学原校长杨玉良院士在学校 2012 级新生开学典礼上就曾深刻提出:"不可否认的是,浮躁的、功利主义的社会心态对今日中国之大学的普遍侵蚀,使得我们有时很难坚守作为一所大学和作为一个学生的本分。如今不少学生整天似乎很忙碌,考各种证书,参加一些看似热闹的活动,但内心深处却没有坚定的目标和方向,更谈不上真正的热爱和坚持。我们被喧嚣的竞争大潮所推动,随波逐流,对未来充满了茫然。""大学并不是贩卖证书的机关,也不是灌输固定知识的机关,而是研究学理的机关。所以大学的学生并不是熬资格,也不是硬记教员讲义,是在教员指导下之自主的研究学问的。"而对于同学们,他更是有着强烈的期待:"一个理想学生应该拥有极高的学术天分和刻苦的潜能。同时,他必须独立并在学术上有自由思考的能力。他要有志向,同时有改变世界的雄心壮志。"[1]

可见,大学之目的不仅仅是学习专业知识,也不仅仅是培养综合素质,而应当是做大学问、悟大道理、入大境界。那么,应当如何"做大学问、悟大道理、入大境界"呢?看看习近平总书记青年时代在梁家河插队时的经历吧,或许能够给我们以深刻的启示。他在梁家河插队的伙伴戴明说:"在梁家河那段艰苦的日子里,近平从来没有放弃过读书和思考。我和近平都看过一部书,是范文澜先生的《中国通史简编》。书名虽然是'简编',但实际是厚厚四大本。我和近平都从头到尾认真地读过这部书。对我而言,大概就是读过了,了解了历史,丰富了知识。而对于近平来说,他就会有思考、有借鉴、有批判。可以说,他的执政理念,他的思想,就是在持之以恒的读书生活中积淀下来的。"著名学者王国维先生说,古今之成大事业、大学问者,必经过三种之境界:"昨夜西风凋碧树,独上高楼,望尽天涯路。"此第一境也。"衣带渐宽终不悔,为伊消得人憔悴。"此第二境也。"众里寻他千百度,蓦然回首,那人却在灯火阑珊处。"此第三境也。[2]

---

1 杨玉良:《在复旦大学 2012 级本科生开学典礼上的演讲》,参见:http://news.fudan.edu.cn/2012/0911/31383.html。
2 王国维:《人间词话》,参见:http://www.guoxue.com/master/wangguowei/w-rjch01.htm。

● 回声 3
动起来追梦，让内心充满进取正能量

很多新生同学进入大学后发现，自己的钢琴十级并没有什么了不起，坐在身边的同学就曾经代表国家在世界舞台上演出过；自己在高中当过班长也并不代表什么，同宿舍的室友曾担任过高中学生会主席……在高手如林的环境里，很多同学往往会陷入迷茫和不自信。这时候应该怎么办呢？上海交通大学原校长张杰院士曾这样告诫新生："在这个时候，最重要的就是要相信自己，就是要毫不犹豫、毫不退缩地追逐自己的梦想，建立独属于你的自信。在座的哪位同学有自信在火车上高声演讲，对着全体乘客谈论你的梦想？刚刚毕业的安泰经管学院的黄冬昕同学在大二时就勇敢地跨出了许多人不敢走出的这一步。他带着一把小提琴、一个背包和 50 元现金只身上路，通过火车上的表演和演说筹集到4850 元钱，他完成了跨越 15 个省市的梦想，并把除去旅费的钱全部捐献给公益事业，为农村孩子带去了希望。自信是点燃梦想的火种，因追逐梦想而燃烧激情才能产生真正的、持久的自信。我希望，每一名学子都能够不受外界的干扰，独立地学习和思考，大声说出内心深处的梦想，用自信去奏响你们人生的每一个乐章！"[3]

大学生的成长方式、成长路径各有不同，但"不奋斗，无成长"的道理是相同的。同学们切不可听信那些"上大学就轻松了""在大学里不挂科就可以"等说法，因为大学时光是你人生中最富梦想和活力的阶段，你选择努力就是选择精彩，选择懈怠就是选择平庸。不要为自己找这样或是那样的借口，读大学，就是要在锲而不舍的奋斗中成就独一无二的青春。

---

3 张杰：《在 2015 级新生开学典礼上的讲话》，参见：http://news.sjtu.edu.cn/info/1002/729117.htm。

延伸阅读

清华大学超级学霸韩衍隽：15门课程满分、4门99分

"15 门满分 100 分，4 门 99 分，1 门 98 分。"一张列在幻灯片上的清华大学基础学科成绩单，昨日引来众多网友的围观和膜拜。据了解，该幻灯片出自 2014 年清华大学本科生特等奖学金答辩会，答辩人便是这份成绩单的创造者—清华大学电子工程系 2011 级学生韩衍隽。

"以后千万不要说自己有扎实的数理基础了。"《人民日报》官微中如此点评。

看呆、膜拜……虽然此前也不是没有学霸引发网友集体围观，但韩衍隽如此闪亮的成绩，还是激起了大家新一轮的吐槽，并直呼其为"学神"。"每次看到这么牛的人时，都会有种莫名其妙膝盖发软的感觉，总有一种会随时扑倒跪地的感觉。"网友"胖圆脸毛毛"评论道。

公开报道显示，2011 年，韩衍隽就曾凭借其在全国数学竞赛和物理竞赛上的优异成绩被清华提前录取，不过他后来还是参加了当年的高考，并成为安徽省的理科状元。

虽说一张幻灯片让韩衍隽成了一些网友膜拜的"学神"，但韩衍隽出色的不只是成绩单。公示的申请材料显示，除了连续三年获得班级第一外，韩衍隽还先后获得"挑战杯""全国大学生数学竞赛"等一系列知名的大学生竞赛特等奖、一等奖等奖项，并发表了多篇英文专业论文，取得了两项科研专利。此外，他还是清华大学腰鼓队的副队长。

一位自称韩衍隽同学的网友透露，韩衍隽给他的印象是"对自己有非常清晰的规划和认识"。这在韩衍隽的申请自述中得到体现，比如他说为了训练编程能力，大一就参加了电子系对式程序设计大赛；为了夯实数理基础，大二参加数学物理学科竞赛，并称自己入学时下定的决心是"为解决人类文明与国计民生的基本问题而努力奋斗，在本科阶段结束时自问无愧于学校与国家的培养"。

（资料来源：清华大学超级学霸韩衍隽：《15门课程满分、4门99分》，南方都市报，2014年11月4日）

案例 3. 如何适应大学老师的授课方式？

场景：进入大学两个月后，小研同学对老师的授课方式非常不适应，尤其是《高等数学》《大学物理》等课程，老师一堂课就讲十几页内容，不管同学们是否能听得懂、跟得上，只是一味地翻 PPT。这跟中学老师简直就是天壤之别。小研想，虽然以前就听说过"中学阶段的老师是包教包会，大学阶段的老师是包教不包会，研究生阶段的老师是不包教不包会"，但是大学毕竟也是学习知识的地方，老师也应该把知识点讲透彻，让同学们听明白呀。面对这样的课程讲授方式，小研感到既苦恼又困惑。

问题

大学和高中的授课方式有很大不同，新生同学应该如何对待呢？

新生同学经常能听到这样的说法：大学学习与中学学习最主要的区别是学习内容、学习方法的不同，因此，大学生需要培养自学能力。但是究竟怎样做到呢？

● 回声 1
培养"自学"心态，明确"我"是主体

中学时期，只要跟着老师学就可以了，老师是"手拉手"领着教。而大学则要求学生自主学习，从"要我学"转变为"我要学"。大学生要想学有所成，不仅要自觉地去课前预习、课堂学习、课后复习，而且要主动地去请教老师同学、阅读文献资料，还要积极地去参加学术交流、专业论坛、科技创新、社会实践等活动。

著名科学家华罗庚先生曾指出："学会读书不但保证我们在校学习好，而且保证我们将来能够永远不断地提高。我们一生从事工作的时间总是比在校学习时间长些，而且长得多。一个青年即使没有大学毕业或中学毕业，但如果有了自学的习惯，将来在工作上的成就不会比大学毕业的人差。与此相反，一个青年即使读到了大学毕业，甚至出过洋，拜过名师，读过博士，如果他没有学会自己学习，自己钻研，则一定还是在老师所划定的圈子里团团转，知识领域不能扩大，更不要说科学研究上有所创造发明了。"[1]

北京工业大学副校长邓中翰院士讲述了自己在大学期间主动"自学"的故事："我在大二上学期，给当时电磁学的任课老师胡友秋写了一封8张纸的信，请求能够跟老师做科研。胡友秋老师说是第一次收到一个本科生如此厚重的信并把我叫到家里，对我的做法给予充分的鼓励，把我推荐给系里的黄培华老师。三年级时，我找到了黄培华老师，要求进入他的全都是研究生的课题组做研究。我寒假没回家，利用时间读完了这些资料，黄老师非常感动。在黄老师的指导下，做了很多人都认为非常前端性的科研工作。我怀揣着一个年轻人的自信，向《中国科学通报》投了第一篇文章，还把文章翻译成了英文。没想到夏天过完之后，我就得到了《中国科学通报》录用这篇文章的通知书，这对我来说是天大的惊喜。"[2]

---

1 华罗庚：《要学会读书》，参见：http://www.5156edu.com/page/10-10-11/60723.html。
2 李雅清、胡胜友：《邓中翰母校讲述学习生涯》，中国科大报，第 551 期第 2 版。

● 回声 2

培养"自学"能力，明确"会学"是目标

中学通常是以老师为主导长时间学习一门课，而大学通常进度较快，一个学期就要把一门课程学完，而一门课程也只有几十个学时。老师讲授方式也不尽相同，有的老师可能会在黑板上写一些讲课内容，有的老师只讲不写，有的老师只是启发式的讲解，即少讲不写。加之，有的老师每次上完课就离开了，很少给学生布置作业或对学生进行课后辅导。这对于习惯了高中教学模式的新生同学来讲，无疑是一件令人头疼的事。有些新生同学不知如何记笔记，不知如何预习、复习，不知如何利用图书馆，不知如何选择参考书和辅导书，等等，从而严重影响了学习。因此，新生同学应当培养自主学习的能力，真正学会"学习"。

阿里巴巴创始人马云在纽卡斯尔大学捐赠仪式上的讲话中说："我学到的是，你在书本上学到的、你的父母告诉你的，可能不全是真的，这个世界太有趣了，这个世界太独特了，你需要自己去体验。你需要用你自己的大脑去思考。"新东方教育集团创始人俞敏洪认为，学习能力不是说你在大学的时候成绩有多好，也不是说你在大学里读了多少本书。学习能力是一种不断重新修整自己的思想、改变自己的观念、提高自己的觉悟，不断用新知识去补充自己头脑的能力。有两句老生常谈的话，一句是"读万卷书，行万里路"，一句是"阅人无数，名师指路"，这两句话是对学习维度的概括。读书是学习的必要方法，虽然很多时候思想是通过"碰撞"获得的，但读书是获得思想的极佳途径之一。行万里路是必须的，不出去走一走，你就不知道世界是什么样子。在行万里路的同时你就可以阅人无数。当然，阅人无数不仅仅靠行万里路来完成，你在校园里和工作中一样可以阅人。阅人是你对一个人进行分析和判断的过程，也是你从他人身上学习的过程。名师指路是一个人成长的重要依赖。每个人从幼儿园开始就有老师，这些老师不一定都是名师，但如果他/她有高尚的品格、有正确的价值体系、有道德风范、有教学能力，就会对学生的人生产生重大影

响。现在要找"名师"来"指路"其实很容易：如果你想听一个人的讲话，在网上就可以搜到；如果你想听世界名牌大学的课程，在网易、新浪的网络公开课上就能找到。除了"读万卷书，行万里路"和"阅人无数，名师指路"以外，我们还需有另外一种能力，那就是领悟能力。孔子说："吾日三省吾身。"又说："学而时习之，不亦说乎。""省"和"习"就是思考和领悟。学到的知识、读过的书、行过的路、名师的指点，再加上自身的领悟，最后通过探讨和"碰撞"使思想层次得到更大的提高，这就是学习。[3]

---

3 俞敏洪.《做成事情的四大能力》. 参见 http://www.lz13.cn/lizhirenwu/7951.html.

 延伸阅读

如何学好《高等数学》呢？

1. 端正态度。不要因为高考数学成绩不理想而认为自己基础不好，既然来到大学，说明大家都在一个起跑线上。一分耕耘，一分收获，时刻保持良好的心态去面对生活和学习。

2. 养成习惯。新的学期新的开始，大学中的课堂基本都是 100+ 的人数，为了达到好的听课效果，建议大家做到课前认真预习，课堂专心听讲，课后独立完成作业。希望大家能够尽快适应大学的生活节奏，习惯大班授课的教学方式，养成良好的学习习惯。

3. 勤于思考。数学的概念、方法、思想都是人们在长期实践中发展形成的，在学习过程中我们要勤于思考，借助强大的网络资源了解知识产生的背景、形成的过程以及它的应用，让数学显得合情合理，浑然天成，让抽象的概念从课本中走出来。

4. 主动提问。数学中没有含糊不清的概念，凡事都要讲个为什么，通过自己的思考和努力去寻找答案，有时寻找答案的过程会让你有意想不到的收获。同时，请教老师和同学也是帮助你找到答案的途径。

（资料来源：《小贝壳看过来！李娜老师总结驯服数学小怪兽的有效攻略！》，节选自北京科技大学校报第1183期第二版，李娜为第三届全国青年教师教学竞赛决赛一等奖获得者）

● 回声 3
养成"自学"习惯，明确"坚持"是关键

中学阶段，同学们一般只学习 10 门左右的课程，而且有整整两年时间都砸到高考科目上。而大学四年需要学习的课程在 40 门左右，每个学期学习的课程都不相同，学习任务远比中学重得多。难怪有人开玩笑地讲："什么是小学？小学就是小部分自己学。什么是中学？中学就是中部分自己学。什么是大学？大学就是大部分自己学。"由此可见，同学们要将"自学"进行到底，真正养成自主学习的良好习惯。

清华大学副校长施一公院士上大学时，英语并不算好（英语四级考试仅为"良"），他自己认为写作"尤其糟糕"。初到美国，对英文环境适应得很差，读一篇 JBC 的文章要五六个小时，还常常不理解其中一些关键词句的意思，心理压力极大。有幸的是，1991 年 4 月，他在约翰霍普金斯大学（Johns Hopkins University）攻读博士学位时，启蒙老师 John Desjarlais 告诉他，"Spend 45 minutes every day reading Washington Post,and you will be cruising with your written English in two years."（每天花 45 分钟读《华盛顿邮报》，两年后你的写作能力会得心应手。）这条建议正合施一公之意，因为他原本就对新闻感兴趣！于是，每天上午安排完第一批实验后，施一公都会在十点左右花一个小时的时间阅读《华盛顿邮报》，主要看 A 版（新闻版）。刚开始，他一个小时只能读两三个短消息或一个长篇报道，中间还不得不经常查字典看生词。但不知不觉间，他的阅读能力明显提高，1992 年老布什与克林顿竞选总统，他跟踪新闻，常常一个小时能读上几个版面的消息或四五个长篇报道，有时还能绘声绘色地讲给师兄师姐听。

阅读直接提升了施一公的英文写作能力。看完新闻后，他常常有动笔写感想的冲动。1992 年巴塞罗那奥运会，中国游泳队取得了四金五银的好成绩，美

国主要媒体在没有任何检测证据的情况下，纷纷指责这是中国运动员服用违禁药物的结果。此事让他很气愤，于是生平第一次给《华盛顿邮报》和《巴尔的摩太阳报》（TheBaltimoreSun）各写了一封信，评论报道的不公平。没想到两天后，《巴尔的摩太阳报》居然原封不动地把他的信刊登在"读者来信"栏目。受到此事鼓励，施一公在此后三年多的日子里，常常动笔，有些文章发表在报刊上（大部分投稿石沉大海），也曾代表中国留学生写信向校方争取过中国学生的利益。[4]

---

4 施一公：《如何提高英文的科研写作能力》，科学时报，2010 年 8 月 12 日，A2 版。

案例 4. 学习基础课程是否有用?

景:小研同学进入大学已经两个多月了,他非常重视大学的学习,每堂课也都认认真真听讲,只是有一件事他想不明白:自己的专业是经济学,为什么每天学的还是《高等数学》《大学物理》《化学与社会》等"没关系"的课程呢?

问题
大学里的基础课程是否有用?

很多新生同学对于自己所选的专业热情很高,对于专业知识的学习满怀期待,可是几个月甚至一个学期下来,发现学习的课程都是《高等数学》《大学物理》《军事理论》等基础课程,几乎没有专业课程的影子。很多同学认为大学就是要学习专业课程,没有必要学习基础课程。大学里的基础课程真的没有必要吗?

● 回声 1
基础课程重在培养思维潜力

基础课在教学计划中占有相当大的比重,主要作用是增强潜力,加厚功底,就像盖房子的地基。潜力、功底、地基,是不显山、不露水的,只看毛皮,难

59

以知其深浅，但这却是学好专业、做好学问的根基。中国人民大学原校长黄达教授在几十年前就与当时的大学生深入交流了学习基础学科的重要性问题：现在改革开放，经常碰到新课题，学科的更新也很迅速。在这种情况下，有的人就能独立开拓攻关，有的人则看出了门道，但缺乏解决的能力，有的人则干脆连门道也看不出来。所以有区别，关键在于潜力大小，功底厚薄。对于大学生来说，有较广、较厚的文化基础也是他们的优势所在。意识到这一点，才能懂得如何发挥他们的潜力；意识不到这一点，根据一时一事的观察，往往会做出大学生也不过如此的判断。阿里巴巴集团主要创始人马云曾说过："尽管大学里你学的东西未必对你有用，或者你大学学的东西跟你的成功好像没有什么关系，但是大学体系学习对你是有帮助的。我见过很多成功者，所有成功者都是学习能力很强，所有成功者都是乐观的，所有的成功者都不抱怨别人。"

习近平总书记曾深刻指出："广大青年抓学习，既要惜时如金、孜孜不倦，下一番心无旁骛、静谧自怡的功夫，又要突出主干、择其精要，努力做到又博又专、愈博愈专。"为何要"又博又专、愈博愈专"呢？学问要让专更为深入，必须要有博的基础；越是博学多才，越是对细处有独到深入的思考和研究。这是博与专的辩证关系。当今时代，各门类学科越分越细，但联系却越来越广，这是大数据、大系统、大信息时代的必然。青年学生学习知识，既要有"通"的基础，又要有"专"的精神，既把握整体大势，又精研专业细节，方能有大成就。

⊘ **延伸阅读**

琪人琪语：别让你口中的"没用"成为你偷懒的理由。

那天去参加一个班级的主题活动，进入互动环节的时候，有个男生问了这么一个问题："对于我们专业而言，学数学有什么用？"这个问题一下把我拉回了我的大学生活，因为"有用还是没用"也是我们当年经常挂在嘴边的讨论。

我跟世界男子九球冠军（我称他"师父"）练台球已经3年多了，刚练球那会儿，师父说："每天来球房，先打100个5分点的直线球，其他的先不练。"一开始，我还是很认真地练习，可过了三四天之后，我开始怀疑师父的训练计划，为什么不教我诸如走位、K球、翻袋等东西，就是一个劲儿让我练直球？

于是我问师父："我每天都打直线球，到底有什么用啊，根本没啥用啊，我看比赛的时候也很少见直线球啊，为什么不让我练全局、练走位啊？"

师父笑了笑，说："这样，明天你跟我去参加个职业比赛。"

我特别兴奋，终于有机会在职业比赛的现场出现了。

可当我站在球桌的那一刻，心跳开始加速，俯身瞄球的时候，想赢怕输，手心出汗，感觉球杆也重了很多，许多我平时练习的5分点直线球，根本就打不进。那场比赛的结果不言而喻。当然，师父又拿了个冠军。

结束后，师父问我："有啥体会？"我说："我终于知道练5分点直线球有啥用了。"师父说："说来听听。"

我说："是为了训练自己的基本功和稳定性，对每一颗球的重视，每一次击球的专注度。"师父说："那你还觉得没用吗？"我笑了笑，说："我每天练200个吧！"

有时候，囿于自身的学识与经验，我们无法当下立刻知道某件事的用处，但是如果在这个领域段位高的人告诉了我们它的用处，我想，我们至少需要用实践来证明一下。我当时觉得"5分点直线球没用"，更多的是因为我想偷懒，受不了这份寂寞与辛苦。

但是这世间，又哪有一直待在舒适区的成功呢？又哪有不经过历练而成长的道理呢？

人没有预见的能力，就像这世上从来就没有后悔药可吃一样。做过的每一件事，读过的每一本书，走过的每一段路，也许当下体会不到它们的用处，但正是因为它们，才成为了"我们"。

有时候，我们口中的"没用"，其实是我们对困难的逃避，对舒适区的留恋，也是我们偷懒的理由。

书到用时方恨少，事非经过不知难。

判定是否有用，是一个认识论的问题，怎么可以有用，是一个方法论的问题。而我们却把一个本属于方法论的问题变成了一个认识论的问题。

当我们说某某没用的时候，是它真的没用，还是我们从此刻就放弃了对未知的探索，放弃了努力的可能呢？

（资料来源：张琪、程曦，辅导员专栏，高校辅导员联盟，2017 年 4 月 7 日）

● **回声 2**
基础课程重在积累科学素养

大学生不仅是国家建设和发展的中坚力量，而且还承担着向社会公众传播科学知识、科学方法、科学精神的历史重任。从这个意义上说，同学们的科学素养水平对国家发展起着举足轻重的作用。而基础课程正是帮助大家积累科学素养的最好助手。哈佛大学第 25 届校长博克 (Derek Bok) 说："大学生在知识学习上，应该深度和广度兼备。一方面应该通过专业课程，对某一知识体系作深入的研究，另一方面应该对其他领域作广泛的涉猎。"著名科学家华罗庚先生说："学科学要有雄心，但不能越级而进，更不能钻牛角尖。古语说得好，'登高必自卑，行远必自迩。'如果我们不从头做起，按部就班，那我们是不可能提到应有的高度的。科学是积累性的东西，如果第一步不了解，第二步就会发生困难，而第三步更跟不上去。也许原来的目的想跳过一步，求快，但结果呢？反而搞成了不能前进。我曾见过好高骛远的人失败的情况：对初级课程自以为念过了，懂得了，而高深的却钻不进去，很窘。我以为学科学的要点在于如果第一步不懂，不要轻易去跨第二步；并要有坚持性，一天不懂再研习一天。只有这样，科学的宝塔才会逐渐建筑得又高又大，不然有如沙上建塔，必塌无疑。"[1]

---

1 华罗庚：《学科学要有雄心，但不能越级而进，更不能钻牛角尖》，参见：http://www.cas.cn/。

⊘ **延伸阅读**

清华大学经济管理学院院长钱颖一教授谈如何理解"无用"知识的有用性

这个命题并不是我最先想出来的。1939年，美国普林斯顿高等研究院首任院长弗来克斯纳发表了一篇文章，标题就是"无用知识的有用性"。在这篇文章中，弗来克斯纳对柯达公司创始人柯达先生认为马科尼发明的无线电收音机是最有用的发明提出质疑，认为麦克斯韦尔和赫兹的理论贡献更加有用。他写道：虽然麦克斯韦尔在1873年发表的电磁理论完全是抽象的数学，赫兹在1887年对他做的电磁波实验的实用价值也毫不关心，但是，这些看上去无用的研究却为后来有用的发明奠定了基础，没有他们的工作，根本就不可能有后来马科尼的发明。弗来克斯纳写这篇文章是有原因的，因为普林斯顿高等研究院的使命，就是研究那些"无用"的知识。

举一个经济学的例子。我在哈佛大学的博士论文导师马斯金教授因"机制设计"理论获得2007年诺贝尔经济学奖。这个理论的起源，是研究市场经济与计划经济在利用信息上的效率问题，是抽象的理论问题，当时完全看不出在市场经济中的有用性。但是后来，机制设计理论被应用于市场中的拍卖问题，由于拍卖不仅应用于传统的艺术品，而且也应用于诸如无线频谱等产权的拍卖，所以它可以解决移动通信行业中非常实际的问题。

再举一个工程中的例子。这是乔布斯10年前在斯坦福大学毕业典礼上自己讲的故事。他在当年大学一年级辍学后并没有离开学校，而是听了一些自己感兴趣的课，其中一门是美术字课。这在当时看来完全无用的课，在10年后他设计电脑上的可变字体时发挥了作用。乔布斯这样说："如果我当年没有去上这门美术字课，苹果电脑就不会发明这么漂亮的字体；又由于微软视窗是照抄苹果的，所以很可能所有个人电脑上就都没有这样的字体了。"

以上三个例子告诉我们，对知识有用性的认识不能过于短视。当然，短视在全球都是一个问题，不过似乎在我们中国人中尤其突出。我们心目中的"有用"，往往是指立竿见影式的马上有用。我把这种急功近利式的功利主义叫作"短期功利主义"。"短期功利主义"使得我们把知识的"有用性"局限在极小的范围内。

……

因此，所谓"无用"与"有用"之分，大多是短期与长期之别。在学什么知识这个问题上，我们要着眼于长期，不要急功近利。我们要理解，一些看似短期无用的知识可能是长期非常有用的知识。要知道，大学教育不仅是为毕业后找工作，更是为一生做准备。

知识除了工具价值之外，还有内在价值。知识的有用性，不仅仅体现在能够提高工作成效（不管是短期还是长期）的工具性方面，知识的有用性还体现在塑造人的价值、提高人的素养、提升人的品位等丰富人生的目的性方面。

（资料来源：钱颖一：《如何理解"无用"知识的有用性》，北京日报，2015 年 6 月 15 日第 17 版）

案例 5. 为什么要学习思想政治教育类课程?

场景: 小微同学是一名工科专业的新生, 经过两个多月的学习, 她对《思想道德基础与法律修养》这门课产生了一些困惑。高数课、大物课, 同学们都抢着占前排座位, 可到了思修课, 同学们却抢着占后排座位。小微开始还在前排听讲, 与老师互动, 可到后来, 她发现自己成了"异类", 很多同学都在思修课堂上看数学书、写英语作业。她不禁疑惑: "这门课不是在耽误时间吗?"

问题
大学生为什么要学习思政类课程?

《中国青年报》曾如此描述大学思政课面临的"尴尬": "每到考试季, 就会有不少同学拿着《马克思主义基本原理》《思想道德修养与法律基础》等课本占座。而在上思政课的时候, 一百多个人的大教室, 后面位置再挤, 同学们都会不自觉地往后找座位, 第一排通常空出。"思政课究竟是一门什么样的课程呢? 是可有可无, 还是必不可少呢? 这些问题可以从中国人民大学马克思主义学院院长郝立新的评论中找到答案, "思政课就要让大学生真心喜爱、终身受益"。

● **回声 1**
思政课是一剂良药—解决思想困惑

"由于以前的一些印象，在上第一节思政课时，我打算在课上完成其他科的作业，但是老师剖析问题层层深入，让我放下了手中的笔。"中国人民大学 2014 级法学院陈娟同学这样说道，"平时大家总是说不要过分依赖手机，但是我们从来没有想过对手机依赖背后存在的理论问题。大学的思政课给我的感觉是对现实问题背后的理论思考。"[1]

关于为何要"重读马克思"，北京大学中文系韩毓海教授说："马克思主义使中国摆脱了一盘散沙的状态。今天，无论如何，我们总要承认：马克思最懂资本主义，马克思也最懂得富强之道，而这一点，确是我们中国的历代先贤所不能比拟的。不过，我们更需知道，在马克思看来，资本主义的发展方式充其量也不过就是'不王道之富强'罢了，如果沿着这条道路照走不误，一切'后发国家'不仅不能实现'富强'，而且还会陷入'率兽食人、人将相食'的丛林法则，其结果不仅仅是亡国，而且更是'亡天下'。马克思极懂富强之理，马克思深谙金融和资本之道，这有《资本论》为证；马克思更深明革命天演的法则，因而他赞成美国革命、法国大革命、欧洲 1848 年革命和 1871 年的巴黎公社运动，这也有他一生的奔走呼号为证。今天看来，无论求富强还是求王道，我们都离不开'西方圣人'马克思，因为仅靠我们祖宗的遗产，确实解决不了富强与王道之间的矛盾。"[2]

● **回声 2**
思政课是一把钥匙—打开理论视野

中国人民大学马克思主义学院王海军教授说，思政课能"拓展学生的理论

---

1 姚晓丹：《中国人民大学：思政课要让学生真心喜爱终身受益》，光明日报，2016 年 5 月 17 日。
2 韩毓海：《一篇读罢头飞雪，重读马克思》，中信出版社，2014 年。

视野，提升学生的理论分析能力。理论的提升通过这几门课设置就可以体现得出来。比如《马克思主义基本原理概论》这门课，要求学生能够正确运用马克思主义的立场、观点与方法来分析问题。分析哪些问题呢？一个是历史问题，一个是现实问题，现实问题可以从《毛泽东思想与中国特色社会主义理论体系概论》《思想道德修养与法律基础》两门课找到答案。历史问题可以从《中国近代史纲要》中找到答案。同学们可以通过学习这些原理，开阔眼界，科学准确地分析当今中国、当今世界。"

 延伸阅读

400人报告厅座无虚席，南航徐川老师的党课为何如此火？

5月16日，南京航空航天大学将军路校区，可容纳400人的报告厅座无虚席，后排和两边还站着很多外校来蹭课的老师和同学。南航能源与动力学院党委副书记徐川正在给大家上党课—《端正入党动机争做合格党员》。

一节党课为何吸引了这么多的同学，甚至外校的师生也来到现场抢座位？这节党课是怎么上的，教了哪些内容呢？

反问：邓论真'佶屈聱牙'吗？

身形单薄的徐川站在讲台中央，他从一封尖锐的思想汇报谈起——

长篇大论的科学发展观，浩如烟海的马克思主义，佶屈聱牙的邓小平理论……这几天我一直都在看那本我真的有点看不下去的《科学发展观重要论述摘编》，一般情况下，我会坚持十分钟左右，一不留神我就瞥到手机里的那本电子书——《生活中的佛学》，读了之后倍感亲切。像什么"慈悲为怀""救人一命胜造七级浮屠""轮回、缘分、因果报应"，读来特顺心。回头再看看"科学发展观"，味同嚼蜡。我的双眼也在向我发出警告："看佛！"

"这个同学的文采不错，至少会用'佶屈聱牙'这个词"，读完这段尖锐的思想汇报，徐川在一片笑声中，摘取了《金刚经》《心经》中的两小段并在现场"打赏"，"有同学能每个字都认识吗？有知道什么意思的吗？有的请举手，现场发红包，5块起步，6块封顶……"

报告厅又起了一片笑声。

没人举手。

扫视全场后，徐川又举例——

"资本主义发展几百年了，我们干社会主义才多长时间！何况我们自己还耽误了二十年。如果从建国起，用一百年时间把我国建设成中等水平的发达国家，那就很了不起！我们肩膀上的担子重，责任大啊！现在是机会啊，这个机会很难得呀！中国人这种机会有过多次，但是错过了一些，很可惜！你们要很好抓住。你们要发奋，把群众的积极性调动起来，聚精会神地搞建设。"

"节选自《邓小平论科学发展》，请问哪个字不认识，怎么佶屈聱牙，有不懂的同学吗？请举手！"徐川反问，"佛学真的是如此的亲切和平易近人吗？邓小平理论们真的是如此'佶屈聱牙'吗？"全场默然。

比喻：党的历史就是一部逆袭史。

从一封尖锐的思想报告谈起，两个小时左右，三个片段的讲座中，徐川告诉学生，通过读党史，他发现党的历史就是一个关于"逆袭"的故事：最小的党员19岁，第一次开会就遭到围剿，起点最低，一直处在逃离中，北洋军阀、封建势力、国民党，为何最后是共产党走到历史舞台的中心，这难道不是逆袭吗？

（资料来源：央视网《400人报告厅座无虚席 南航徐川老师的党课为何如此火？》，2016 年 05 月 23 日）

● **回声 3**
　思政课是一种养成—扣好第一粒扣子

一说到思政课，可能一些人会摇头，认为这是说教，对学生专业学习和整体素质的提升无益。在北京大学马克思主义学院执行院长孙熙国教授看来，造成这种误解的原因在于，一段时期以来，我国经济政治领域中的腐败现象、发生在我们身边的一些不良社会现象、网络等新媒体传播的负面信息等，导致人们对社会的抱怨，反映到大学生群体中，就是对思想政治理论课的怀疑。同时，一些对马克思主义、社会主义的错误认识和思潮也影响了人们对思政课的态度。

美国学者杜威曾说过："一个国家的价值观应该像输电一样，输到每一个人的房间里去，只有这样，这个国家才会有希望。"思政课开设的初衷，就是对大学生进行正确的世界观、人生观和价值观的教育，让青年学生对自然、社会和人生有正确的认识和把握，少走弯路。上海交通大学陈锡喜教授说："社会的价值取向可以多元，但不能无序，总需要一个主导性的意识形态。其实，大学生非常想了解当今中国的发展变化。思政课就是要从历史的角度和中国与世界的关系角度，帮助他们找到自己在社会上的坐标，担负起自己的责任。"[3]中国人民大学金融学院 2014 级李梓麒同学在上过一学期思政课之后这样说道："思政课是整个大学最重要的一门课。因为它让我们树立正确的世界观、人生观、价值观，使我们终身受益。"

新生同学正处在价值观形成和确立的关键时期，抓好这一时期的价值观养成十分重要。正如习近平总书记所说的那样："这就像穿衣服扣扣子一样，如果第一粒扣子扣错了，剩余的扣子都会扣错。人生的扣子从一开始就要扣好。"[4]大学里的思政课就是帮助大家扣好人生第一粒扣子的最重要课程，"凿井者，起于三寸之坎，以就万仞之深。"新生同学要从现在做起、从自己做起，上好大学的思政课。

3《让大学思政课堂亮起来》，中国青年报，2015 年 2 月 6 日。
4《习近平在北大考察：青年要自觉践行社会主义核心价值观》，新华网，2014 年 5 月 4 日。

案例 6. 如何处理课程学习与课外活动的关系?

场景：小研同学在高中阶段就是个活跃分子，连续三年担任班长，最后一年担任学生会主席，是同学眼中的"明星"。进入大学后，小研同学通过竞选担任了班长，同时还报名参加了学生会和几个感兴趣的社团。没过多久，小研就发觉时间完全不够用了，经常要忙着通知事情、组织活动、撰写策划，还要参加学术讲座、志愿服务、文体活动。每当看到其他同学利用课外时间去自习室学习、去图书馆看书，他都非常羡慕，越来越觉得参与课外活动影响了学习。

 问题

新生同学应当如何协调好课外活动和学习的关系?

孟子曰："鱼，我所欲也，熊掌亦我所欲也；二者不可得兼，舍鱼而取熊掌者也。"孟子能够做出选择，是因为他有一个明确的标准。但相比于孟子提出的单项选择题，新生同学做出选择的难度似乎更大，因为如何合理分配大学学习、工作、生活的时间，也就是如何协调好第一课堂、第二课堂的关系，从来都是一道答案不唯一的多选题。而要做好这道选择题，最需要的是做好合理的时间规划、提高学习工作效率、增强计划的执行力。

⊘ 延伸阅读

学霸的"时间管理"

如何做到高效的时间管理，成就自己的学霸之路呢？根据学霸们与度娘的回答，总结了以下五条建议。

1. 使用日程安排表。及早规划日程既能使处理事情忙而不乱，还能无形中为自己设置了 deadline 以达到督促的目的。

2. 区分轻重缓急。在确定每一天具体做什么之前，要三思而后行：我需要做什么？什么能给我最高回报？什么能给我最大的满足感？明确那些非做不可的事情，把最重要的事情放在首位，向不重要的事情说"不"。

3. 不浪费零碎时间。零碎时间是处理杂务的好时机，如延后用餐时间以免拥挤、等车间隙浏览新闻资讯等。

4. 集中精力，提高效率。工作时应该专心致志，不要让电话、电脑成为"耗时、耗钱的工具"。

5. 做好时间日志。每天记录花了多少时间在哪些事情并总结，只有找到浪费时间的根源，才能有办法改变。

表：校长奖学金之学霸学渣的时间对比表

6:00	学霸起床 学渣在睡觉	16:00	学霸在自习 学渣在玩手机
7:00	学霸在早读或预习 学渣在睡觉	17:00	学霸在锻炼 学渣在吃饭
8:00	学霸在听课 学渣在上课（睡觉）	18:00	学霸在写作业 学渣在约会
10:00	学霸在图书馆自习 学渣在上课（玩手机）	19:00	学霸在自习 学渣在约会
12:00	学霸在吃饭休息 学渣在吃饭	20:00	学霸在学习 学渣在上网
13:00	学霸在准备比赛 学渣在睡觉	21:00	学霸在准备比赛 学渣在上网
14:00	学霸在实验室 学渣在上课	22:00	学霸在做学生工作 学渣在上网

> 其实学霸和一般人的区别，就在于他们能规划好自己的时间，合理、高效地利用时间，在合适的时间做好该做的事。时间对于每个人都是公平的，不公平之处在于你如何使用它。学会分配和利用时间，相信你们也能在有限的大学时光中有所作为。
>
> （资料来源：参见：https://online.sdu.edu.cn/news/article-13125.html，2017 年 3 月）

● 回声 1
学习是大学的根本，君子务本，本立道生

共青团中央书记处第一书记秦宜智在给大学生骨干们的讲话中曾谈到：在团中央机关有一个年轻干部学习交流会的制度。已经工作了，当团干部了，为什么还要强调学习？在和机关年轻干部交流时，我说过，学习使人心里踏实、不浮躁，使人目光远大、不近视，使人心胸开阔、不小气，使人提高本领、不恐慌。在机关，工作是本职，学习是兼职；在学校，学习是本职，做学生工作是兼职。学生的任务，最大的是学习。学习能力，是你们走入社会、参加工作的一项基本生存发展能力。随着现代科技的发展，知识呈现爆炸式增长和快速传播，新知识、新技术、新应用层出不穷，但只要虚心地努力学习，就一定能够学到实实在在的本领。你们一定要把学习搞好，学习的标准要更高。我相信，如果你们学习不优秀，那么即使做了学生会干部，号召力恐怕也要打折扣。希望你们珍惜在校时间，珍惜青春，坚持"又红又专""德才兼备"的标准，拿起书本，多读书，读好书，锻炼学习能力，养成良好学风，掌握真才实学，打下扎实的专业基础。[1]

可见，学习是大学的根本，是大学生的本职。新生同学做学生干部也好、打工兼职也好、实践实习也好，都只能在完成了学习任务的前提下进行，而不

---

[1]《秦宜智在中国大学生骨干培养学校第六期结业暨第七期开班式上的讲话》，中国共青团网，2013 年 12 月 9 日。

能把学习放在次要、甚至不要的地位。

● 回声2
第二课堂是素质拓展的重要平台

　　纸上得来终觉浅，绝知此事要躬行。大学中的第二课堂是大学生拓展综合素质、实现全面成长的重要平台，是大学生培养创新精神、实践能力和社会责任感的重要课堂。北京外国语大学校长彭龙教授曾举过一个生动的案例：在2013年两会记者招待会上，李克强总理身边的翻译叫孙宁，他精湛的语言艺术和娴熟的翻译技巧赢得了众人的瞩目与掌声。他是北外英语学院99级的学生。在校期间，孙宁就积极参加各类社会实践活动。他曾参加学校社团"理论学习社"，还担任过院系学生会英文报的编辑。正是丰富的实践经验和人生阅历，让他形象地翻译出了总理的那句"喊破嗓子，不如甩开膀子"这样的大白话，赢得了广泛赞誉。[2] 因此，新生同学要高度重视第二课堂活动，结合自己的职业梦

延伸阅读

耶鲁大学——参加课外活动培养领导能力

　　截至目前，耶鲁大学已经培养了5位美国总统。其中最近的3位，布什父子和克林顿均毕业于耶鲁大学。耶鲁大学不仅培养了站在政治舞台上的人物，还培养了美国金融帝国的基础，所培养的美国大公司的领袖人物比其他任何大学都要多。

　　耶鲁大学为何能培养出如此多的领袖人物呢？耶鲁大学校长理查德·C·莱温教授微笑着道出了其中的秘诀："耶鲁大学特别鼓励学生参加课外活动，在课外活动中培养学生的领导能力。耶鲁大学有200多个课外文化小组活跃在校园中，包

2《彭龙在北京外国语大学2015级新生开学典礼上的讲话》，北京共青团，2015年9月10日。

括辩论赛小组、撰写新闻小组、音乐小组、社区服务小组以及政治团体等。""课外活动小组是培养未来领导人素质的实验室，小布什当时就曾经积极参与社团的活动，这对他担任总统起到了很大作用。"

　　耶鲁大学笃信教育重于教学，注重校园文化熏陶对于学生培养的不可替代的作用。莱温教授认为，教育重在思想的形成和品格的养成，教育不仅发生在课堂。如果大学生疲于奔波在教室之间，校园文化环境将无法发挥教育作用。耶鲁大学从 20 世纪 30 年代开始模仿英国牛津大学和剑桥大学模式实施"住宿学院制"。每个"住宿学院"由来自不同院系和不同专业的 400—450 名学生组成，配有院长和若干住院教授。学生在其中居住、进餐、社交，从事多种多样的学术和课外活动，12 个学院有自己的报纸、歌咏队、运动队、兴趣俱乐部。

（资料来源：世界著名大学校长谈：《大学生应该怎样学习》，央视国际，2005 年 1 月 8 日）

想和个性特长，合理规划、科学选择、积极参与第二课堂活动，既让自己的大学生活丰富多彩，更让自己的能力素质全面发展。

● 回声 3
让第一课堂、第二课堂相辅相成，相得益彰

　　孔子曾说："学而不思则罔，思而不学则殆。"实践就是学与思之间的桥梁，以学习指导实践，同时在实践中不断修正自己的所学，如此反复，不断深化，进而形成个人成长的良性循环。因此，第一课堂、第二课堂不应该是硬币的两面，不是非此即彼的。我们常常可以听到这样的抱怨，"专业课程太满，没有时间参加班级、社团等活动"，抑或是"平时的学生工作太忙，根本没机会静下心来学习"。将二者放在完全对立的位置上，真相往往是出于对自身惰性的掩饰和回避。正如达·芬奇所说"科学是将领，实践是士兵，理论脱离实践是最大的不幸"。

　　大学生应该在正确的时间做正确的事情。参加社团、投身实践、交友旅游，

每一件都是正确的事情，但如果该上课的时间不去上课、该学习时不学习，而去做这类事情，就很难说是正确的了。如果忘记了这一点，不是本末倒置，就是因果颠倒，或者说贻误了最佳时机。

如果真想多尝试、多收获，就要提高效率，肯于吃苦。同时兼顾两件或者几件事情，就不得不比别人付出更多。赶往兼职的路上带本书，逮着机会就看一会儿。上课时要集中精力听讲，考试前更应该努力准备。因为要想得到双倍的收获，必须付出多倍的努力。

正确也好，不正确也好，都是相对的。相对于不恰当的时间而言，就算是做了不违法、不损人、有道理的事情，也不一定是正确的。时光倏忽，转瞬即逝，还是抓住有限的时间，做最需要、最应该做的事情才是道理。[3]

3《彭龙在北京外国语大学 2015 级新生开学典礼上的讲话》，北京共青团，2015 年 9 月 10 日。

场景：小微同学填报高考志愿时犯了难，最后只好听从父母的建议，选择了就业前景很好的计算机专业。可是进入大学后发现，计算机专业虽然就业前景好，但自己并不喜欢，尤其是听学长学姐说"计算机专业课程任务重，学起来很累，不适合女生"之后，小微产生了换个专业的想法。

问题

进入大学后发现自己对学习的专业并不感兴趣，应该怎么办？

有句话叫作"大学最好的专业，永远是别人的专业"。专业，是同学们在大学区别于他人的坐标，更是未来大家走出校园的依靠。对于专业，如果不能"选我所爱"，该怎么办？是勇敢接受、积极应对还是意志消沉、随波逐流？选择不难做出、答案显而易见，但如何去做，值得思考。

● 回声 1
专业选择要拒绝功利心态

复旦大学原校长杨玉良院士说："现在大学精神有点迷失，出现了一种相对来说比较广泛的精神虚脱。学生也是这样，选择的专业不是根据自己的兴趣，而是根据自己出来能否当大官、赚大钱。从什么出发点去选择专业，对大学生来讲至关重要，你可以受社会的影响去选择专业，也可以从国家的需求出发来选择专业，也可以根据你的兴趣爱好来选择专业，但是哪个占主要地位？这个是非常重要的。不要以为冷的学科就是不重要的学科，不要以为热的学科就一定是重要的学科。"[1]

● 回声2
兴趣是最好的老师，如果可以，及时做出改变也是明智之举

如果对所学专业确实不感兴趣，那么是选择勉强学下去，还是努力换个专业呢？哈佛大学前校长劳伦斯·H·萨默斯教授说："让学生自己决定学什么，正是培养他们主动学习精神的一种非常好的方式。就单个人来说，他行动的一切动力，都一定要转变为他自己的愿望，才能使他行动起来。学习活动也一样，是否积极主动地去学习，喜欢学些什么，学习的效果如何，都取决于学生是否具有旺盛的学习动力。它是学习力中最具有激情的一种能力，可以说，没有学习动力，你就永远也不会具备学习力。任何人的学习，都一定要通过他的头脑，一定要转变为他愿望的动机，才能使自己行动起来，被强迫学习的东西是不会保存在心里的。"[2]

大学中一般都有较为完善的转专业制度，新生同学如果对所学专业不满意，或者在学习过程中发现所学专业并非自己兴趣所在，可以按照学校转专业的要求，申请转入自己喜欢的专业。另外，高校一般还会开设双学位、第二专业以及辅修专业制度，更加方便学生学习自己喜欢的专业。

---

[1] 《复旦校长杨玉良：抱着功利目的选专业难成功》，新华网，2013年1月12日。
[2] 劳伦斯·H·萨默斯：《关于"学习力"的演讲》，参见：http://www.docin.com/p-309781453.html。

● 回声 3
专业是一种载体，真正意义在于教会我们如何学习

上海松江大学城曾经做过调查，仅有两成大学生喜欢所学专业。在昆明各校进行的问卷调查显示，只有 20% 的同学对自己所学专业比较了解，而 23% 的同学读的不是自己的第一志愿。智联招聘的调查表明，工作和专业对口的仅占 26%，从头再来 52% 的人会另选专业。从企业招聘的角度来看，除了考虑专业知识以外，最看重的是员工发现问题和解决问题的能力。企业强调"把正确的事情做正确"(do right things right)，需要的是方法和能力。在工作中面临的很多问题是员工不喜欢的、不懂的，不可能随时都有现成的答案。这就需要大学生通过专业学习来锻炼自己发现问题和解决问题的能力。学习能力比学习知识本身更为重要。逐渐掌握发现问题和解决问题的方法，并系统地提高了发现问题和解决问题的能力，这是大学乃至高等教育最本质的精华：学习如何学习。

场景：小微同学来自西北农村，从小学习成绩优异，可到了大学却发现，周围的同学不仅成绩优异，综合能力也很强，自己再也不是班里的佼佼者，特别是与来自东部地区的同学比起来，自己原来引以为傲的数学、英语等科目都远远落后。小微感到非常苦恼。

问题

面对这种巨大的心理落差，大学新生应该如何调节并找准自己的定位？

很多大学新生进入大学后发现，新环境中人才荟萃、群星灿烂，自己从中学时的"鹤立鸡群"变成了"平庸之辈"，难免会产生强烈的失落感、自卑感。大学新生应该怎样调节这种心理落差呢？

● 回声 1
向外看，承认"天外有天"

同学们在中学阶段所接触的同学范围较小，地域上、文化上的特点比较趋同，差异感并不明显。而大学阶段的同学来自天南海北，甚至不同民族、不同国家，大家都带着这样或那样的优势、专长走到一起，优秀之中还有更优秀，特别之中还有更特别。高考湖南省文科状元李小赣多年后依然清楚记得：到了北大，才知道山外有山、天外有天。作为最热门的专业，李小赣班上三四十个同学，就云集了7个省的文科第一名，各省前三名就有十几个，数都数不过来。当时感觉压力很大。首先，城乡的差别就是巨大的，李小赣发现同学们大部分是大城市来的。更让她有点自卑的是，同学们个个见多识广、博学多才，而自己除了念书外，好像其他什么都不会。

李小赣记得一个来自湖北的同学，他连国外那些经济学的著作都念了一大堆。这种落差给了她一种暗示，一定要付出更多的努力，迎头赶上。从那以后，她从不主动提自己曾经是"高考第一名"。她觉得，这是她的一个负担，已经不是荣誉了。她还跟妈妈说，千万不要和别人说我是第一名。她觉得，考试这种东西都是雕虫小技了，它已经是过去时了。于是，她给自己定下了一个新的目标：要跟同学一样博学多才。她把自己定位成一个追赶者，这对她来说是个很好的历练。

大学四年，李小赣的收获是，思想境界打开了另外一个天地，感觉不再是井底之蛙。那个年代，北大有无数的讲座、文化沙龙，无数的牛人，大家开坛讲学，李小赣经常去听，这些讲座对她的人生观、方法论都有很大的影响和改变。李小赣认为，这就是大学，它对于一个人的性格、素养等各个方面的灌输、培养，不是为了考试，更多的是对价值观、世界观的塑造。她的故事说明，大学里一定多听讲座，听不懂也要去听，不知道哪一天突然就懂了，听讲座是一种高效的学习方法。

延伸阅读

北京大学校长许智宏为《北大讲座（第一辑）》作的序（节选）

何为"讲座"？学者台上讲，学子座下听。有人曾"戏言"：在北大课可以不上，但讲座绝不能不听。如今在我们的校园里，海报栏上有各种各样的讲座预告，讲前教室里挤满了学生，课桌上都是占座用的物品，讲时则是醍醐灌顶般的领悟，讲后则是诘问、辩论与深深的思索。这一切成了北京大学最别致的一道风景。讲座不仅增添了北大这块神圣土地的内涵，而且让这个古老的校园更加生机盎然、青春焕发，并因此而成为北大学子的宝贵精神财富。

大学培养综合性人才，拓宽学生知识面，改变教学模式和课程安排自然是最根本的。但短期内完成的难度很大，通过众多的讲座使大学生了解其他学科的情况，激发其学习兴趣，引导他们学习基本的人文科学知识和自然科学知识，了解当代科技的进展和社会经济发展中的热点，使同学们更好地了解社会、融入社会。讲座，也就成为校园文化中最为活跃的组成部分之一。讲座，就是一个素质教育的开放课堂。

（资料来源：北大讲座编委会：《北大讲座（第一辑）》，北京大学出版社，2004 年）

● 回声2
向前看，坚信"天道酬勤"

习近平总书记曾说：青年朋友们，人的一生只有一次青春。人生之路，有坦途也有陡坡，有平川也有险滩，有直道也有弯路。青年面临的选择很多，关键是要以正确的世界观、人生观、价值观来指导自己的选择。无数人生成功的事实表明，青年时代，选择吃苦也就选择了收获，选择奉献也就选择了高尚。青年时期多经历一点摔打、挫折、考验，有利于走好一生的路。要历练宠辱不惊的心理素质，坚定百折不挠的进取意志，保持乐观向上的精神状态，变挫折为动力，用从挫折中吸取的教训启迪人生，使人生获得升华和超越。总之，只有进行了激情奋斗的青春，只有进行了顽强拼搏的青春，只有为人民作出了奉献的青春，才会留下充实、温暖、持久、无悔的青春回忆。[1]

有人说："圣人是肯做工夫的庸人，庸人是不肯做工夫的圣人。"同学们有着大好机遇，关键是要迈稳步子、夯实根基、久久为功。心浮气躁，朝三暮四，学一门丢一门，干一行弃一行，无论为学还是创业，都是最忌讳的。"天下难事，必作于易；天下大事，必作于细。"成功的背后，永远是艰辛努力。不论你的出身如何，只要坚韧不拔、百折不挠，成功就一定在前方等你。

有的同学总爱活在过去，认为高中如何好，同学关系如何纯真，当下的生活又是如何的不尽如人意。活在过去的人，常常心态悲观，常多抱怨。还有的同学总爱活在将来，口中总说某某事如果怎样了将会多么美好。活在将来的人，常常显得浪漫虚幻、不切实际。面对扑面而来的大学生活，我们应该活在当下，面向未来。活在当下，做好眼前规划的每一件事情；面向未来，心中充满希望和乐观。

◎ **延伸阅读**

甘书杰："阳光"暖男"笑对灰色人生

开朗、帅气是甘书杰常被贴上的标签。不过，很少有人知道，这个身高 1.83 米的阳光"暖男"身上所肩负的沉重包袱。

甘书杰自幼丧父，母亲打零工把他拉扯大。贫寒的家境，让甘书杰显得比同龄人成熟得多，也曾让他活在阴影之下，"觉得自己和他人相比，差距太大"。

但母亲用自己的朴实方式教会了他许多道理。"就像刚上大学时，我妈跟我说，大学就像秋天。奖状就是落叶，大家都走同一条路，捡多少落叶全由你努力。你捡得比别人多，就多一点收获。"这段话甘书杰一直牢记着，并成为他的座右铭。

考上桂林理工大学旅游学院后，他一有时间就去打工赚钱，希望靠自己的努力减轻母亲身上的担子，"送快餐、摆地摊、举广告牌、做服务员……"他曾经做

1《习近平在同各界优秀青年代表座谈时的讲话》，人民日报，2013 年 5 月 5 日。

过的兼职不下 10 个。不过，他的学业也没耽搁，在校期间曾多次获得国家级、省市级和校级奖学金。他笑称自己每天都安排得特别满，"像个上紧了发条的机器不停地运转"。

"我走路一般都比别人快，不想把太多的时间浪费掉。"甘书杰说。仅在 2014 年，他就参加了"挑战杯"、全国大学生演讲比赛等近 30 个学科竞赛、技能比赛、创新创业项目，也获得了骄人的成绩。"我希望通过参加这些项目，不断充实自己，提高自己的素质。"他说。

也正是这样"马不停蹄"的锻炼，让他从一个自卑胆怯的小男生，变成了一个开朗、自信的阳光"暖男"。

为了减少、控制日常开支，甘书杰还养成了每天记账的习惯。"每一笔支出，我都详细地记下来，现在我每月的生活费基本控制在 400 元左右。"为了省钱，即使家在南宁，他也只在寒暑假时，才买最便宜的学生票，搭乘火车回家和母亲团聚。

"生活中经历的这些磨难，对我来说是一笔很大的财富。"甘书杰笑说，人只要肯上进，已经穷过来，就不会穷下去！

（资料来源：甘书杰：《阳光"暖男"笑对灰色人生》，中国青年报，2015 年 3 月 19 日）

场景：小研同学对大学图书馆浩如烟海的图书资料充满期待，下决心利用大学这几年的宝贵时间"至少读上 1000 本书"。可是真正坐到图书馆后，他却发觉读书真不是一件容易的事情。尤其是看到同学们去参加丰富多彩的课外活动时，他开始动摇了。

问题
大学新生应该怎样"读书"？

许多同学在收到大学录取通知书后都会"畅想"一番：我要读遍学校图书馆的藏书，我要做个安安静静的读书人。但是进入大学以后才发觉：原来读书竟是一件极为奢侈的事情！或是课程满满，无暇读书；或是活动不断，不愿读书；或是"一机在手"，不想读书；或是面对浩如烟海的书籍一下子犯怵，不知怎样开始读书。此时，同学们不妨看一看下面的观点，深入思考"读书难"背后的心态和原因。

● 回声 1
正本清源看读书

习近平总书记曾指出："青年处于人生积累阶段，需要像海绵汲水一样汲取知识。特别是要克服浮躁之气，静下来多读经典，多知其所以然。"一段时间以来，社会上的物质主义、功利主义、享乐主义等不正之风正在侵蚀着校园，而手机阅读、网络浏览等休闲式、快餐式、碎片式的读书方式以及形形色色的网络诱惑也在冲击着传统的校园学习风气，在大学校园里"潜心读书"和"宁静致远"已变得不那么容易。南京大学校长陈骏院士因此就提出：我觉得在当下的大学校园里特别需要强调"读书成才"，这是因为大学校园里的读书存在着诸多不容忽视的问题。比如"急"，急于求成，急功近利。许多人读书的目的性太强，功利心过重，读书时一味贪求立竿见影的收益，一味求快，却不知读书最忌讳心浮气躁，囫囵吞枣。只有虚心静虑，真正用心灵去感受、去体味、去理解，才能真正从书籍中获得知识的增长与心灵的滋养。再如"碎"，东零西碎，零敲碎打。我们常说，这是个信息爆炸的时代，每时每刻，都有海量信息产生，信息的洪流都在冲击着我们。读书也变得简单，例如从微博、微信上，我们随时随地都能"读"到某一本书的某些段落。但这些信息大都是碎片化的，用只言片语去理解作品无异于盲人摸象。没有系统化阅读的脉络去支持，这些零碎的知识最终只是无意义的点，无法为你展现出知识、思想的图景。还比如"窄"，坐井观天，管窥蠡测。有些同学喜欢在自己的专业领域深耕，这固然是专业的需求，然而却也误入"只见树木，不见森林"的境地。[1] 因此，同学们在读书的过程中应该努力克服"急""碎""窄"的问题，真正做到潜心阅读、宁静致远。

● 回声 2
平平淡淡真读书

读书是享受和增长知识的过程。假如单纯地认为大学就是考试通关、刷学分、刷 GPA，最后拿一纸文凭作敲门砖，接着考托福、雅思，出国留学，最后成"土豪"、当"大款"、开豪车、住豪宅，那么这样的大学未免太过庸俗和廉

---

1 陈骏：《悦读经典，书香校园》，参见：http://tuanwei.nju.edu.cn。

价。中国科学技术大学原校长万立骏院士就倡导大学生要回归"读书科研"的常识。他认为，回归"读书科研"的常识，就是要把发现科学和社会问题、解决科学和社会问题当成自己的矢志追求。在大学，我们学习知识，明辨事理，学会分析和思考，增强造福人类社会的责任感；我们参加科学研究，提高实验技术，培养科研能力，增长才干，探索自然奥秘，早日找到自己感兴趣的研究方向，是为了"有所发明，有所创造"，为造福人类社会做贡献。回归"读书科研"的常识，就是树立真正的创新观念和高远的人生志向。不要被社会上急功近利的观念和现象所误导和裹挟，不要把简单的改头换面、换汤不换药的研究当成创新，不要把常见的勤工俭学、摆摊卖串儿、走街串巷送快递当成创业，不要把滥竽充数、写灌水论文当成科学研究的目标。同时，读书科研一定要认真，不能马马虎虎，切忌一知半解，似懂非懂，要实事求是，来不得半点虚伪和骄傲，也不能急于求成；要学会找准问题，锲而不舍，究其本质；要平心静气，融会贯通，培养全新的挑战和进取精神，以及面对严峻现实问题时乐观自信的心态。回归"读书科研"的常识，我们就能：于自身，是开阔视野，增长才干，提升自我；于社会，是"为天地立心，为生民立命，为往圣继绝学，为万世开太平"。[2]

● 回声3
开开心心读好书

央视主持人白岩松曾说过：有学生跟我沟通关于读书的问题，"我喜欢读书，但我的很多同学都去看美剧等，我是不是需要坚持"等很多这样的问题。(其实)炫耀读多少书和炫耀多少财富没什么区别，都挺招人讨厌的。另外，当用"坚持"这样的字眼去说读书时，已经坏了，读书是一种乐趣。有人问我，哪本书对你影响最大？每个人都想得到一个功利性的结果，对你影响最大的一定最有用。但我觉得对我最有用的书肯定就是新华字典啊，不可能再有第二个。剩下的、

2 万立骏：《回归常识，开启人生的新篇章》，中国科学技术大学新闻网，2015年9月1日。

所有的书都像小溪流从源头出发，长江黄河在开源的地方都是涓涓细流，然后不断地有水系汇入其中，然后不断地、慢慢地壮大到长江和黄河如此之辽阔。你能知道是哪条汇入的溪流、哪条汇入的河流让黄河成为黄河，让长江成为长江？我当然无法回答，我这一路上汲取的这么多营养，到底是哪个营养塑造了我。有人问我读了多少本书？我说无法回答你一个数字，此时此刻我什么样就可以反过来告诉你我读了多少书，因为它变成了我。最重要的是，读书本身是一种最大的乐趣，不是我的结果让我得到了乐趣。[3]

● 回声 4
循序渐进善读书

在当今"互联网+"时代，知识呈现出碎片化、零散化的特征。微博、微信等网络社交平台中，大多数是不到 200 字的简短信息。先进的技术为我们带来了海量的信息，却难以给我们提供像书籍一样的范本：系统而深入的逻辑思维过程。因此对现代人来说，读书显得尤为重要，这也提醒着我们，能否在快节奏的生活状态中，沿着书籍提供的路径，递进式的思考一些"大问题"？上海交通大学原校长张杰院士认为：读书的快乐，在于将书由"薄"变"厚"，再由"厚"变"薄"的过程。对于一本经典著作，初读时，要一字一句斟酌，深入领会作者深邃的思想和精妙的语言，细细品味。书中精彩之处，更是要反复熟读，这样才能抓住书中的核心要义，感悟其灵魂所在。这个过程，是为把书读"厚"，即通过反反复复地阅读，发现书中更多的奥妙。然而，当将书仔细读完，甚至读过几遍，你会开始以作者的视角观察整本书的脉络和架构，其内涵与精髓清晰可见，此时，你会发现书虽然体量很大，但逻辑主线和感情脉络却可以十分简短地概括和总结，此时，就是把书读"薄"的过程。通过由"厚"变"薄"，我们不仅能全面领悟书中的知识、情感，更能将其思想内化于心，提出自己的观点和看法。[4]

---

3 白岩松：《阅读与人生》，厦门大学，2014 年 12 月 18 日。
4 光明网：《上海交通大学校长张杰：多读书 善读书 读好书》，参见：http://edu.gmw.cn/。

案例 10. 如何正确看待"考研"？

场景：小微同学进入大学不久就听学长学姐说，本专业某某同学考上中山大学研究生了、某某同学考上上海交通大学研究生了。她非常羡慕，觉得自己也要努力奋斗，争取毕业时考入名牌大学读研究生。然而，当听到老师和学长"想考研，一上大学就要开始准备"的叮咛时，她却感到困惑了，难道上大学就是为了考研究生吗？考研需要从大一开始准备吗？

 问题
大学新生从入学时就要开始准备考研吗？

2016年全国硕士研究生招生考试报名人数明显增加，如北京、河北、辽宁、江苏分别增长6.8%、8.4%、11.7%、11.12%。近几年，本科毕业生人数连创新高，在经济下行压力下，就业压力增大从而催生考研大军的扩大。从中国教育在线对硕士研究生报考初衷的调查数据中可以看出，受就业影响而选择考研的人数超过五成，提高未来就业竞争力、暂时不想就业都成为选择考研的重要原因。

● 回声 1
考研是路径，不是终点

无论高考还是研究生考试有多么大的不同，但有一点共性是显而易见的，即通过接受高等教育改变个人甚至家庭的命运。正因为教育能改变受教育者的命运，高等教育在中国的重要性也如同在其他国家一样得到普遍认可。1998 年在巴黎召开的首届世界高等教育会议通过了《21 世纪高等教育展望和行动宣言》，提出了一个大部分人对高等教育认可的观念。即高等教育的作用和质量应该体现为"价值增值"。如果学生在进入高等学校之前和接受完高等教育之后的结果、成就、行为等可以测量的话，那这两者的变化越大，价值增值就越多，高等教育的质量也就越好，高等教育的作用就越大，就值得充分肯定。

然而，如果只是把接受高等教育改变命运看成毕业后能找到一个好工作，那么当越来越多的人能上大学和读研读博时，这种观念就可能让很多毕业生相当失望甚至愤愤不平。如今，本科、硕士和博士毕业后，很多人已经不可能在找工作时获得鸟枪换炮的天壤变化了。

例如，在一些工作岗位的招聘中，硕士、博士反而不如本科生、专科生有竞争优势。武汉大学的硕士研究生王丽娜（化名），在当地一家知名地产公司招聘会最终的面试环节，与江汉大学一位本科毕业生"狭路相逢"。本以为凭学校、学历就可以轻松 PK 掉对手，却被用人单位以"学历太高"为由拒之门外。更有甚者，哈尔滨市环卫系统公开招聘的人员中硕士研究生仅仅占所招聘录用人数的 1.56%。由此可见，今后的研究生必然面临与专科生、本科生竞争而且未必具有竞争优势的局面。

面对这种变化，读书改变命运就不能只是为了获得一个好工作或好职位，而只能从另一种角度进行解释，就是在认知、修养和世界观等方面提升自己。这才是一个人的终极改变命运，即改变自己的文化基因。有了较好的文化基因，即便毕业后不能获得鲤鱼跳龙门的机会，也会在将来某一天获得改变命运的机会。

● 回声2
考研是选择，不是寄托

全国政协副主席韩启德院士在回答一名学生关于"现在考研人数越来越多，您认为这种跟风考研的现象是一种逃避就业的行为吗？"问题时举了一个例子。他说，有一个人在北大读外语专业，学习成绩靠后，毕业后做了北大公共英语教师，做得也还是不理想；后来，英国一家公司提供奖学金到英国留学读研，他去考试，没有考过，原因是"发音不准"。接着，他就到中关村去发广告，培训托福考试……再后来，在场的学生已经知道，他就是俞敏洪，一个被网友们称作在美国最受欢迎的中国人——"培训"了无数在美留学、工作的"成功人士"。"这些都是通过考研究生得来吗？不是。"韩启德说，太注重一纸文凭，这是社会评价问题；但就学生个人而言，要保持一分清醒，不要仅仅为了就业来念研究生，还要更多考虑自己的兴趣，以及通过读书得来的"人生方向"。他曾在与大学生的多次对话中强调："为什么不能从更基层的、更被大家看不上的工作去着手做呢？"

"中国教育在线"总编辑陈志文对工作还是考研的问题有一句鲜明的结论：如果仅仅是为了一份好工作，对于多数人来说，不如去工作，踏踏实实做好手头的事情，3年后，你一定会小有成就。他是这样分析的：毋庸置疑，如果想进入体制内，比如当公务员、进国企，可能学历是有帮助的，甚至是有重要意义的。但是，对于体制外的岗位，一个文凭，大多抵不上三年工作经验。从多数用人单位来看，工作经验远比一个学历重要，尤其是目前，满大街都是大学生、研究生的背景下。我们最近5年培养的大学生，几乎是前30年的一半。目前，每年招收的硕士研究生与博士研究生总和超过60万，超过了1990年招收的本专科生总和，是当年研究生招生的20倍。也就是说，研究生文凭已经不稀罕了。更重要的是，很多人以为自己是研究生，无意间把自己的心气也抬高了，对于很多工作，不能踏实下来，低下姿态认认真真做好，很多用人单位反而不喜欢用这批"高"学历的人。

● 回声 3
考研是取经，不是旅行

北京师范大学王啸教授表示："每个人的生活背景都不同，不要把所有的希望寄托在考研一条道路上。"同时，他还提醒考研学子，在成为一名研究生之前，先是作为一个人、一名家庭成员而生活着。不能因为考研就把自己与家庭、社会完全脱离。北京大学康健教授也建议大学生不要因考研而忽视了生活和社会实践，"学习是一生的事，文凭只是一时的事。"[1]

> **延伸阅读**
>
> #### 河南农大一班级全班女生考研成功：只为丰富人生
>
> 校园内，考研战场的硝烟渐渐散去，新一年的研招来势汹汹，又一批新"战士"在前线迷茫地望着远方，不知该从何处开始突击……追梦的过程中，梦想离现实到底有多远？或许河南农大植物保护学院同学的例子可资借鉴。
>
> 记者从河南农业大学了解到，该校植保学院植物科学与技术一班全部 13 名女生均顺利考上研究生，且报考单位多为中国农业科学院、西北农林科技大学等全国知名科研单位和院校。这则消息近来让河南农大植物保护学院的老师与同学们甚是兴奋。
>
> 在河南农大校园，记者见到了这些脸上洋溢着青春活力的姑娘，部分同学介绍了自己的"致胜秘诀"。
>
> "我们班 29 名同学中，13 名女生全部考上了研究生。我报考的是西北农林科技大学农业昆虫与害虫防治专业。307 分，专业第 9 名。"来自安阳滑县的何洋同学告诉记者，作为班级学习委员，大家取得如此优异的考研成绩她并不感到意外。
>
> "可能跟有的班级相比我们不够活跃，但我们班同学的学风一直以来都比较好。在我们学院，七八年以来考研率超过 40%—50%……"何洋同学告诉记者，

1《大学校园里的"考研蚁族"》，中国青年报，2015 年 6 月 8 日。

自己的班集体有很好的学习和生活氛围，这让大家在备考中感觉非常舒心。

据介绍，天冷时班里经常自费组织给每位同学购买保暖用品，男生则帮女生打热水，虽然都是一些小细节，却令同学们感到十分温暖。考研路上，本是竞争对手的同学们，都在互相传阅、交流各自考研"绝技"。"考研资料，大家都是共享的。我们在考研路上相互扶持，不像个别同学，把自己班级兄弟姐妹当成竞争对手……最重要的是一定不要过于狭隘，这样才能取长补短！"

何洋同学告诉记者，在植保学院有着非常良好的"考研传统"：考研前学院经常组织考研知识讲座，一些刚刚考上知名院校的学哥学姐更是会将考研过程中需要注意的重点毫无保留地告诉他们。"时间、考试内容、资料准备……这些方向性的指导对我们帮助极大。"

"另外，为自己营造良好的考研环境非常重要，自己所在宿舍8名女生全部考上研究生。"何洋同学等多名女生告诉记者，大家一般都一同聚集在自习室的几个教室看书看到晚上10点，随后会聊聊时事政治新闻娱乐放松一下自己，会充分劳逸结合。

"考研过程中，效率与坚持非常重要。"来自河南项城，今年考入中国农业科学院植物保护研究所农药学专业的王芹芹也分享了自己的成功经验。她告诉记者，受去年毕业实习的影响，自己决定报考农药学，在近一年的准备时间中，自己没有想过放弃。"我在自习室学习一个小时，顶别人三个小时，一定要防止拖延症侵袭。看书过程中专心致志非常关键，有时候回到宿舍熄灯以后还在想题。"

对正在准备考研的学子，这些姑娘们给出了建议：一定要保持良好心态，要快乐自信，同时要注意身体，只有健康的身体才能保证高效的学习。"我们并不是因为现在工作不好找才考的。"她们普遍认为，人的一生只有经历不同的生活才是丰富的人生，现在是学习的最好年龄，没有各种纷繁压力，想进一步深造的同学都会选择考研。谈及将来，这些姑娘们表示，如果有机会她们还会继续在科研的道路上深造考博。

（资料来源：马意翀《河南农大一班级女生考研成功：只为丰富人生》，新华网，2015年5月15日）

案例 11. 如何看待学业诚信？

问题

大学新生应如何对待考试"作弊"？如何看待学业诚信？

近年来，国内高校大学生作弊现象时有发生，甚至有部分学生对于作弊行为见怪不怪，不以为耻。中国青年报社会调查中心于 2015 年对 2000 人进行的一项调查显示，60.4% 的受访者确认"自己或周围同学在大学期间有过作弊行为"，66.6% 的受访者感觉"当前大学生作弊现象普遍"，50.6% 的受访者建议严格考场纪律，杜绝大学生作弊。而在受访者中，51.2% 的人是在校或毕业的大学生。面对如此严重的情况，刚刚步入大学校门的同学们究竟应当怎样看待和应对呢？

● 回声 1
不忘读书初心，坚守学问本真

　　1933 年，22 岁的钱学森在国立交通大学机械系读三年级。一次水力学考试，钱学森所有的试题都答对了。当然，他绝未作弊。水力学老师金悫教授也在试卷上全都打上了对钩，并给他满分 100 分。但是，当判卷发下来以后，钱学森自己却发现了一个不起眼的小错：在公式推导的最后一步，将"Ns"写成了"N"。于是钱学森立即举手发言，指出自己的错误，主动要求老师扣分，并把试卷退给了老师。金教授一看，果然这个小错被忽略了，于是扣掉 4 分，给了钱学森 96 分。正是由于这个原因，这份考卷留在了金教授那里，并完好无损地保存下来。即便在抗日战争时期，金教授也将试卷存放在行李箱里，带着它一起逃难，真是难得。不承想几十年后，钱学森成为世界著名科学家，这份考卷自然成为一份珍贵的历史资料。1980 年，当钱学森回到母校，拜会金悫教授时，这位耄耋老教授才找出这份试卷，并回忆起他的学生当年读书时好学上进的趣事。

　　我们应当看到，金教授保存下来的不仅仅是一份考卷，而是一个伟大科学家在学生时代就具有的科学品德和科学精神，即实事求是，对就是对，错就是错，在对与错的问题上绝不含糊。钱学森先生年轻的时代与今天虽已相去甚远，但科学精神是永恒的，是永远都不会过时的。对照钱学森先生的这种科学精神，今天的大学生们更应当多一份责任意识、多一份严谨意识、多一份传承意识，不要忘了自己选择求学道路的初心，不要放弃对探究学问的孜孜渴望之情，时刻牢记科学来不得半点虚假的道理，老老实实完成每一门学科学习与考试任务。[1]

1《因一个字的错误，学生时代的钱学森主动要求扣分》，人民日报，2009 年 10 月 31 日。

● 回声 2
追求进德修业，历练健全人格

在南开大学 2013 级新生开学典礼上，龚克校长向新生同学透露了一个数字：当年夏天刚刚从南开走出的上一届 3077 名本科生中，有 118 人没能如期获得学位，尽管他们曾是高考中的佼佼者。龚克语重心长地对新生说，这些同学没有获得学位的原因不同：有的因为未能很好地管理自己的精力和时间，未能掌握好学习的强度和节奏；有的未能抵住各种诱惑，没有在基本学习年限达到学习要求；甚至还有极少数人因为作弊受到校纪的处分。他希望所有新生进入大学后要"继续保持艰苦奋斗的作风"，不能掉以轻心。同时希望他们谨记一点，"学风是学生的生命线"。

龚克校长认为，大学不是中学的简单延续，"成年"意味着自觉、自主和自立。"修身齐家治国平天下"，强调的是"修身为本"。这种自觉意识应是毕生的追求。有这样的自觉，才能止于"至善"，不是止于"分数"而陷入应试学习的误区，也不是止于"谋职"而陷入另一种应试误区，不是止于"SCI 论文"或"核心期刊"而能真正致力于学术的研究创新，不是止于"学位"而是自觉地追求德智体美的全面发展。他寄语新生们能够承受和克服各种困难，"耐得住寂寞、经得起失败"，真正享受到大学生活的美好和愉悦，历练出雍容雅量和健全人格。

● 回声 3
恪守行为底线，远离法律红线

从 2016 年 6 月 1 日起，一批新的法律法规开始生效，其中包括 2015 年底修订的新版《中华人民共和国教育法》（以下简称《教育法》）、《中华人民共和国高等教育法》（以下简称《高等教育法》）。此次修订的新法，给人印象最深的一点是，进一步强化了对考试作弊的惩处力度，明确规定"考试作弊可入刑"。

新教育法明确对考生作弊的可以取消考试成绩、停止参加考试 1 年至 3 年；对组织、帮助作弊者没收违法所得并处以违法所得 1 倍以上 5 倍以下罚款、治安管理处罚；对疏于管理的教育行政部门、考试机构人员给予处分，直至追究刑事责任。对违法颁发学位证书、学历证书等的学校或其他教育机构，可以责令停止招生资格 1 年至 3 年，直至撤销招生资格、颁发证书资格；以不正当手段获得学位证书、学历证书等的，由颁发机构撤销相关证书。

同时，新教育法还提出"学历造假重者追究刑事责任"。教育法第八十条原来规定，违反本法规定，颁发学位证书、学历证书或者其他学业证书的，由教育行政部门宣布证书无效，责令收回或者予以没收；有违法所得的，没收违法所得；情节严重的，取消其颁发证书的资格。而新教育法在此基础上对违规颁发证书的法律责任进一步做出细化规定。根据责任类型、情节轻重，分类做出细化规定。加大了处罚力度，也提高了可操作性。

延伸阅读

美国哈佛大学处罚考试作弊学生

哈佛大学于 2013 年 2 月 1 日宣布，勒令 60 名 2012 年 5 月参与考试作弊的学生休学，剩下涉嫌作弊的 65 名学生一半留校察看，另一半得到赦免。哈佛文理学院院长迈克尔·史密斯说，休学的学生将离开学校一段时间，参与至少 6 个月全职带薪的非学术类工作进行反省，并规定该工作岗位不许由父母或任何亲属提供。在工作 2—4 个学期后，学生可向行政董事会申请复学，在董事全票通过后才可以重返校园。

2012 年 9 月，哈佛正式宣布对学生考卷雷同事件进行公开调查，注册"政府之国会介绍"课程的 279 名本科选修生全部进入审查范围。调查发现，其中 125 名学生可能在分工完成答卷后相互抄袭。

值得一提的是，哈佛此次作弊的考试属于"带回家的考试"：学生凭大学用户名和密码登录网站后获得考试题目；考试内容通常包括案例或开放性论述题；学生可以查阅一切所需资料，但不能相互合作或者抄袭。作为在宿舍生活的学生来说，考试时不相互讨论的确似乎有些困难，更有选修这门课的学生对外表示，"相互合作是他们的班级文化"。

哈佛作弊案发生后，耶鲁大学校方建议老师尽量不要采用这种"带回家考试"的方式，哈佛大学也考虑采用更严格的作弊惩处规定。

世界名校的光环让哈佛作弊案成为轰动全球的新闻，可事实上，学生作弊、老师"舞弊"、学位作弊等似乎经常在美国大学校园发生。纽约城市大学亨特学院的教授安格鲁·安杰利斯说，网络一方面使论文研究更加便利，另一方面也使作弊更易发现，只要使用搜索引擎，就能在搜索结果里发现许多因为抄袭而雷同的段落。根据一项针对 1.2 万名高中生进行的调查，74% 的学生承认曾在过去一年内作弊。当然，也有更"聪明"的学生利用发达的互联网和智能手机作弊，并使用照片、符号等老师看不懂的方式。

在美国广播公司的采访中，就读于美国东北部某名校的乔伊说，美国现在的高中生和大学生作弊十分普遍，"我们只是做着其他人都在做的事。现实世界是残酷的，在大学学会作弊可以说是社会生活的预演"。

(资料来源：丁小希：《哈佛学生期末考试集体作弊 60 名学生遭强制休学》，人民日报，2013 年 2 月 04 日)

人际篇

场景：小微在入学之初就听说大学就是一个小社会，应该全方位地拓宽自己的人脉关系，积累人脉资源。因此，小微十分热衷于参加各种校内外活动，并结交了形形色色的朋友，几乎每个周末都有"饭局"。时间长了，她发现这些"朋友"良莠不齐，有些甚至居心叵测。另外，频繁的社交活动也干扰了自己正常的学习和生活。应该如何把握交友的原则和标准呢？小微感觉很困惑。

问题
初入大学，新生应该树立怎样的人际交往观念？

《礼记·学记》中有这样一句千古名言："独学而无友，则孤陋而寡闻。"意思是说，如果学习中缺乏学友之间的交流切磋，就必然会导致知识狭隘，见识短浅。除了增加学识，良好的人际关系还有利于我们更好地适应大学生活。新生同学初入大学，应当注重建立自己新的"朋友圈"。

● 回声 1
我们为什么而交友？

你有没有想过，漫漫人生旅途中，能让自己健康和开心的是什么？哈佛大学医学院精神病学教授罗伯特·沃尔丁格博士针对这个问题进行了一个历时 75 年的有趣研究。[1]研究追踪了 724 个男人，经历了 4 代科学家团队。他们想知道，随着时间流逝，是什么让人们健康和开心。在 75 年的时间里，科学家从成千上万页的信息中发现了健康和开心的秘诀——良好的人际关系。那些和社会、家庭以及朋友有更多联系的人，比联系较少的人更开心、身体更健康，而且更长寿；好的人际关系不仅保护身体，还保护大脑，让我们的大脑功能更不容易退化。

著名人本主义心理学家马斯洛认为，人的需要是激励人行动的主要原因和动力。人类有五种基本的需要，由低到高分别是：生理的需要、安全的需要、社交的需要、尊重的需要以及自我实现的需要（见图 1）。生理的需要是人们最原始、最基本的需要。安全的需要则是生活稳定并有所保障的需要。社交的需要也叫归属与爱的需要，是指个人渴望得到家庭、朋友、同事的关怀、信任和理解，是对亲情、友情、爱情的需要。由此可见，社交需要是我们的基本需要之一，是在满足了温饱和安全之后的较高层次的需要。大学是同学们走向社会的一个过渡时期，同学们应在大学里好好发展自己的人际关系，这不仅是我们的社交需要，更是获得健康与开心的能量源泉。

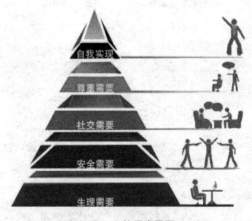

图 1　人的层次需要

1 罗伯特·沃尔丁格：《如何才能幸福？》，参见：https://www.ted.com/。

● 回声 2
我们应该交什么样的朋友？

《论语》有云："益者三友，损者三友。友直，友谅，友多闻，益矣。友便辟，友善柔，友便佞，损矣。"大意是说，有三种有益的朋友，有三种有害的朋友。同正直的人交朋友，同诚实的人交朋友，同见多识广的人交朋友，这是有益的。同阿谀奉承的人交朋友，同当面恭维、背后诽谤的人交朋友，同花言巧语的人交朋友，这是有害的。

"友直，友谅，友多闻"正是我们交友的标准和原则。爱因斯坦说过："世间最好的东西，莫过于几个头脑和心地都很正直的、严正的朋友。"正直的朋友是一面镜子，正如唐太宗所言"以人为镜，可以明得失"。朋友作为旁观者会看到你的失误，但只有正直的朋友会帮你指出来。为人诚实是我们做人的原则，也是选择朋友的标准。在资讯爆炸的信息时代，各种信息充斥我们的电视、电脑和手机，有人认为再也不需要见识广博的朋友了。恰恰相反，现在这个信息泛滥的时代，最需要一位见多识广的益友来帮你去伪存真，剔除糟粕。中南大学原校长张尧学院士曾告诫新生："同学们，大学期间，你们除了学习之外，要多交朋友，但也要慎交朋友，要建立起和自己价值观相近的、志趣相投的朋友圈，朋友是一生最大的财富。"[2]

 延伸阅读

我们需要什么样的朋友？

人的一生到底需要什么样的朋友呢？作家汤姆拉思认为，有 8 种朋友是必不可少的。

（一）成就你的朋友

他们会不断激励你，让你看到自己的优点。这类朋友也可称之为导师型。他

---

2 张尧学：《让我们一起成长》，中南大学新闻网，2014 年 9 月 15 日。

们不一定是你的师长，但他们一定会在某些领域具有丰富的经验，能经常在事业、家庭、人际交往等各方面给你提供许多建议。人生中这种朋友会成为你最大的心理支柱，也常常会成为能够"左右"你的"偶像"。

（二）支持你的朋友

一直维护你，并在别人面前称赞你。这类朋友可谓是"你帮我，我帮你"，相互打气，使得彼此成为对方成长的垫脚石。在一个人的成长过程中，朋友的支持与鼓励是最珍贵的。当你遇到挫折时，这类朋友往往可以帮你分担一部分心理压力，他们的信任也恰恰是你的"强心剂"。

（三）志同道合的朋友

和你兴趣相近，也是你最有可能与之相处的人。你会因为想的事、说的话都与他们相近，经常有被触摸心灵的感觉。和他们交往会帮助你不断地进行自我认同，你的兴趣、人生目标或是喜好，都可以与他们分享。这种稳固的感受"共享"会让你获得心理上的安全感，因为有他们，你更容易实现理想，并可以快乐地成长。

（四）牵线搭桥的朋友

认识你之后，很快把你介绍给志同道合者认识。这类朋友是"帮助型"的朋友。在你得意的时候，他们的身影可能并不多见；在你失意的时候，他们却会及时地出现。他们始终愿意给你最现实的支持，让你看到希望和机会。

（五）为你打气的朋友

爱玩、能让你放松的朋友。有些朋友，当我们有了心事，有了苦恼时，第一个想要倾诉的对象就是他们。这样的朋友会是很好的倾听者，他会让你放松。在他们面前，你没有任何心理压力，总能让你发泄出自己的"郁闷"，让你重获平衡的心态。

（六）开阔眼界的朋友

能让你接触新观点、新机会。这类朋友对于人生也是必不可少。他们可谓是你的"大百科全书"。这类朋友知识面广、视野宽、人脉多，会帮助你获得许多不同的心理感受，使你成为站得高、看得远的人。

（七）给你引路的朋友

善于帮你厘清思路，需要指导和建议时去找他们。这类朋友是"指路灯"。每个人都有困难和需要，一旦靠自己的力量难以化解时，这类朋友总能最及时、最认真地考虑你的问题，给你最适当的建议。在你面对选择而焦虑、困惑时，不妨找他们聊一聊，或许能帮助你更好地理顺情绪、了解自己、明确方向。

（八）陪伴你的朋友

有了消息，不论是好是坏，总是第一个告诉他们，他们会一直和你在一起。这种朋友的心胸像大海一样宽广，不管何时找他们，他们都会热情相待，并且始终如一的支持你。他们是能让你感到满足和平静的朋友。

请仔细感受一下自己身边的人，想想自己需要什么样的人成为朋友。要记住：再好的朋友也只是你人生路上的陪伴者，他们会让你的路走得没有那么寂寞和艰难。但你的人生还是需要自己把握，是你的人生决定了你需要的朋友，而不要让你的朋友决定你的人生。

（资料来源：聂振伟《心灵的距离—人际关系解码》，高等教育出版社，2008 年）

● 回声 3
我们需要交多少朋友？

广交天下友就能积累庞大的人脉资源吗？我们可以先来做一个小测试。像图 2 那样画出你的人际圈，你可以画出四个同心圆，其中最里面的一层代表你自己，紧挨着的一层是你的知心朋友，接着是较好的朋友，最后是一般的朋友。

当然，你也可以按照你的分类标准，对这个同心圆重新进行设计。画完之后，同学们可以思考一下：对于你的人际关系状况，你是否满意？如果从 1 到 10 评分，1 代表非常不满意，10 代表非常满意，你会给自己打几分？你是否因为人际

图 2 我的人际圈

我的姓名
知心朋友
较好的朋友
一般朋友

交往范围过小而感到孤独？或者面对复杂的人际圈，你不仅不能游刃有余，反而不堪重负？

事实上，我们每个人需要的朋友数量不是一定的，朋友也不是越多越好，因为我们每个人对人际关系的需求是不一样的。研究发现，在高校大学生中，人际支持的数量在遭遇不同水平的应激时，对抑郁的影响没有显著性差异；而人际支持的满意度与应激水平相互作用，共同影响抑郁的发展。[3] 也就是说，最终对我们的情绪状态产生影响的，不是我们人际支持的数量，而是我们对于人际支持的满意度。社会学家研究发现，无论你的圈子多大，真正影响你、驱动你、左右你的，通常也就是身边那八九个人，甚至四五个人。

● 回声4
我们要打造闪亮的自己

同学们应当懂得，良好人脉的根基不在别人身上，而是藏在自己身上。唯有自己变强大，才能获得良好的人际关系。

首先，我们自己要学着喜欢自己。当我们觉得别人不喜欢我们，甚至疏远我们的时候，先问问自己，你喜欢你自己么？如果我们自己都不喜欢自己，又怎么让别人喜欢我们呢。而且，知道如何爱自己的人才知道如何爱别人。

其次，我们要学着锤炼自己的人品。新东方教育集团创始人俞敏洪曾提到，他的人品是什么呢？没有别的，就喜欢帮别人的忙，喜欢做好事，跟雷锋同志有点像。[4] 后来俞敏洪创办新东方，要招兵买马，他给他的中学同学、大学同学打电话，他们全部都跑来了。因为他们想起了俞敏洪给他们打扫卫生的事，觉得这么一个人肯定不会欺负人，肯定是有难同当、有福同享的人。

亚里士多德在《政治学》中写道："离群索居者，不是野兽，便是神灵。"他认为人是一种政治性动物，更通俗一点儿，就是人的生活离不开他人，人生活

---

3 张江华：《大学生抑郁人际高风险—应激模型实证研究》，中南大学博士论文，2011年。
4 刘艳萍：《我的人生供你参考—名家大师对话青少年》，教育科学出版社，2014年。

在社会关系之中。在建立新的朋友圈时，新生同学要把握好交友的原则和标准，就像航行的船一样，我们友谊的小船要有正确的方向才能越驶越远，成为友谊的巨轮。

案例 2. 其实我不想做"独行侠"：我想在人群中更自在

场景：小研同学很羡慕那些和大家打成一片的同学，觉得他们社交能力很强。虽然自己也想有很多朋友，但却又恐惧交往，不知道如何和新同学打交道。和他们一起聊天时，总是不知道说什么，经常遭遇冷场的尴尬。尤其是在陌生人多的场合，他就更不知道如何开启话题了。小研觉得很孤单，经常一个人默默地去上课，默默地去吃饭，感觉和同学们越来越远。小研应该怎么办呢？

问题
小研应该怎样提高人际交往能力？

以自我为中心的成长环境、以高考为目标的应试教育使得很多新生同学缺乏基本的人际交往能力，这使得很多像小研这样的同学进入大学后产生交往焦虑、交往恐惧。如何克服交往焦虑和恐惧，如何提高人际交往能力，是很多大学新生需要学习的课程，下面就让我们学习人际交往的方法吧！

● 回声 1
客观认识，友谊不止一个层次

友谊大概可以分为四个层次：联系、相识、朋友和挚友。我们初次遇见某人，感觉"相见恨晚"，想一下子跳跃到最深的友谊层次，通常是比较困难的。友谊是需要用心经营的，是需要时间检验的，是需要逐步加深、层层递进的。

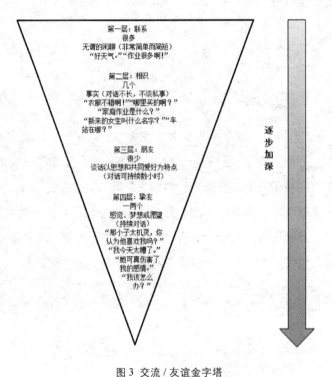

图 3 交流 / 友谊金字塔

（资料来源：匈牙利 YTL 项目组：《人际交往》，中国社会出版社，2006 年）

● **回声 2**
开始微笑，重视给别人的第一印象

首因效应，指的是人与人第一次交往中给人留下的印象，在对方的头脑中形成并占据着主导地位的效应。[1] 美国社会心理学家洛钦斯曾证明了首因效应的存在。所以，我们需要重视在重要的场合，或者在面对重要的人的时候留给对

1 于成文：《大学生心理健康》，清华大学出版社，2015 年。

方的第一印象。

从第一印象上来说，人们都喜欢干净整洁、面带微笑的人。美国俄亥俄州有家蒸馏工厂，连续两年亏损。新厂长丹尼尔上任后，马上在工厂的醒目处贴出了大幅标语："如果你看到一个人没有笑容，请你把笑容分给他。"他还把厂门改成了一张笑脸，他自己总是春风满面地和人打招呼。在他的笑容感染下，工厂三年来未增加任何投资，生产效率却提高了80%，在全美声名大噪。所以，不管你的长相如何、口才怎样，首先让微笑为你开路吧，因为微笑是你最美丽的名片。

 延伸阅读

关于笑容的秘密

你对别人笑，别人也会对你笑。笑容具有不可思议的效果。你对别人展现出善意的微笑，别人也会对你报以微笑。这是因为人的大脑中有一种叫作"镜像神经元"的神经细胞在发挥作用。当我们看到别人的行为之后，镜像神经元就会控制我们模仿对方的行为。比如，看到别人哭或笑，我们的镜像神经元就会被激活，控制我们采取和对方类似的行为模式。

笑能让我们心情舒畅、态度积极。有高兴的事，我们自然会笑。但我们不要等有了高兴的事再笑，没事也要笑，用笑让自己的心情愉悦起来。而且，笑还能让我们的身体放松，而人在放松的状态下，谈话也会变得自然、自如、自在。

笑能让我们更美丽。人在笑的时候，大脑新皮层的前脑联合叶会受到刺激，刺激信息被传送到大脑边缘系和视丘下部，从而促进激素的分泌。这样一来，我们的皮肤变得滑润水嫩，脸上也泛出年轻的光泽。可以说，笑容中隐藏着改变外貌的秘诀。

(资料来源：木瓜制造、原田玲仁：《每天懂一点人际关系心理学》，湖南文艺出版社，2012 年)

● **回声 3**
开启话题，眼里只有别人，没有自己

每个人都会有不同的个性和特点，有的忧郁、有的风趣、有的会穿衣、有的爱讲话、有的爱微笑……如果眼里只有别人，这些特点你就能很快捕捉到，如果你是真诚善意的，一个有趣的话题就开始了。如果眼里只有自己，你就会去想，对方会怎么看我？他会觉得我幽默吗？好看吗？这样的话，你就不自然了，对方也就感觉到了，交流的话题便难以开启。如果你的注意力都在对方身上，还会带来一个"副作用"，你会发现你没有时间去担心别人怎么看你了。[2]

另外，心理学里还有一种心理效应叫作"熟知性法则"。指的是对对方的了解越多，越容易对其产生好感。所以，在人际交往中，对他人感兴趣，多了解他人，对建立人际关系是大有裨益的。

延伸阅读

当谈话陷入僵局时，如何"提问"？

对于不善言谈的朋友来说，谈话中的沉默简直令人窒息。遇到这种情况，他们的头脑中就只剩下一个想法，那就是："我必须得说点什么！我必须得说点什么！"当谈话陷入僵局时，可以通过提问让谈话继续。

对刚才谈论的话题进行深入挖掘。有时，一个话题聊到中途突然聊不下去了，由此陷入沉默。但是，突然转换话题似乎又有点失礼。所以，我们可以在谈话过程中记住对方所说的要点，当遇到僵局时，可以对这个话题进行深入挖掘。例如，对谈到的美食餐厅的店名进行再次确认，询问餐厅的具体地址以及特色美食。

与谈话内容相关的询问。在谈话过程中，当对方讲到一些抽象概念、专业观点时，我们不妨请他们举一些具体的例子。我们可以问"能举几个具体的例子吗？""能详细给我讲讲吗？"等。这样一来，我们既可以更加形象、生动地理解

2《沟通技巧：如何在人群中受欢迎？》，参见：http://www.xinli001.com/。

对方所讲的话，也可以进一步扩展话题。

与对方相关的询问。学什么专业？家乡在哪里？家乡有什么好玩有趣的风俗？或者询问对方周末都做些什么？有什么兴趣爱好？

（资料来源：木瓜制造、原田玲仁：《每天懂一点人际关系心理学》，湖南文艺出版社，2012 年）

● 回声 4
开放心态，不要轻易给对方定性

苏联社会心理学家包达列夫做过这样的实验[3]，将一个人的照片分别给两组被试者看。照片的特征是眼睛深凹、下巴外翘。他向两组被试者分别介绍情况，给甲组介绍情况时说"此人是个罪犯"，给乙组介绍情况时说"此人是位著名学者"。然后请两组被试者分别对此人的照片特征进行评价。评价的结果，甲组认为：此人眼睛深凹表明他凶狠、狡猾，下巴外翘反映着其顽固不化的性格；乙组认为：此人眼睛深凹，表明他具有深邃的思想，下巴外翘反映他具有探索真理的顽强精神。

为什么两组被试者对同一照片做出的评价竟有如此大的差异？原因很简单，是人们对社会各类型的人有着一定的定型认知。把他当罪犯来看时，自然就把其眼睛、下巴的特征归类为凶狠、狡猾和顽固不化；而把他当学者来看时，便把相同的特征归为思想的深邃性和意志的坚韧性。这就是刻板效应，也是我们的一种心理定式。

在人际交往中，我们不要轻易地给对方定性。例如，他是个富二代，肯定瞧不起我这样从农村来的孩子；或者她长得这么漂亮，肯定不好打交道等等。开放我们的内心，同时把注意力放在对方身上，真诚的交流，你就会发现，你周围的人似乎越来越多了，你的人缘似乎也越来越好了。

3《刻板效应》，参见：http://wiki.mbalib.com/。

● 回声5
开创新模式，常怀感恩之心

　　中国科学院院士、著名数学家华罗庚先生曾经说："人家帮我，永志不忘；我帮人家，莫记心上。"韩信小时候家中贫寒，父母双亡。他虽然用功读书、拼命习武，然而，挣钱的本事却一个也不会。迫不得已，他只好到别人家吃"白食"。为此常遭别人冷眼。韩信咽不下这口气，就来到淮水边垂钓，用鱼换饭吃，经常饥一顿饱一顿。淮水边上有个老奶奶为人家漂洗纱絮，人称"漂母"。她见韩信挨饿挺可怜，就把自己带的饭分一半给他吃。天天如此，从未间断，韩信发誓要报答漂母之恩。韩信被封为"淮阴侯"后对漂母分食之恩始终没忘，派人四处寻找，最后以千金相赠。

　　总之，如果你真诚付出，眼中看到同学的需要；开放心态，主动和同学打招呼；开启新模式，不计回报地付出，"予人玫瑰，手有余香"，那么你就能够提升人际交往能力，逐渐成为受欢迎的"中国好同学"了。

 延伸阅读

如何让自己人缘好？

　　1. 外表整洁美观。个人吸引力离不开身体和风度上的魅力，如容貌、体形、服饰等。对大学生而言，穿着要整洁美观，还要与自己的年龄和身份相符，过于标新立异不会收到好效果。

　　2. 给人以善意的微笑。心理学家研究指出，呆板的表情是人际交往中的障碍之一，它如同设在路口的路标，告诉人们"此路不通"，别人会因此不自觉地回避你，而微笑是人际交往中的润滑剂。

　　3. 善于倾听。人们欢迎一个善于倾听的人，远远胜过欢迎一个专爱诉说自己意见的人。对于别人的谈话不但要认真去听，还要及时鼓励对方谈论自己。

　　4. 会赞美他人。人们都希望获得他人的赞美，如英国文豪萧伯纳所说的："我们总是喜欢赞扬我们的人。"只要我们仔细观察，不去忌妒，会常常发现他人身上的可赞美之处，如果能将其真心实意地表达出来，一定会使对方非常愉快，并发现你是一个可以给他自信的难得的朋友。

5. 一颗诚实的心。注意言必行，行必果，言行一致，表里如一。跟这样的人做朋友，别人才会觉得可靠。

6. 对人亲切热情。主动关心、帮助他们，做事尽职尽责。要想有好人缘，助人为乐是根本。

7. 不自高自大。人缘好的人谦虚有礼，善于发现别人的长处和优点，虚心学习；同时经常发现自身的不足，并勇于承认，及时改正。

8. 不搬弄是非，不搞"小团体"。特别是在宿舍或者班级里面，不搞小团体，小团体容易遭到大团体的孤立，同时也容易形成多个对立面，把关系复杂化。人缘好的人，他的立场往往是中立的，而不是站在某一派别的位置上。

(资料来源：聂振伟：《心灵的距离——人际关系解码》，高等教育出版社，2008 年)

场景：进入大学后，小微看不惯有些舍友的不良卫生习惯，也不喜欢她们"自以为是"的高谈阔论，感觉自己和舍友格格不入。有一次宿舍卧谈，大家聊了很多流行的二次元人物，但是小微对此一窍不通，便弱弱地问了一句："你们说的二次元是什么啊？"没想到有一个舍友直接说，"这个你都不知道啊，真是太 out 了"。大家都笑起来，小微则是满心委屈。于是她开始独来独往，很少与舍友交往，越来越没有存在感。她其实想和同学们一起愉快的交流，甚至想去接受她们喜欢的东西，但却感到有心无力。小微该怎么办呢？

问题

小微应该怎样处理好跟宿舍同学之间的关系呢？

相聚在同一个宿舍中的新生同学来自五湖四海，每个人的成长背景、教育经历以及观念视野都不相同，在日常的交流中难免会产生摩擦与分歧。因此，我们需要理解相互之间的差异，面对现实、调整心态、改变自我，积极乐观地融入宿舍生活，共同打造温馨和谐的"小家"。

● 回声 1
不要以偏概全，人都是整体的

在心理学上有一个晕轮效应，即人们对人的认知和判断往往只从局部出发，扩散而得出整体印象，即常常以偏概全。[1]一个人如果被标明是好的，他就会被一种积极肯定的光环笼罩，并被赋予一切都好的品质；如果一个人被标明是坏的，他就被一种消极否定的光环所笼罩，并被认为具有各种坏的品质。

小微因为看不惯有些舍友的"不良卫生习惯"，进而将这种不喜欢扩大化了，认为她们的高谈阔论是"自以为是"的，认为她们直接的表达是"故意伤害她"的。带着这样的看法，小微自己就先关闭了和舍友交流的心门，不仅内心孤独，而且也充满了抱怨和怨恨。

● 回声 2
换一个角度，乐观是可以学习的

对于图 3，从不同的角度看，就能呈现出不同的画面，可能是一个老妪，也可能是一个美丽的少女，你看到了什么呢？

同理，小微也可以换一个角度看舍友。舍友卫生习惯不太好，很可能她是一个大大咧咧好相处的人；舍友有一些自以为是的高谈阔论，很可能这个人喜欢表达自己，沟通起来可能更容易。舍友说自己 out，也只是对事不对人，并没有否定自己的意思。所以，换一个角度，就换了一个世界。我们应该学会积极乐观地看问题。

图 3 老妪与少女

1 于成文:《大学生心理健康》，清华大学出版社，2015 年。

转变视角，在讨厌的人身上寻找优点

要想改变自己，首先必须转换思维方式。当讨厌一个人的时候，就容易只看到他身上的缺点，以致越来越讨厌对方。反过来，如果喜欢一个人的话，就会只看到他身上的优点，以致越来越喜欢对方。

因此，对于每天必须见面的人来说，还是想办法去喜欢他们吧。为此，我们应该改变一下自己的视角和思维方式。例如：

对于易怒的人，我们不要认为他们"脾气暴躁"，而应该认为他们是"直接表达自己感情的人"；

对于总是自我吹嘘、自鸣得意的人，我们不要认为他们"傲慢"，而应该认为他们是"有自信的人"；

对于从不改变自己想法的人，我们不要认为他们"固执"，而应该认为他们是"执著的人"；

对于看别人做什么事情都会——指导的人，我们不要认为他们"琐碎"，而应该认为他们是"做事认真的人"；

对于"见人说人话、见鬼说鬼话"的人，我们不要认为他们"八面玲珑"，而应该认为他们是"善于社交的人"。

像这样，从一点点的积极评价开始，逐渐改变对别人的看法。当然，从自己讨厌的人身上寻找优点，是一件非常痛苦的事情，但不经历痛苦，又怎么能改变呢？

（资料来源：木瓜制造、原田玲仁：《每天懂一点人际关系心理学》，湖南文艺出版社，2012 年）

● 回声 3
接受多元，放下偏见去欣赏

作家连岳曾经说，允许他人的道德观、生活方式和自己不同，将消除世上90%以上的烦恼。新生同学常会有这种感觉，就是发现不喜欢的人好像比高中的时候更多了。比如高中时你讨厌一两个人，到大学时怎么感觉讨厌的人那么多呢？产生这种感觉的原因是大学更"多元"了，存在更多不同的价值观，存在更多的对事情不同的看法。如果我们继续停留在高中阶段的认知水平上，继续带着预期、偏见的话，就无法看到一个更加完整、生动的舍友。因此，新生同学要调整预期，放下偏见，学会包容和欣赏，接纳别人的生活方式和价值观念，并多去发现舍友身上的闪光点。

● 回声 4
可以特立，但不要独行

新生同学既要融入宿舍同学中，又要保持自己的独特性。透过我们身边的一些"沉默的螺旋"现象，我们可以更好地审视我们的生活，学会更多为人处世的方式。让"螺旋"在"沉默"中上升，使自己在人际交往中特立但不独行。

特立指的是从自己的兴趣点出发，不为追求安全感和认同感而盲目从众。新生同学可以通过成绩上的优异或第二课堂活动的丰富获得更多的价值感，从而获得人格独立和生活独立。不独行指的是尽管在兴趣爱好上有所不同，但是仍然可以和大家进行交流。同时，可以融入其他更加积极的环境中，和志同道合的同学有更多的交流，而不仅仅局限于宿舍。

● 回声 5
如何靠近对方，看看别人怎么做

同住一个宿舍的小 A 和小 B 来自不同的地方。小 A 是一位温婉可人的江南"软妹子"，内心深藏着江南女子特有的那份恬静与美好，喜欢写优美的文字表达自己的心情，有着敏感细腻的内心。小 B 是一个来自天津的"女汉子"，爱笑爱闹，风风火火，不拘小节，喜欢开天津人特有的"相声式"玩笑。

宿舍里另外两人也是北方人，小 B 和她们性格相近，脾气相投，很快就混熟了，整天一起自习、一起吃饭，还一起逛街。小 A 和大家却怎么也"混"不起来。小 A 喜欢安安静静的一个人；小 B 喜欢跟别人开玩笑，虽然嘴很"毒"，但绝不带一点恶意。值得庆幸的是，她们之间没有恶意的揣测，小 B 心里一直知道小 A 是个内心纯净的女生，只是大家的文化背景不同，沟通方式有些不同。

怀着美好的初心，她们开始了解对方，接纳对方。小 B 开始试着了解小 A 喜欢的沟通方式，例如开始改变自己说话的方式，和小 A 讲话尽量不开玩笑不损人；小 A 也开始用自己的方式关心小 B，把小 B 的名字首字母串成钥匙链送给她，跟她谈谈她的朋友们。慢慢地，两个人的关系越来越近，越来越亲密，她们都庆幸没有简单轻易地向对方关闭心门。[2]

宿舍是同学们心灵交流的港湾，是同学们共同成长的集体，是同学们创新实践的"孵化器"，良好的宿舍文化对同学们的成长至关重要。我们很多同学都是独生子女，大部分在大学之前没有住过集体宿舍。有时候，你觉得你在宿舍受尽了委屈，觉得自己不幸遇到了"腹黑"的舍友。就像世界上没有无缘无故的爱，也没有无缘无故的恨一样，生气之余，我们需要反思，为什么是我？有的同学习惯早起，也许是他们很努力珍惜每一天；有的舍友过于吝啬，可能是他们手头拮据。怀有一颗宽容之心，善用一双发现美的眼睛，让自己更深入地了解彼此再下定论，而非过早贴标签，你会发现自己和大家的距离会越来越近。

 延伸阅读

测测你的群居指数

请阅读下列各题，并根据自己的实际情况做出选择（只能单选）

1. 你最喜欢的漫画风格：

A 几米　B 蔡志忠　C 朱德庸　D 麦兜

2. 当你在集体休息室里阅读时，有人播放了一个你讨厌的歌手的唱片，你会：

A 走出房间　B 捂住耳朵，表示不满

C 将音乐关掉或换其他碟　D 无所谓，埋头看自己的书

3. 设想你与几个第一次见面的网友共处了几个小时，而后当你独处时，最可能发生的情形是：

A 回味自己在人群中的形象　　B 回想引起笑声的愉快片段

C 为自己说得不得体的话而不安　　D 总结出哪几个人是值得或不值得交往的

4. 你坐在小船上，在一条完全陌生的河里顺水漂流，会想象：

A 船将会漂进原始森林里，景观奇异　　B 前面不远就是瀑布，再不靠岸则危险将至

C 河水清澈，阳光明媚，鱼在船沿跳跃　　D 前面不远就是家了

5. 下面哪种情况比较接近事实？

A 许多朋友都乐意将隐私及烦恼告诉你　　B 只有少数朋友会同你聊起私密问题

C 你对朋友的心事几乎没什么了解　　D 你对别人的隐私不了解

6. 聊天时你谈及对某人的不良印象，无意中看到此人从门边经过，你会：

A 非常不安，尽管你是真的不喜欢他　　B 心想他听到了才好呢

C 猜想他也许没听到吧，就算听到了也无妨，反正说的是真话

D 提防他，怕他对你出言不逊

7. 在与一群人交谈时，你通常：

A 与大家聊得很开心　　B 表面上看起来颇合群，但心里却觉得无聊

C 发觉自己在想与交谈话题无关的事情　　D 是一个专注的聆听者

8. 对于自己的感受，你通常：

A 避免表达，认为别人不会当回事　　B 轻轻松松就可以表达出来

C 会选择你认为恰当的场合向他人暗示

D 心情好时大说特说，心情不好时就是闷葫芦

9. 与你较要好的邻居向你大方推销他们公司的产品，你用后发觉不如邻居说的有效果，且太贵，你会：

A 表面上与邻居仍保持以前关系，但对其有了戒心　　B 讨厌他，看见他都不舒服

C 向他抱怨，但以后仍与他要好　　D 能够体谅邻居行为，并调整自己的购物心态

10. 对自己的糗事，你会：

A 经常抖出来与大家一起笑　　B 讲出来会考虑会不会损害形象

C 只在极熟悉的人面前才会讲　　D 尽量避免告诉别人

11. 当你发现自己错怪了朋友，你会：

A 向他说对不起将他哄回　B 道歉很难开口，但会找适当的场合来挽回友谊

C 也知道自己不对，但说不出对不起　D 让事情慢慢过去

12. 与同学在小饭馆吃晚餐，买单时，你会：

A 忍痛买单，如果其他人没有表示　B 主动提出 AA 制

C 装作没留意　D 小事一桩，主动拿过账单

13. 某小说有一句话说："每个人都以公共汽车里最尊贵的人自居。"对这种说法你认为：

A 很有可能，我以后要注意　B 可能吗？反正我没有这种想法

C 真可笑，一点自知之明都没有　D 会心一笑

14. 朋友约你看一部热门电影，排了一个小时队，结果轮到你们时票却售完，你会：

A 很沮丧，不免出言抱怨朋友　B 建议挑另一场或去逛街

C 没了主意，看对方安排　D 回家算了

15. 假日清晨，睁开眼睛听到敲门声，你希望他是：

A 借东西的邻居　B 敲错门的陌生人

C 盛装打扮的好友　D 可爱的卡通人物

表2

答案题号	A	B	C	D
1	3	1	4	2
2	3	1	2	4
3	1	4	2	3
4	3	1	4	2
5	4	3	2	1
6	2	3	4	1
7	4	2	1	3
8	1	4	2	3
9	2	1	3	4
10	4	3	2	1

11	4	3	1	2
12	2	4	1	3
13	3	2	1	4
14	1	4	3	2
15	2	1	4	3

一级群居指数：54—60 分。你天生是个群居动物。你与好友相处时能凭着真性情；你心态乐观，对生活充满期望，能带动群体生活的气氛；你心胸开阔，能信任他人，对物质不计较，也不在意小事情。更重要的一点是，你能在体谅别人的同时又不委屈自己，这是享受群居生活的核心之一。

二级群居指数：42—53 分。你倾向于一种综合性的性格，外向、内向兼备。在集体中，你会表现出较强的可塑性，也就是说，当与活跃、乐观的人相处时，你就会表现出性格中活泼开朗的那一面，而当对方较沉默寡言时，你也就容易沉默。如果遇到了一些"一级指数"，你也会跟着升级，否则，会跟着降，没能将群居生活的好处最大化。当然，对相处中产生的不快，你还是有能力化解的。

三级群居指数：29—41 分。你时常觉得自己暴露在人群中，容易陷进这样一种矛盾境地：生活表面完美但内心委屈；与朋友相处时，也有愉快的感觉，但在独处时却又怀疑这种快乐的意义；遇到不如意的事，你往往只从自己方面找原因，给自己增加了很多不必要的心理负担。不过，如果经过调适，也可以尝试集体生活，因为，毕竟你的内心仍然是渴望朋友的。

四级群居指数：28 分及以下。在一定程度上，你信奉自我中心主义，凡事较少为别人着想，也很难去信任他人；同时，你还是个悲观主义者，往往只看到生活的负面，对不少事情你都相当在意，这会使集体生活凭空产生许多意料不到的冲突。除非你遇到一些很宽容并相当有智慧的"群居者"，否则，意味着基本上制止了群居的可能性。

如果你的指数是三级、四级，你又愿意改善自己的人际关系状况的话，同学们可以求助于自己的老师、同学，或者求助学校的心理咨询中心，中心提供的服务都是免费的哦。

（资料来源：王为正、韩玉霞：《大学生心理自助读本》，科学出版社，2010 年）

场景：小研从小就有非常规律的作息习惯，定点睡觉、按时起床，而且睡眠比较轻，必须关灯才能睡着。但是宿舍有些同学晚上要开灯打游戏，有些人要开灯学习，小研的睡眠受到了严重影响，经常失眠。虽然对舍友的作息习惯有一肚子不满，但是小研不知道该如何表达，害怕和舍友起冲突，闹得不愉快，心里觉得很憋屈。

 问题

小研应该如何与宿舍同学协调作息时间？

同一宿舍的同学往往来自天南海北、四面八方，在饮食、作息等生活习惯方面会有较大差异，因此，产生矛盾、造成冲突是在所难免的。宿舍是共同生活的场所，新生同学不能以自己的习惯去要求他人、改变他人，更不能回避矛盾、搁置冲突，而要学会尊重他人、理解他人，通过有效的沟通磨合，形成大家共同接受、共同适应的"家庭"环境。

● 回声 1

我是我，你也是你：个性 vs 尊重

央视主持人白岩松曾说，在保持自己个性的同时，也要尊重别人。[1] 如果我们过分强调自己的个性，有的时候就容易造成缺乏包容和尊重。真正的个性就是"我就是我，但你也该是你"，而不是"因为我是我，你也得是我"。如果我们在叛逆期和有个性的时候，还能够尊重其他的同学，那么我们的个性就更有价值。

小研同学是有自己的作息规律的，或者说在作息时间上是有个性的，相应的，宿舍其他同学也有他们的个性。小研虽然不满，但如果期望宿舍其他同学和他一样作息是不太现实的，因为他们的个性也需要被尊重。如何平衡自己的个性和对他人尊重之间的冲突，就需要"求大同、存小异"了。

● 回声 2

求大同，存小异：合作 & 折中

关于处理、解决人际冲突问题，著名心理学家托马斯提出了五种策略：[2]

一是回避方式，即如果不涉及自身利益和对方利益，就不宜处理。

二是竞争方式，即设定目标后，只考虑自身利益，不顾及他人利益。

三是迁就方式，即只考虑对方利益，屈从于对方意愿。

四是合作方式，即尽可能实现双方利益，取得双赢。

五是折中方式，即双方均有所让步，达成目标。

结合我们前面的问题，因为涉及双方的利益，所以无法采用回避方式；如果采用竞争方式，很有可能产生误会和冲突；如果采用迁就方式，小研同学也会觉得非常憋屈和难受，说不定哪天会爆发更大的情绪，引发双方都不期望的后果。所以在人际冲突中，同学们应学着采用合作和折中的方式。如果采用合作的方

1 刘艳萍：《我的人生供你参考—名家大师对话青少年》，教育科学出版社，2014 年。
2 蔡迎春、刘峰：《大学生心理健康—心灵成长之旅》，清华大学出版社，2011 年。

式，这就需要头脑风暴了，需要大家合作想出互相尊重又获得双赢的创造性方式；如果采用折中方式，小研也许可以稍微晚睡一会儿，而其他同学也许可以稍微提早睡会儿，或者将声音和灯光减到最小，双方都有所让步。

● 回声3
共商议，齐遵守：我 vs 我们

每位同学都渴望能在大学里拥有美好的集体生活回忆。央视主持人白岩松曾经说过："在大学里，一定要珍惜和维系集体的友情……在大学里结下的同窗情谊，往往可以贯穿一生……不要错过了再也无法复制的集体生活——那种一大群人一起骑车踏青、一起踢球、一起喝酒、一起熬夜准备考试的记忆。"正是因为美好和珍贵，"我"更应该上升为"我们"。宿舍是同学们最重要的生活场所，宿舍生活是同学们最深刻、最持久的大学回忆，因此，同学们要倍加珍惜宿舍生活，珍惜同在一个屋檐下的舍友，以期留下最美好的大学回忆。

美好的宿舍生活需要全体宿舍成员用心经营。制订一个宿舍公约或制度非常有利于避免、减少宿舍同学之间的矛盾。宿舍是大家的宿舍，这个制度应当由大家一起来协商制订，这样才能让大家共同遵守。

延伸阅读

一个有趣的宿舍制度

1. 保持宿舍安静。放屁可以，但不要太响；唱歌可以，但不要太嚷。

2. 保持宿舍卫生。至于垃圾，自己看着办——要么扔垃圾桶里，请清洁员处理，要么放自己床上，独自欣赏。

3. 按时作息。超过晚上 11:30，恭喜恭喜——你可以继续走你的星光大道，当然也可以利用一下公共资源——睡走廊。

4. 各成员拥有至高无上的自治权和表决权。大事集体表决，小事自治。比如侧着睡、平着睡、还是蜷缩着睡，完全自己做主，甚至不用表决、不用请示。

5．各成员有义务维护本宿舍形象。如果你不小心助人为乐了，请在众目睽睽之下进入宿舍，也可以大声说出宿舍牌号；如果你不小心走光了，请在夜深人静的时候，由外窗返回。

6．严禁在洗澡时唱《Eyes On Me》等标题暧昧的歌曲。

7．未经许可，禁止在室内裸跑。

8．禁止虐待基本生命维持物品如饮水机、充电器等。

9．本公约由宿舍长解释。

10．本公约充分体现了自由、民主、平等的精神，因此无须表决，即时生效。

（资料来源：《宿舍公约》，参见：https://zhidao.baidu.com/）

● **回声 4**

取之长，补其短：三虎居 vs 独行侠

作息时间的冲突仅仅是宿舍带给我们的一面，宿舍更是我们共同进步、共同成长的聚集空间。大学生一般在宿舍的时间是 13—14 个小时，扣除睡眠时间，每天有 5—6 个小时，所以宿舍的氛围对于同学们的成长很重要。

大学宿舍哪家强？清华 2 号楼王中王。清华大学 2 号楼 474 房间当年的三位室友如今全部当选中国科学院或中国工程院院士。王光谦、胡春宏和倪晋仁，三个人都出生于 1962 年，本科也都就读于武汉水利电力学院（现武汉大学）。1982 年本科毕业后，他们又同时来到清华大学水利水电工程系进入研究生阶段的学习。或许是机缘巧合，他们仨又同时住进了一间宿舍——清华大学 2 号楼 474 寝室。三个人虽然性格各不相同，但是相处非常和睦，关系特别融洽。无论是专业上的学术交流，还是生活中的聊天说地，他们都无话不谈；一起踢球、一起下围棋、一起打桥牌。三个人的性格并不完全相同，"各有各的长处，也各有各的毛病"，但是他们特别团结，总是能做到取长补短。无独有偶，厦门大学

1977 级校友田中群院士、孙世刚院士、孙勇奎院士出自厦大芙蓉 12 楼的同一间宿舍。东南大学 1956 级的校友张乃通院士、黄培康院士也是同宿舍的好兄弟。

有些宿舍关系之所以"剑拔弩张",是因为在最初发现矛盾时没有适时地提出,反而选择了隐忍。或许隐忍者希望以此让对方看到自己的牺牲,但未予公开表达,任何人都不能猜透其心意。拒绝交流、回避开诚布公地沟通,是大学生容易出现的问题,这个问题不能简单依靠心理学原理来求个"心安理得",而必须依靠交际技巧"漂亮"地化解。生活经验告诉我们,在提出问题、解决问题的过程中,朋友间的关系会不知不觉地被拉近。人与人之间"只可意会不可言传"的交往乐趣,需要我们常加锻炼,而宿舍正是不断磨炼自身人际交往能力的绝佳场所。

案例 5. 维护好友谊的小船：如何解决跟朋友之间的冲突？

场景：小微和小 L 在新生报到时就很投缘，没过多久就成了要好的朋友，经常一起上课、一起自习、一起游玩。一段时间之后，小 L 因为忙于社团和班级事务，和小微在一起的时间越来越少。小微因此很不高兴，两人还为此事大吵了一架，双方都觉得对方不理解自己。另外，小 L 经常借小微的钱不还，虽然都是小钱，但是对于没有经济收入的小微来说也很重要，小微又不好意思提醒，害怕伤了和气。昔日的亲密关系就这样陷入僵局。

问题
小微应该如何化解朋友间的"冷战"？

新生同学在交往过程中发生冲突是不可避免的。然而，发生矛盾并不可怕，但若是逃避问题、回避问题，不及时沟通解决，那么友谊的小船说翻就翻。有两个和尚因为一点儿小事吵架，吵完之后两人都觉得心中委屈，分别找师父抱怨和诉苦。师父听完和尚甲的解释和不满之后轻轻地点头说，"恩，你是对的"。和尚甲心情愉悦地离开了。和尚乙也来找师父吐苦水，师父认真听完他的委屈之后，轻轻地点头说，"恩，你是对的"。和尚乙也开心地离开了。这时，一直在师父身边伺候的小和尚变得很困惑，为什么两个人都是对的？师父听完之后，也只是轻轻点头说，"恩，你是对的"。

这个小故事告诉我们，发生冲突的双方都有从自己视角出发的恰当理由，问题在于冲突双方之间没有进行有效的沟通。新生同学之间产生矛盾、发生冲突时，应摆正心态、积极面对，并运用科学的方法解决，这样彼此之间的关系才能更上一层楼！

● 回声1
冷静思考，多从自身找问题

冷静思考自身存在的问题是化解愤怒情绪、处理人际冲突的第一步。你要问问自己：当你和朋友出现冲突时，是否存在如下所述的问题？[1]

正话反说：你所说的与你感受到的不相符。比如，你告诉对方你很好，而实际上你觉得很生气。小微明明很在意小L，可嘴上却说，算了，我根本不在乎。

逃避冲突：你总是在遇到冲突情境时走开。冲突之后是解决问题的最佳时机，搁置的冲突容易产生更多的猜疑和假想。

轻饶自己，不放过对方：你明知道伤害了别人却不愿意承认；或者你总是抓住别人的错误不放，而很少注意到自己的缺点。冲突是双方互动的结果，冲突中不要只抱怨对方，也要反思自己。

新仇旧恨：争吵的时候，你会翻出以前的事情发出很多旧的抱怨。虽然我们都很擅长这样做，但是仅仅谈论当下发生的事情，冲突会更容易解决。

 延伸阅读

说"我"的5种方式

当沟通涉及情感时，心理学家托马斯·戈登（Thomas Gordon）建议把陈述限

1 克里：《心理学与个人成长》，中国轻工业出版社，2007年。

制在自己身上，也就是用"我"信息代替"你"信息。

"你太没有礼貌了"可以换成"我感觉很不舒服"，"你要气死我了"可以换成"我很生气"。"我"信息可以包括以下5个因素中的任何一个或者所有因素。

描述事实。描述无可争辩、可观察的事实。讨论你或者其他任何人能够看到、听到、闻到、尝到或者触摸到的东西。避免在此过程中做出判断、诠释或提出任何观点。不要说"你是个懒虫"这样的话，可以说"昨天你值日，可是到现在地面还没有打扫呢。"

描述感觉。描述你自己的感觉。"我觉得很挫败"要比"你从来不帮我"好听得多。说说自己对他人行为的感受，对别人来说是很有价值的反馈。

说出你想要的。说出你想要的，实现它们的机会就会大得多。不知道你想要什么，人们就无法帮助你。避免用命令的语气，或者使用"必须"这样的词。不要说"轮到你的时候就好好值日，否则我要你好看！"可以用"我希望我们可以公平分配宿舍卫生"这样的语句来代替。

谨慎交流你的想法。并不是所有以"我"开头的陈述都是"我"信息。"我觉得你真是个懒虫"其实就是一个"你"信息。其实可以这样表达："如果我花在打扫卫生上面的时间少一些的话，我会有更多的时间学习。"

表达你的意向。一个"我"信息的最后一部分是一个关于你想做什么的陈述。你要有一个不依赖他人的计划。比如，你可以说，"我打算做完自己分内的卫生，留下另一部分，请你来完成"。而不是"从现在开始，我们要平均分配宿舍的卫生"。

(资料来源：戴夫·埃利斯：《优秀大学生成长手册》，科学出版社，2013年)

● **回声2**
换位思考，多考虑对方的感受

从前，有一个男人厌倦了天天忙碌的工作，羡慕妻子悠闲舒适的生活。于是有一天，他向上帝祈祷，希望上帝把他变成女人，让他和妻子互换角色。结果，第二天祈祷灵验了，他变成妻子的模样，妻子变成了他的模样。他高兴极了，想着以后就能享受美好的悠闲生活了。可是还没等他想完，妻子就抗议道："你怎么还不去做早餐，我上班要迟到了。"于是，他赶紧起床去做早餐。做完早餐，又去叫孩子们起床，给孩子们穿衣服、喂早餐、装好午餐，送孩子们上学。回到家后，又开始打扫卫生，洗衣服，到超市买菜，准备晚餐……只一天，他就受不了了，太累了，比他上班还累。第二天一醒来，他就祷告，请求上帝再把他变回去。而上帝却对他说："把你变回去可以。但是，要再等 10 个月，因为你昨天晚上怀孕了。"

在冲突发生时，我们不妨换位思考一下，站在对方的立场上考虑问题，有些冲突就迎刃而解了。小微如果站在小 L 的角度思考，就会发现对于刚入大学的我们来说，对社团还是充满了新鲜感的，所以社团活动会占用更多的时间。而有可能正是因为忙乱，所以小 L 会忘记了还钱。由此，小微也许会对小 L 有更多的理解。

● 回声 3
积极思考，冲突也有美好的一面

没有人喜欢冲突，甚至很多人都在逃避冲突，但冲突也有积极的一面。[2] 有一项对于美国高中学生的研究发现，他们平均每天都要感受到 7 次冲突。正是在这些形形色色的冲突中，他们学会了如何探寻他人的思想与情感，如何了解他人的行为动机，如何理解社会规则的运作方式，如何运用策略去达成自己的目标，人际冲突的历练让他们逐渐变得成熟。

如何化干戈为玉帛？国际著名心理治疗师、家庭治疗创始者维吉尼亚·萨提亚指出了如下几个步骤：[3]

邀请：这是与他人联结的第一步。你可以这样说："我有些事情想要告诉你，

---

2 蔡迎春、刘峰：《大学生心理健康—心灵成长之旅》，清华大学出版社，2011 年。
3 维吉尼亚·萨提亚：《与人联结》，世界图书出版公司 2015 年版。

你现在可以听吗？""我和你之间有一个疙瘩，我们现在可以一起谈谈吗？"

表达：准备好冒一个险，把你内心的东西表达出来。最好用"我"来展开叙述。比如，"我很生气"，而不要说"你让我很生气"。简单地说，就是把你内在的情绪感受很坦诚地表达出来。

发问：向对方提问题，但并不是要得到一个真正的答案，而是澄清彼此的误会。让我们有机会可以互相理解、互相体谅。

有一句老话说："我们自然地相遇，基于我们的共性；我们彼此成长，基于我们的与众不同。"人际的开始常常伴随着共性的出现，而人际的冲突则促进我们不断成长。

延伸阅读

打开对方心扉的"午餐策略"＆"运动策略"

与他人关系出现裂痕之后，可以先"和谈"再道歉。如果这样还解决不了问题的话，该怎么办呢？

这个时候，可以邀请对方一起吃饭，而不要固执地想："让我和现在这么生气的人一起吃饭？没门！"应该放低姿态，咬牙去挑战一下自己。请对方吃饭，其中有两大理由。

第一个理由，可以让自己的头脑冷静下来。当我们情绪激动、大脑充血时，对对方说什么都不会起到好作用，而且很可能适得其反。第二个理由，一起进餐具有重大的意义。吃饭可以给人带来快乐和满足感，而与自己共享这种喜悦心情的人，我们多会对其产生好感。这种心理效应称为"午餐策略"。一起进餐，可以制造轻松的氛围，更容易让对方敞开心扉。

当然，如果觉得吃饭有些困难的话，还可以邀请对方一起进行一些体育运动，例如打打球、跑跑步等。在运动的时候，大部分注意力是集中在运动上，而在此时，适当的赞扬和鼓励会增进双方的友谊。另一方面，运动之后人们大都比较放松，防御性和警惕性会降低，这时候如果再进行沟通效果会更好。许多人一生的好朋友都是在赛场上结识的，例如林丹和李宗伟，两个人是一生的宿敌，也是一生的挚友。因此，邀请对方来一起运动也是解决冲突的好方法。

（资料来源：木瓜制造、原田玲仁：《每天懂一点人际关系心理学》，湖南文艺出版社，2012 年）

场景：小研同学是班长，对班级工作很有热情，很希望把班级工作做好。但是一段时间后，小研发现周围的同学都比较优秀而且很有个性，对班级工作不是很配合，有时花了很多时间精心策划的班级活动，却没有几个人参加。小研感觉有点力不从心，并且充满了失落感和挫败感。

问题
小研应该怎样调动班级同学的积极性？

充满了失落感和挫败感的小研，也许会对自己的能力产生怀疑：我适合当班长么？大家是不是对我有意见？也许会对同学们产生怀疑：你们太没有集体观念了，这么精心策划的活动都不参加。到底是自己的能力问题，还是大家不给面子呢？这是很多新生班干部经常遇到的困惑。在大学中担任学生干部有利于培养自己的服务精神、奉献意识、社会责任感，有利于提升自己的组织领导能力、沟通交流能力、团队合作能力。但是，大学中的班干部并不好当，面对个性较强、需求不一、观念不同的新同学，"行政命令"的方式不会奏效，"一呼百应"的局面不会出现。因此，新生同学要转变观念，恰当定位自己的干部身份，正确对待同学的特点需求，做同学"友"，不做同学"官"，只有这样才能当好班干部。

● 回声 1
抱团取暖 vs 众口难调：集体意味着什么？

如果说 90 后的父辈是脱离了集体就难以独立生存的一代人，那么 90 后就是努力挣脱集体"镣铐"的一代。全班去电影院看一场电影，全学院出动为一场校内篮球赛加油助威，如此景象是不太可能发生在 90 后大学生中了。90 后认定的"获得感"更多源自个人的努力和奋斗。如果集体能够促进，甚好；如果集体没有什么帮助，也罢。[1]

难道 90 后就没有集体生活了吗？好像也不是。看看充斥着智能手机的微信群、QQ 群，90 后同学都有着自己的小圈子。爱话剧、爱探险、爱音乐、爱美食的小伙伴都可以找到一个小集体。依据自己的个性，90 后熟练地掌握"抱团取暖"的技能，这与过去被动融入某个集体很不一样。

所以，现在的同学们更雀跃于根据自己的兴趣爱好而开始的小圈子，更热衷于自己主动加入组织，而不是被组织加入。因此，新生班干部要按照新生同学的特点来开展班级集体建设。例如，东北师范大学新生班级团支部在划分团小组时，按照同学们的职业规划把不同的同学编到不同的团小组，激发了同学们参与活动的积极性。

● 回声 2
志同道合 & 百花齐放：班委意味着什么？

在高中的时候，班级所有同学的目标几乎是一致的。而到了大学，目标追求更多元了，有的人想考研究生，有的人则一门心思要创业，更多的人则是处

134　1《对于 90 后而言，集体意味着什么？》，载《中国青年报》，2016 年 4 月 29 日。

于探索的过程中。追求不同，对同一活动的看法自然不同。

集体是为了达到某种一致性的目标而聚集在一起的。最不能让90后接受的是集体里只有自上而下的命令，而没有个人表达的空间。所以，现在的班委更是信息的收集者和服务者，在集体活动中要更注重同学们声音的表达，善于通过协商的方式寻求大家利益的最大化，起到凝聚、协调和引领的作用。华中科技大学一个新生团支部书记费了很大的努力组织了一个活动，同学们参与的积极性不高。后来，团支书改进了工作方法，发动同学们一起讨论策划活动，同学们参与的积极性大大提升。

担任班干部是社会工作锻炼的重要途径。社会工作锻炼是培养精英人才、培养大学生大有出息的秘诀之一。清华大学老校长蒋南翔对社会工作有一句精辟的总结："青年人做社会工作是大有出息的'负担'。""大有出息"是指社会工作能够给同学们提供一个锻炼和成长的平台；"负担"则说明社会工作是一项需要付出、需要奉献的事业。中组部常务副部长、清华大学原党委书记陈希说："社会工作锻炼很重要，能够培养学生的奉献精神和服务意识……通过锻炼，要使同学感受到什么是集体，什么是他人，有责任感，懂得尊重他人，善于与他人沟通，培养组织和协调能力。做成一件事不容易，做过事情的人才能体会到这点，否则只是当评论员，却做不好事情。有了体验，他的思维方式、处世方式都会变化。所以我们强调要多给学生一些社会工作的锻炼。"

⊘ 延伸阅读

第十届全国政协副主席、中国工程院原院长徐匡迪谈社会工作

我觉得在大学里做一点学生工作是很有必要的，学生会工作、团委的工作都很有意义。我在上海做市委副书记和上海市市长的时候，市委十三个常委里头，有九个是大学时团委、学生会里的干部，为什么呢？第一，做学生干部是没有报酬的，没有奉献精神的人做不了学生干部。另外开展工作也要克服很多困难，有时还要遭同学的白眼，组织活动时担心人家来不来，所以还要考虑如何动员同学们来参加活动。第二，学生是最讲民主的，学生会选举也是相当民主的，学生有意见会当场提出，需要学生干部有一定的包容禀赋和应变能力。所以做学生干部，可以培养你的奉献精神、组织能力，也培养自己一个民主的基础，这样容易和人对话。

（资料来源：陈曦、谢辉：《北京科技大学校友讲坛》（第一辑），中国人事出版社，2007 年）

● 回声 3
服务态度 & 工作方法：做同学"友"，不做同学"官"

光明日报《学生干部，别沾染"官气"》文章指出：衣着简朴、青春干练、谦虚单纯、认真负责、朝气蓬勃……这些形容词，曾经是概括学生干部，尤其是大学各级各类学生组织的干部时，非常贴切直观的词汇。

由于社会不良风气的影响，部分高校学生干部也慢慢地沾染上一些"官气"：把学生干部的服务职能当作权力，把老师、辅导员视为上司，把同学、社团干事当作自己的下级，进而把社会上的一套吃喝玩乐的作风、做派、心态带入大学校园，带到学生工作中。自然，也就把大学生干部作风庸俗化了。团中央书记处第一书记秦宜智在中华全国学生联合会第二十六次代表大会闭幕式上的讲话中指出："学生时代，应当是激情满怀、富有朝气的时代。学生骨干在学习之余承担学生工作，意味着更多的奉献和责任，需要对全体同学负责，兢兢业业地做好服务同学的工作。但是，现在一些学生骨干身上存在着与学生身份不相符的'味道'，沾染了社会上一些不健康的风气。希望同学们保持朝气，心有所畏、言有所戒、行有所止，少些圆滑世故，少说大话空话，在务实中成长、在实干中进步，不要成为夸夸其谈的'社会活动家'和'职业革命家'。希望同学们牢记学生的本职身份，真正融入普通同学，与同学们打成一片、真心相交，做学生'友'，不做学生'官'。"

因此，小研同学应当对自己的工作态度和工作方法进行反省，看看是不是自己对同学们的态度并非服务而是要求，在安排一些工作任务的时候，表达是否得当？语气是否亲和？等等。相信只要让同学们真切感受到自己的诚意，同学们还是会配合工作的。此外，班、团干部要尽量来自不同的宿舍，这样就可以更加广泛地发动各个宿舍同学参与。北京科技大学曾有一个班级的班团干部全部集中在两个宿舍，班团搞活动时其他宿舍的同学要么不积极，要么有意见，班团建设受到很大影响。后来班团换届时要求每个宿舍至少要有一名同学担任班级或团支部职务，这一举措有效激发了各宿舍同学参与班团工作的积极性。

延伸阅读

清华大学自动化系自64班：不孤单、不落单、不简单

清华大学自动化系自 64 班由 22 位来自祖国各地的同学组成，在四年的学习生活中，同学们亲如一家，共同进步，使自 64 成为一个团结向上、和谐温馨的集体。

大一时，为了让大家打好基础、调整心态、适应大学生活，新生党员周载南、杨朴、张帆作为第一届班委付出了很多心血。他们从入学军训开始就创立了班级日志，建立新颖而温馨的交流渠道，通过这份日志大家分享各自的经历，开心加倍而郁闷减半，很大程度上克服了大家初入学的不适应感，并使班级感情迅速升温。每一位同学的生日都有专人负责为其精心设计活动并组织全班同学庆祝。在任艳频老师的指导下，第一次班会就提出了"不孤单、不落单、不简单"的口号：不孤单，自 64 班是一个温馨的家园；不落单，他们不让集体中的任何一名同学掉队；不简单，他们力求在集体中成长为"又红又专，全面发展"的优秀人才。"不孤单、不落单、不简单"把每个人的成长和发展都和集体紧紧地绑定在一起，为未来四年的班级发展奠定了基础。

自 64 班互相关心、互相帮助的氛围非常好。对学习上吃力的同学，大家总是热情地给予关切、给予动力。一旦有同学学习上出现问题，就会有同学针对他的情况专门予以帮助。在《计算机语言与程序设计》的期中考试中，有同学没能及格，成绩较好的同学马上为他们进行补习，给他们专门讲解编程中最难的 Debug 操作，

帮他们检查作业，期末考试时同学们的成绩提高了很多；有一名女生由于空间想象能力不强，《工程图学基础》学得不太好，同寝室的其他几名女生就将火腿肠切成一个个的模型，帮助她理解空间结构。在同学们的互相帮助下，班级成绩取得了很大进步。

自 64 班在进行集体建设时会努力找到让每个人发挥特长的地方。胡振同学是自动化系学生科协的骨干，又是班上的学习委员，他将班级工作和科协工作结合起来，通过各种渠道为同学收集学习资料，系内重大科技赛事时在班内进行最快最好的宣传和动员。班里有一批像他这样的学术科技"凝结核"，在他们的带动下，全班同学都努力学习，积极参加科技创新活动。在自 64 班，每个人的个性发展与集体建设相辅相成。同学们纷纷因为共同的兴趣爱好形成各具特色的小组，如爱好体育型、科技创新型等，大家求同存异，"和而不同"，充分地交流分享，共同进步。就这样，大家相互信任，又彼此包容，每个人都得到了个性化的发展，这种多元化的个性发展非但没有使集体受到削弱，反而进一步促进了整个班级的发展。

正如自 64 班班主任任艳频老师所说，"自 64 班并不只是流于表面的其乐融融的集体，而是能相互信任、相互依赖的'斯巴达克方阵'，集体主义的价值观为每个自 64 人所认同"。

自 64 班并不是从一开始就如此优秀，恰恰相反，其大一学年的成绩是全年级 6 个班中的第 5 名，有 5 人 6 门次不及格。但是从大二开始，自 64 班加强了学风建设，通过职业发展规划主题素拓、学风主题班会、强化课代表职能、建立学科负责人制度、集体自习、学习"一帮一"、任课教师答疑会等一系列举措使学风建设卓有成效。在大家的共同努力和彼此帮助下，到大三时全班消除了不及格现象，平均学习成绩从大一时的年级第 5 名跃升至大三时的年级第 1 名，自 64 班用他们的行动创造了属于他们的奇迹。

这一系列措施主要从树立理想找到学习动力、集体学习营造学习氛围、单个指导解决具体问题三个方面进行学习建设。大二的"四年大学路，十年发展途"主题素拓，大三的 IBM 研发中心参观，通过系友访谈和知名企业参观等活动，让大家有初步职业规划，树立职业发展理想，知道为什么而学习，学习有什么用，找到最直接的学习动力。

学风主题班会使班级建立起一种浓厚的学习风气，每个人都以积极的精神面貌对待学习、好好学习、认真学习。强化课代表职能、建立学科负责人制度、集体自习等措施，使班级每一个同学在学习每一门课的时候都感到自己不是一个人在奋斗，营造出了一种集体学习的氛围，学习不再是一件枯燥的事，而是大家一起走过的那些有美好记忆的岁月。六教、四教、图书馆二层，都有一群自64人的身影，数字电路、模拟电路、自动控制，每一门科，都留下过自64人讨论的声音。学习的日子，是所有自64人的快乐时光。

学习"一帮一"、任课教师答疑会等措施，重在解决同学学习过程中的具体问题。每一个成绩较差的同学都有一个成绩较好的同学做帮手，如有问题同学解决不了，任课教师答疑会上尽可以发挥老师的优势。一名本来成绩较差的同学在"一帮一"的带动下大三学年成绩提高近10分，从年级140名前进至60名，提高了80个名次。

在自64班，集体主义的精神结出了丰硕的成果。正如任艳频老师所说，自64班的经验已经在自动化系形成了"自64现象"：整个班级始终保持昂扬的精神风貌，全体同学始终保持积极进取的状态；班级对同学的帮助从不间断，而且越做越好；成长过程中的一次次努力让同学们紧紧地团结起来为集体奉献，在集体中成长；班级从逐点突破到全面开花，越来越好。

（资料来源：自64班：《不孤单、不落单、不简单》，清华大学新闻网，2011年9月13日）

案例 7. 大学里还需要和老师处理好关系么？

场景：高数课下课后，小研看见舍友小 C 拿着书找老师问问题，之后又和老师轻松地交流，而自己却不敢和老师说话。两人一起去吃饭的时候，小 C 又接到了辅导员的电话，让他吃完饭去找他一趟，小研只好孤单地回了宿舍。小研心想，自己什么时候也能像小 C 一样，和老师、辅导员畅所欲言、无拘无束呢？

问题
小研应该怎样和老师进行沟通呢？

除了同学，大学里我们打交道比较多的就是老师了。和高中不同，大学里的老师不仅包括教课的专业课老师，也包括辅导员、班主任、团干部以及学生处、教务处、后勤部门等的老师。大学老师在我们的成长过程中起着非常重要的作用，师生关系也是我们面临的重要的社会关系，大学生若能与老师建立良好的关系，得到老师在学习、生活、情感和就业等方面的指导，就可以更好地解决许多问题，实现快速成长。同时，与老师建立和谐关系也会是人生一笔宝贵的财富。那么，应该怎样跟大学老师进行交流、建立关系呢？

● 回声 1
想交流，却很远：大学师生关系现状

相关调研发现，[1] 大学生对师生关系的满意程度并不高，对师生关系很满意的仅占 3.1%，另外有 15.7% 的学生对师生关系不满意。67.3% 的学生认为师生关系是一种"教育者与被教育者"的关系，11.5% 的学生认为师生关系是一种"管理者与被管理者"的关系，仅有 21.2% 的学生认为师生关系是"一般朋友"和"知己"的关系。也就是说，大部分学生将师生关系主要理解为一种传统意义上的师生关系，强调教师的权威。但是，从交往意愿上看，有近 84% 的学生有与老师进行交流的意愿，相对而言，学生和辅导员以及班主任交流得较多，而与任课老师的交流较少。而在面对困难时，大多数学生也不愿意向老师求助。

● 回声 2
是老师，也是朋友：大学老师也是普通人

"朋友"角色是学生与大学老师沟通的最佳定位。有一项关于大学老师与学生关系的问卷调研，[2] 结果显示，超过 80% 的教师认为大学教师应该扮演学生朋友的角色。也就是说，在大学老师心目中，他们很希望和同学们成为朋友，可以彼此愉快地交流。

在现实生活中，因为学生缺乏主动性和积极性，再加上老师们的教学科研压力较大，大学生和老师缺少沟通的时间。很多大学生在与老师沟通的过程中，往往将老师置于"领导"的地位，这样就不能做到以"真正的我"去交流。其实，老师也是平凡而真实的人，也会有喜怒哀乐的情绪。还原为一个本色的人，把老师放在一个和自己平等的位置，以真诚的态度和老师交流自己的想法，这样才能做到相互了解、互相信任。

---

1 邹强、罗木珍：《对当前大学师生关系现状的调查与思考》，载《高等教育研究学报》，2007 年 1 月。
2《大学生与老师的沟通现状》，参见：http://wenku.baidu.com/。

● **回声3**

调状态，更主动：老师更愿意和主动的学生交流

主动沟通是一切交往的前提。化解与老师的误解、矛盾，增进与老师的信任、感情，一切从主动沟通开始。不能只做交往的响应者，而要成为交往的始动者。如果想和老师建立良好的关系，就必须变被动接受为主动走近，积极勇敢地迈出第一步。

首先，应该让老师了解自己。让老师了解自己的方法有很多，比如上课积极发言、有疑问及时向老师请教、积极参加集体活动、多与老师接触等。每位老师都希望学生能够"青出于蓝而胜于蓝"，因此，要主动和老师探讨学习的内容与方法。如果老师在知识传授过程中出错，最好以委婉的方式提出来。其次，在日常学习生活中尊敬老师。调查发现，53.7% 的学生认为周围存在师生之间不尊重的行为。[3] 同学们与老师交往时要谦虚、恭敬、有礼貌、注意场合、勿失分寸，也要虚心听取老师的教诲和建议，努力达到老师的要求和期望，感激老师的关心和教育，尊重老师的劳动和付出。

◎ **延伸阅读**

拜访老师的礼仪

拜访是指前往他人的工作地点或住所去会晤、探望对方，是人们在社交中经常采用的一种交际方式。它可以加强了解、联络感情、增加信任、促进合作。只有双方都遵守礼仪的规范，才会取得预期的效果。

一、事先预约

1. 约定时间：约定时间就是约定在双方特别是对方合适的时间，并协商决定具体时间和大概的持续时间。如果由自己提议见面时间，也必须考虑老师的时间

---

3 邹强、罗木珍：《对当前大学师生关系现状的调查与思考》，载《高等教育研究学报》，2007 年 1 月。

安排，并同时提供几个时间段供对方选择。预约的语言、口气应该是友好、请求、商量式的，不应该是强求或命令式的。

2. 预定地点：拜访的地点可以是老师的工作地点，也可以是私人住所。若是工作场所，应在门口看看老师是否在，如果在，打招呼后再进去。如果不在，可以礼貌地找人打听，不能贸然闯入老师工作的场所。若当时正在开会或已有其他人拜访，应示意并主动在门外等候。进入办公室前，不管门是否关着，都应先敲门，经允许后方可进入。

3. 准时赴约：拜访要严格遵守约定的时间。如果确实出现特殊情况需要推迟或者取消拜访，必须尽快通知老师并表示歉意。当再次和对方会面的时候，还应该对上次的失约表示歉意，并具体说明原因。

二、登门有礼

1. 注意着装：要根据场合选择服装，着装要整洁、大方，避免过于随意或是与所在场合不相称。

2. 提前通报：到达老师的办公室后，不管与老师的关系多么密切，也不能不打招呼就直接进入，要先以平和的语气询问，得到允许后方可进入。

3. 问候致意：如果是和老师初次见面，应该先作自我介绍，向老师主动问好。如果老师的同事也在场，要主动与其打招呼、问好，以示诚意。

4. 举止稳重：进入室内之后，不要见到座位就马上坐下，而应在得到老师的许可后并在老师指定的位置就座。就座的时候，最好和老师一起落座。

三、适时告辞

1. 把握分寸：拜访时间不宜过长，第一次拜访应以 15—20 分钟为宜。如果想谈的事情谈完了，应及时起身告辞。如果发现老师有急事要办，或有其他事情，或有新的客人来访时也应及时告辞。

2. 礼貌告辞：在办公室告辞时，对老师的接待表示感谢。如果老师还有其他客人，即使不熟悉，也应遵守"前客让后客"的原则，礼貌地向他们告辞。

3. 挥手告别：老师送出门时，应劝老师留步，并主动告别。

（资料来源：张健：《沟通理论与实务》，同心出版社，2014 年）

场景：小微和小研都是某学生社团的成员，在一段时间的共事后，小研对小微产生了好感，并以各种方式向小微示爱。有时候给她送个可爱的娃娃，有时候请她一起吃饭看电影。小微觉得小研人不错，但只想跟他做朋友，不想进一步发展，但又不知道怎样恰当委婉地拒绝小研。正当小微纠结的时候，小研通过微信直接向小微表达了爱意，希望小微可以做他的女朋友，小微该怎么拒绝呢？

 问题

小微应该怎样恰当拒绝小研的追求？

大学期间，女同学难免会遇到和小微相似的情形。对于自己不喜欢的追求者应该如何拒绝呢？看似简单的说"不"，其实也是大有讲究的，拒绝应以尊重对方、尽量降低伤害为原则。拒绝他人的示爱不是简单地拒之千里，要掌握恰当的拒绝方式。恰当地拒绝，既是对自己感情的尊重，也是对对方感情的尊重。

● 回声 1
敢于明确拒绝

有个女生一直不喜欢自己的一个追求者，可那个男生每天早上都买了早餐在楼下等她。她觉得自己已经明确拒绝了对方，而且非常苦恼于这个男生的"死缠烂打"。细问之下，方知该女生尽管口头上拒绝了痴情男，但却每天都貌似欣然地接受其送的早餐，一边大快朵颐，一边却又抱怨不止。试想，口头和行为上的不同，痴情男会相信哪个？当然相信行为，相信女神接受了自己的爱慕。可是对于男生而言，这又是不公平的。所以，如果确实不喜欢，不愿意和对方发展恋爱关系，拒绝是对对方感情的尊重，否则总给对方一些希望，然后理所当然地享受着对方对自己的好意，就会成为一种变相的利用。

● 回声 2
给一个理由先

哈佛大学社会心理学家 Ellen Langer 通过一个实验，揭示了人类的自动反应模式。[1]当人们在图书馆里排队等候用复印机时，Langer 说："真不好意思，我有 5 页纸要印。因为时间有点赶，我可以先用复印机吗？"94% 的人同意了她的请求；当她说："真不好意思，我有 5 页纸要印。我可以先用复印机吗？"只有 60% 的人同意了。

对比一下，两次请求的关键区别在于，第一次请求给出了额外的信息"时间有点赶"。一个众所周知的人类行为原则是，我们在要别人帮忙的时候，要是能给一个理由，成功的概率会更大。因为人就是单纯地喜欢做事有个理由。

小研喜欢小微，这本身并没有什么错，但如果小微没有给出一个明确的拒绝理由，对方总是会陷入各种猜测中，甚至会产生自我怀疑。如果小微能给他

---

1 罗伯特·B.西奥迪尼：《影响力》，万卷出版公司，2010 年。

一个比较明确的理由，小研会感觉更好一些，甚至可能变为激励自己不断努力的动力。

● 回声3
选择合适的时机

人的心理都存在不应期，所谓不应期是指在生物对某一刺激发生反应后，在一定时间内，即使再给予刺激，也不会再发生反应。[2]当对方正急切地等待你的回复时，正是心理信息外流，心理刺激极强之时。所以，不要立即给他泼一盆冷水，你可以告诉他，你需要时间考虑，同时要让对方保持冷静。这样可以帮助他回避心理不应期，在心理状态较为平稳的时刻，有心理准备地接受你的拒绝。

● 回声4
语气要委婉

在表达拒绝的过程中，我们的语气要委婉，但是态度要明确而坚决，避免对方产生误解而让事情变得更加复杂。我们可以参考下面这些表达：

其实我也希望能对你说出这句话，但无论如何我不能骗人。以这句话作为开场白似乎有点残酷，而且其实一说出口，对方应该就会立刻明了你所表达的真实意图。但这样也没什么不好，一开始就开宗明义地表明立场总比含糊其辞绕圈子要简单得多，现实中的感情和文艺爱情片不一样，越简单反而越轻松。

和你在一起时放松又舒服，但我们之间就是不来电。能遇到一个可以让你完全放下心防自然相处的异性朋友真的很难得，但如果因此而不好意思将拒绝的话说出口，毫无疑问这是一步错棋！如果你是一个对爱情和友情都很重视的

2《怎样拒绝别人的追求？》，参见：http://www.xinli001.com/。

人，那么关键时刻不能马虎，一定要将关系撇清楚，这对你们朋友关系的未来走向也大有好处。

我想我给不了你想要的。如果你确定无法对他产生感觉，那么不妨直接告诉他真相，在这个时候善意的谎言或者沉默不语都不是恰当的回应，要知道真的勇士敢于直面惨淡的人生。

我现在还不能完全确定自己的感觉，也不希望草率地展开一段感情。这句话是目前为止最含蓄的回答，也是对满怀希望的告白者杀伤力最低的一句话。然而虽然得体有礼，这句话却暗含一定风险，对方很有可能认为依然存在着成功希望，如果有足够的耐心持观望态度并且继续努力，也许接下来还会坚持不懈上演一系列追求举动，你依然无法真正躲开错综复杂的感情纷扰。[3]

3《如何安全拒绝别人表白？》，参见：http://www.xinli001.com/info/100002778。

案例 9. 在异性同学面前我很害羞：如何处理和异性同学的关系？

场景：小微是一个初入大学的女孩子，她的人缘一直都很好，可是她的朋友大部分都是女生，很少有异性朋友。小微很想与同班的男同学交朋友，可在与他们接触时，她就会很拘谨、不知所措，不知道应该如何交往。小微的同班男同学小研也有着同样的困扰。进入大学班级这个新的集体，不只要与同性同学拉近关系，与异性同学的适当交往也尤为重要，小微和小研应该怎么做呢？

问题

小微和小研应该如何与异性朋友相处？

进入大学后，我们一般和同性同学相处得较多，而和异性同学交流较少。其实，我们也愿意对异性同学有更多的了解，但是经常觉得不好意思。那么，面对并不是那么熟悉的异性同龄人，我们究竟应该怎么相处呢？

● **回声 1**
异性相吸

著名心理学家埃里克森提出的心理社会发展阶段理论认为，人生每个阶段都会面临相应的核心任务。处于大学阶段的我们正处于埃里克森所认为的成年早期，这个阶段的主要任务是解决亲密和孤独之间的冲突。发展亲密感对是否满意地进入社会有重要作用。

异性相吸是自然界的一种现象，向往异性是青春发育期的一种正常生理反应和心理现象。随着大学生性意识的进一步发展，男女同学会产生一种彼此要求接近的需要，产生互相吸引的心理，特别希望异性注意自己并产生好感。青春期特有的生理、心理特点，使得异性同学之间更易于产生思想、感情上的沟通。女生喜欢男生的豁达、主见和力量；男生则喜欢女生的贤惠、温柔和细腻。

与异性的交往，可以帮助男生克服逞强好能、骄傲自满的不良心理，同时也可以帮助女生克服优柔寡断、感情脆弱等性格缺点。因此，男女同学相处，是大学生社会交往不可缺少的内容，通过相互交往，彼此学习、相互影响、完善自我。[1]

● 回声 2
男女有别

男生和女生在很多方面有差别，而正是这种差别让我们的世界更加丰富多

表3　男女不同的心理需求和感受[1]

	女性	男性
在感情上的需求	关心、照顾、了解、专一、肯定、保证	信任、接纳、欣赏、羡慕、认可、鼓励、感激
在爱的关系中	需要感到被珍视，而不是生活被照顾、物质被满足	需要感到他的能力被肯定而不是不请自来的忠告
在情绪低落时	需要有人聆听她的感受，而不是替她分析和建议	需要独自安静，而不是勉强他细说因由
在寻找自己价值时	从人际关系中肯定自己	从成就中建立自我
在增进爱情时	需要感到被对方了解和重视	需要感到被对方欣赏和感激
在互相沟通时	总是以为男性的沉默代表对她的不满和疏离	总是以为女性的宣泄代表向他寻求解决问题的方法

---

1 周莉：《大学生心理健康教育》，中国人民大学出版社，2010年。

彩。我们需要了解这些差别，才能做到与异性相处时更加心中有数。

● 回声3
男女有谊

男女之间的友谊是一种美好而珍贵的情感，不仅帮助我们更好地了解异性，也让我们更加深入地体会人与人之间的亲密关系。有些同学担心与异性交往会引发误会，甚至完全隔离和异性之间的交往，这些都不利于拓展我们的人际关系。我们应带着真诚开放的态度和异性相处。

首先，淡化性别意识。在交往过程中要淡化对方的性别，真诚的朋友是不分性别的。如果不把交往的焦点放在性别上，交往起来就容易没有心理负担，能够落落大方地交流和沟通。其次，勇敢走出第一步。许多在异性交往中感觉到困难的同学，主要是因为以前都是和同性同学一起上课、一起玩耍，而且在高中的时候许多学校还是男女分开坐，导致接触异性同学比较少，因此这些同学会很羞涩，感觉不好意思主动和异性同学交流，甚至一说话就脸红。面对这种情况，同学们要克服自己内心的恐惧，其实和异性沟通感觉到害羞是正常的，但是要尽量克服这种感觉，在异性面前要大大方方、不卑不亢，给对方留下良好的印象。

延伸阅读

巴金和冰心的友谊

巴金和冰心因文学结下了 70 年的深厚友谊，在精神上彼此扶持一直延续到耄耋之年，这段跨越世纪的友谊也成了文坛的一段佳话。两位世纪老人，在八九十岁高龄时，仍继续互相鼓励、抱病笔耕、并肩作战，写出寓有激情和思想锐利的文章。

书信是巴金与冰心联系的重要方式。巴金即使为病痛所苦，执笔困难，手发抖，但隔些日子也要勉力而为，给冰心写信。冰心则把巴金的信珍藏在一个深蓝色的铁盒子里。

巴金晚年最重要的一件事，是呼吁建造中国现代文学馆。冰心不仅积极响应，并将自己一生收藏的最珍贵的字画献给了文学馆。1992年，冰心研究会在福州成立，巴金同意出任会长，并对冰心文学馆的建设给予大力支持。

巴金曾引用鲁迅给瞿秋白的题词来形容："人生得一知己足矣，斯世当以同怀视之。"1990年，冰心把瞿秋白赠鲁迅的这幅题词，又写给了巴金。

（资料来源：《巴金和冰心的友谊》，《小康》，2012年）

● **回声 4**
男女有界

虽然异性之间的友谊很美好，但异性朋友之间相处，要注意把握尺度和分寸。

首先，注意自己的言谈举止和衣着打扮。在异性面前要有分寸，对待异性不必过分拘束，但也不要过于随便，尤其是要避免一些不适合开的玩笑、不适合做的举动。其次，应多在集体活动中交往。若是单独相处时，一定要注意选择好环境和场所，尽量不要在偏僻、昏暗处长谈。如果在房间里单独相处，不要插门或锁门，以免引起他人的猜测或误解。最后，尽量避免过于功利性。异性之间相处是一种人与人之间自然的相处，虽然能够为我们未来的亲密关系提供帮助，但是却不能把之作为一种手段，而应当真诚大方地相处。

> ◎ **延伸阅读**
>
> ### 友谊和爱情的区别
>
> 　　美国心理学家斯腾伯格提出的爱情理论，认为爱情由三个基本成分组成：激情、亲密和承诺。激情是爱情中的性欲成分，是情绪上的着迷；亲密是指在爱情关系中能够引起的温暖体验；承诺指维持关系的决定期许或担保。亲密是"温暖"的，激情是"热烈"的，而承诺是"冷静"的。
>
> 　　这三种成分构成了喜欢之爱、迷恋之爱、空洞之爱、浪漫之爱、伴侣之爱、愚蠢之爱以及完美之爱等七种类型（见图4）。其中，单纯的亲密则是一种喜欢，也代表了友谊，而不包含激情和承诺的成分，这通常会被认为是友情和爱情的区别。

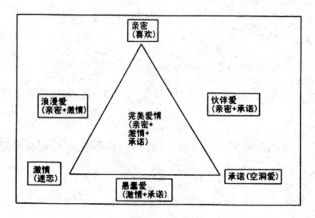

图 4 爱情三角理论

案例 10. 面对别样的爱：如何看待同性恋？

场景：小研和小 L 两位男生同住一个宿舍。他们关系很亲密，一起吃饭，一起上课，有时候还一起挽着胳膊走路。这些行为如果发生在女同学之间，或许不会令人多想，他们两个男生却经常看到同学们投来的异样眼光，偶尔也能听到同学们私下的议论。伴随着这些眼光和议论，他们之间的交往有点儿不自然了。

问题

小研应该如何对待这份感情呢？

风华正茂的莘莘学子中有着这样一个"特殊群体"，他们的性取向异于主流人群，他们大多不会故意强调，也不会刻意隐藏，更愿意以真实的一面与老师、同学相处，甚至有的选择承认"出柜"（即公开自己的性取向）——他们就是大学生同性恋者。新生同学应如何看待这一"特殊群体"呢？

● 回声 1
科学认识同性恋现象

同性恋现象是人类历史上一种特殊的文化现象，和许多其他现象一样，是自然的、不可避免的变异范围以内的一个所谓间性状态。同性恋行为存在于整个人类历史中及绝大多数（可能是全部）人类社会。根据被誉为"中国性学第一人"的潘绥铭 2001 年对全国大学本科生性观念与性行为状况的调查结果以及李银河通过金西和怀特姆的研究推测，"同性恋者在我们的社会生活中占到成年人口的 3% 到 4%"。

同性恋（Homosexuality）的概念最早在 19 世纪下半叶的欧洲出现。[1]20 世纪 80 年代 Marmor 对同性恋做出了双维度的定义，即凡是和自己相同性别的人发生性关系的行为属于同性恋。同性恋者是那些感到同性别其他成员对自己有强烈性欲吸引倾向的人。根据这一定义，虽然有些同性同学之间举止比较亲密，例如小研和小 L，但并不能确定他们就是同性恋。如果新生同学对自己的性取向有疑问或者困惑，最好的方法就是到相关的专业机构进行咨询，例如学校的心理咨询中心等。

延伸阅读

蒂姆·库克的出柜宣言（节选）

蒂姆·库克为苹果公司的现任 CEO，他在自己 53 岁的时候发表"出柜"宣言，希望社会给予同性恋群体更多的尊重。以下是其"出柜"宣言的部分节选。

纵观我的整个职业生涯，我一直努力维护最基本的个人隐私。我出身卑微，而且我也不希望吸引其他人关注。苹果已成为全球最受关注的公司之一，我希望能够专注于我们的产品，开发出让消费者感到神奇的产品和服务。

与此同时，我深信马丁·路德·金说过的一些话，他曾说："生命中最持久且最紧迫的问题是：你在为其他人做些什么？"我经常用这个问题来挑战自己，而且我也意识到，维护自己个人隐私的愿望一直束缚着我，让我无法从事更加重要的事务。为此，我决定今天说出实情。

多年以来，我已经向许多人公布了我的性取向。在苹果公司，我的诸多同事

1 大卫·诺克斯，卡洛琳·沙赫特：《情爱关系中的选择》，北京大学出版社 2009 年版。

已经知道我是一个同性恋者，但是，他们对待我的方式并未因此而有什么异样。当然，我拥有非常好的运气，能够在这样一个喜欢创造和创新的公司工作。我深知，当你支持他人的异样特质时，你的公司才会欣欣向荣。当然，并非所有人都拥有如此的好运。

我从未否认过我的性取向，但我也从未公开承认过，直至现在。现在让我清楚地表达自己的立场：我很自豪成为一名同性恋者，我认为，成为一名同性恋者是上帝赐予我的最伟大的礼物。

身为一名同性恋者，我能够更好地理解成为人群中的少数意味着什么，而且这也给我提供了一扇窗口来了解其他少数群体每天都要面临的困难。这也让我更加能够感同身受，同时也丰富了我的人生。它有时让我感到不舒适，心神不宁，但它也给予我信心，让我有勇气走自己的路，超越逆境和偏执。

● 回声 2
同性恋不是精神疾病或精神障碍

在过去，同性恋曾经被视为精神疾病，并通过电击与药物疗法来进行治疗。逾 35 年的客观、严谨的科学研究表明：同性恋本身和精神障碍并无直接的关联。对同性恋的研究曾经只以接受治疗的人为对象，因而造成了偏颇的结论。[2]

1973 年，美国精神病学协会将同性恋从疾病手册中删除。两年后，美国心理协会通过决议，支持了这一做法。我国也基本认同这一观点，2001 年，《中国精神障碍分类与诊断标准（第三版）》将同性恋从精神疾病名单中剔除，并且认为"性倾向本身不是病。当同性恋者的自我内心和谐时，就不构成困扰；当其内心产生冲突时，则可以采取适度的干预措施"。

可见，随着科学研究的发展和社会的进步，人类越来越认识到，同性恋并不是一种精神障碍或精神疾病。同性恋之间的感情和异性恋之间的感情是同等

---

2 大卫·诺克斯、卡洛琳·沙赫特：《情爱关系中的选择》，北京大学出版社，2009 年。

的，同样需要被尊重。

 延伸阅读

同性恋可以通过治疗被改变么？

那些认为同性恋者的性取向都是出于他们的选择的人，更倾向于认为同性恋可以而且应该改变他们的性取向。大量的心理治疗办法都是致力于改变同性恋者的性取向。一些宗教组织还支持所谓的"告别同性恋牧师团"，他们通过鼓励同性恋用祈祷请求得到他们有罪生活的宽恕来"治愈"同性恋，并将他们转变为异性恋，在这一过程中会有牧师的帮助，并会有其他一些形式的治疗方法。

恢复性治疗和"告别同性恋牧师团"的批评家，对这些问题持有不同的看法。"真正需要改变的不是男女同性恋者，而是那些反对和敌视同性恋的人需要抛弃他们的偏见和歧视。"美国精神病学会、美国心理学会、美国儿科研究院、美国咨询学会、全国学校心理学家协会、全国社会工作者协会和美国医学会都认为，同性恋不是一种心理疾病，不需要治疗——试图改变性取向的努力不仅不会起作用，事实上还是有害的。一个更广泛意义上的关于"告别同性恋"的研究认为，"现在有越来越多的证据表明，那些试图转变同性恋的治疗方式不仅不会有效，而且可能十分有害，因为它可能导致抑郁、与家人和朋友的隔绝、低自尊、内化的恐同症甚至是自杀倾向"。美国精神病学会认为，"临床研究发现，那些接受自己性取向的男女同性恋相比较于那些没有接受的同性恋者而言，更能有效地适应社会"。

(资料来源：大卫·诺克斯、卡洛琳·沙赫特：《情爱关系中的选择》，北京大学出版社，2009 年)

● 回声3
恰当地和同性恋同学相处

人民网曾经发布关于中国同性恋生存状况的调查报告，[3] 调查显示：关于会对

3《中国同性恋生存现状》，人民网，2015 年 10 月 9 日。

谁说出自己的同性恋身份，8.5%的人表示不会介意，对所有人都说；29%的人只会对要好的朋友说；只有1.3%的同性恋者会对家长说；有11%的同性恋者只会对陌生人说；还有50.2%的人不会对任何人表明自己是同性恋。虽然同性恋者的感情和异性恋者的感情是一样的，但面对巨大的社会压力，同性恋者无法向任何人表明自己的真实性倾向，不得不过双重生活，而当他们对周围每一个人隐瞒住自己的感情和想法时，又觉得非常孤寂。

可见，由于这一压在心底的"小秘密"，同性恋同学在人际交往中可能承受更大的压力。面对这样的同学，我们或许有些难以理解，但不代表我们不能和他们正常相处。同性恋并不属于精神疾病或精神障碍，但来自社会以及家庭的歧视和不理解反而可能令同性恋者压力重重，如果得不到有效排解，可能会产生焦虑、抑郁等精神障碍。保持尊重和理解，不背后议论，不指手画脚，让我们在大学校园里共同成长。另外，我们也要对自己负责。同性恋是一个很严肃的话题，我们不能因为好奇、孤独或者受影视作品的影响而做出对自己不负责任的行为。

场景：小研同学的微信通讯录里有 800 多位好友，很多甚至都没有见过面，每发一条朋友圈都有很多人"点赞"，小研感觉自己是个十分受欢迎的人。小研喜欢玩"英雄联盟"，在网络游戏里，他是大家特别敬重的"带头大哥"，具有非常大的影响力和号召力。然而，在线下与同学、朋友的交往中，小研发现真正能和自己说话聊天的却寥寥无几，在现实的班级和宿舍中，也没有谁对自己特别崇拜。难道自己只能在虚拟世界中找到存在感和价值感吗？小研觉得特别困惑。

问题
小研应该怎样处理好网络交往与现实交往的关系？

随着数字移动技术的迅猛发展，人类的社交活动进入了以简短精练、快捷及时为特征的"微"时代。据腾讯官方公布的消息，微信用户从年龄分布上看，20—30 岁的青年占了 74%，从职业分布上看，大学生占了 64%。网络社交与现实社交有何不同呢？像小研一样的大学新生又该如何正确认识网络交往，如何培养现实交往能力呢？

● 回声 1
虚拟的人际交往利弊皆存

研究发现，在微信环境下，大学生获得的情感支持和社会成员支持，可以在一定程度上缓解或减少现实生活中的孤独感。网络为我们提供了更广阔的人际交往平台，使得人际交往摆脱了时间和空间的限制，更有利于建立和巩固人际关系。

而另一方面，过于频繁的网络交往会严重缩短现实人际交往的时间，严重影响现实的人际交往能力和正常的人际关系。斯坦福大学学者诺曼尼等人认为，人们花在网上的时间和他们现实人际交往的时间成反比。调查显示，有近 83% 的被调查者表示对网络社交工具有所依赖，近 50% 的大学生认为网络社交妨碍了与现实生活中朋友的面对面交往。[1]

● 回声 2
现实的人际交往必不可少

歌德曾经说过，人只有在人们之间才能认识自己。我们在与他人的交流中，才会发现自己与其他人的差别，才能发现自己的长处与短处，更好地认识自己。

网络为交往提供了平台和更多的可能性，但却不能取代现实中人与人之间的交往。即使在网络中交往的人群非常庞大，也并不会对我们的现实人际关系产生实质影响。相关调查发现，在 Facebook 上，用户平均有 120 个好友，但定期的双向交流对象也就是 4—6 人。可见，网络交往数量上的庞大以及时间上的投入可能会产生人际的"虚假繁荣"，容易使得大学生离开网络后更加失落和空虚。因此，同学们要认识到即使网络交往已经成为我们生活不可缺少的一部分，现实的人际交往也是必不可少的。

---

1 池思晓、严晋等：《基于微信平台的大学生网络社会支持与孤独感》，载《中国健康心理学杂志》，2016 年。

● **回声3**
利用"虚拟交往"促进"现实交往"

网络只是人际交往的工具和手段，新生同学不应被网络所迷惑，更不应被网络所利用，而应借助网络维护和促进现实的人际关系。

在交往初期利用网络打开局面。新生同学一般都会加入班级微信群、年级微信群等网络社交平台，这有利于我们更快速、更便捷地找到归属感和安全感。由于初入大学，同学之间还不熟悉，有些同学还比较内向，因此可以利用网络平台轻松、直接地进行沟通、建立联系，为现实的人际交往奠定基础。

网络交往只是人际交往的起点，并不是终点。随着网络交往的加深，我们要及时将网络上的"朋友圈"转化为现实中的"人际网"，要注重在现实交往中锻炼提升人际能力，巩固拓展人际关系。

新生同学不能盲目追求微信通讯录中的好友量，更不能沉溺于好友点赞的虚荣心，而应着眼于现实的人际交往，积极与老师、同学建立真实的人际关系，利用网络打造现实生活的"朋友圈"。

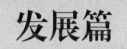

发展篇

案例 1. 上大学究竟是为了什么？

场景：小研发现，在大学里很多同学参加志愿活动并不是出于自愿，而是为了完成工时。去听的讲座也都是能刷创新学分的讲座，而不是按照自己的兴趣选择。参加的学生组织也只是因为简历上写上这个会很有噱头，而不是发自内心地认为有意义。面对一些老人摔倒了该不该扶的社会问题，居然也有很多同学持"事不关己，高高挂起"的态度。小研感到很困惑。

 问题

小研应当树立怎样的大学观？

人们常说"不忘初心"。同学们进入大学时也应多问自己：我是为了什么而上大学？"天行健，君子以自强不息。"如果要用一句话形容我们中华民族深沉的精神追求和坚毅的个性品质，那就一定是《周易》中的这句最为贴切。同学们即将或是已经成年，正处于人生最美好、最宝贵的阶段，此时走进大学这座学术的殿堂、学问的圣地，最应当坚持的追求莫过于"自强不息"。追求自强不息，就是我们上大学的初心。

● 回声 1
上大学，练就过硬本领

习近平总书记曾指出："广大青年一定要练就过硬本领。学习是成长进步的阶梯，实践是提高本领的途径。青年的素质和本领直接影响着实现中国梦的进程。"古人说："学如弓弩，才如箭镞。"说的是学问的根基好比弓弩，才能好比箭头，只要依靠厚实的见识来引导，就可以让才能很好发挥作用。大学生正处于学习的黄金时期和人生积累阶段，须像海绵汲水一样汲取知识，应该把学习作为首要任务，作为一种责任、一种精神追求、一种生活方式，树立梦想从学习开始、事业靠本领成就的观念，让勤奋学习成为青春远航的动力，让增长本领成为青春搏击的能量。

那么，在大学中同学们应该怎样学习呢？首先，在学习态度上，要做到惜时如金、孜孜不倦，下一番心无旁骛、静谧自怡的功夫，特别是要克服浮躁之气，静下来多读经典，多知其所以然；其次，在学习目标上，要学会用正确的立场观点方法分析问题，善于把握历史和时代的发展方向，善于把握社会生活的主流和支流、现象和本质，养成历史思维、辩证思维、系统思维、创新思维；再次，在学习方法上，要把学习同思考、观察同思考、实践同思考紧密结合起来，保持对新事物的敏锐。要坚持知行合一，注重在实践中学真知、悟真谛，加强磨炼、增长本领。

◎ 延伸阅读

行大学之道，成君子之风

今天，你们已是学校的主人。希望你们不要习惯于从这些问题旁边溜走，不要听之任之，而是要敢于提出问题。不仅要敢于提出问题，还要学会提出解决这些问题的建设性方案；不仅要提出解决问题的建设性方案，更要敢于担当，作为一个领导者、参与者，主动参与问题的解决。今天，只有以这种态度对待身边的每一个问题，你们才能更好地面对未来的国家、社会和人类的大问题。

（资料来源：陈吉宁：《行大学之道，成君子之风》节选，清华大学新闻网，2014 年 8 月 28 日）

● 回声 2
上大学，锤炼高尚品格

习近平总书记曾深刻指出："青年的价值取向决定了未来整个社会的价值取向，青年又处在价值观形成和确立的时期，抓好这一时期的价值观养成十分重要。"新生同学正处于价值观形成和确立的关键时期，加强道德修养，注重道德实践，锤炼高尚品格，应当是大学阶段的根本任务。新生同学要时常用真善美来雕琢自己，不断培养高洁的操行和纯朴的情感，努力使自己成为高尚的人。

早在 1914 年，梁启超先生在清华大学演讲时便问台下的同学们："为什么进学校？"他进而讲到，我想人人都会众口一词地答道："为的是求学问。"再问："你为什么要求学问？""你想学些什么？"恐怕各人的答案就很不相同，或者竟自答不出来了。诸君啊！我替你们回答一句罢："为的是学做人。"人类心理，有知、情、意三部分。这三部分圆满发达的状态，我们先哲称为三达德——智、仁、勇。为什么叫作"达德"呢？因为这三件事是人类普通道德的标准，只有达到这三个标准，才能成一个人。

延伸阅读

北京大学原校长王恩哥院士给大学生的10句话

1. 结交"两个朋友"：一个是运动场，一个是图书馆。到运动场锻炼身体，强健体魄；到图书馆博览群书，不断地"充电""蓄电""放电"。

2. 培养"两种功夫"：一个是本分，一个是本事。做人靠本分，做事靠本事，靠"两本"起家靠得住。

3. 乐吃"两样东西"：一个是吃亏，一个是吃苦。做人不怕吃亏，做事不怕吃苦。吃亏是福，吃苦是福。

4. 具备"两种力量"：一种是思想的力量，一种是利剑的力量。思想的力量往往战胜利剑的力量。这是拿破仑的名言。一个人的思想有多远，他就有可能走多远。

5. 追求"两个一致"：一个是兴趣与事业一致，一个是爱情与婚姻一致。兴趣与事业一致，就能使你的潜力最大限度地得以发挥。恩格斯说，婚姻要以爱情为基础。没有爱情的婚姻是不道德的婚姻，也不会是牢固的婚姻。

6. 插上"两个翅膀"：一个叫理想，一个叫毅力。如果一个人有了这"两个翅膀"，他就能飞得高，飞得远。

7. 构建"两个支柱"：一个是科学，一个是人文。这是大科学家钱学森一再强调的。一个大写的"人"，必须由科学与人文这两个支柱来支撑。

8. 配备两个"保健医生"：一个叫运动，一个叫乐观。运动使你生理健康，乐观使你心理健康。我这个人没有什么别的兴趣与爱好，就是几十年来养成了两个习惯：日行万步路，夜读十页书。

9. 记住"两个秘诀"：一个是健康的秘诀在早上，一个是成功的秘诀在晚上。黎明即起，锻炼身体，强健体魄，争取健康地工作50年。必要时晚上还要加班加点，主要用来读书、思考、写作。大科学家爱因斯坦说过：人的差异产生于业余时间。业余时间能成就一个人，也能毁灭一个人。

10. 追求"两个极致"：一个是把自身的潜力发挥到极致，一个是把自己的寿命健康延长到极致。现在人们的潜力一般才发挥到3%—5%，据说如能发挥到10%，你就能背过120部英国的百科全书，所以要争取把自己的潜力发挥到极致。

● 回声3
上大学，坚定理想追求

习近平总书记曾深刻指出："当今中国最鲜明的时代主题，就是实现'两个一百年'奋斗目标、实现中华民族伟大复兴的中国梦。"[1] 理想指引人生方向，信

1《习近平在中国政法大学考察时的讲话》，2017年5月3日。

念决定事业成败。没有理想信念，就会导致精神上"缺钙"。新生同学应该树立什么样的理想信念呢？"中国梦是全国各族人民的共同理想，也是青年一代应该牢固树立的远大理想。中国特色社会主义是我们党带领人民历经千辛万苦找到的实现中国梦的正确道路，也是广大青年应该牢固确立的人生信念。"因此，新生同学应当牢固树立走中国特色社会主义道路实现中国梦的理想信念，勇于担当这个时代赋予的历史责任，励志勤学、刻苦磨炼，在激情奋斗中绽放青春光芒、健康成长进步。

复旦大学原校长杨玉良院士曾说过，按照英国哲学家、数学家和教育家怀特海德的说法，如果只想学一些专业技能知识，是非常卑微的。虽然专业知识必须学习，但对大学生来讲，更重要的实际上是悟道的过程。我们每一个人在追求积极而严肃的价值过程中，都不得不去思考一些十分基本的问题，这是建立自我价值系统必须经历的一个阶段。虽然现在甚至未来都没有人能提供完整的答案，但我们必须思考。因为只有对一些重大问题进行思考，才能领悟到崇高的价值。习近平总书记先后对包括大学生在内的广大青年提出的"勤学、修德、明辨、笃实""志存高远、德才并重、情理兼修、勇于开拓"和"做有理想、有追求的大学生，做有担当、有作为的大学生，做有品质、有修养的大学生"，就是青年大学生面对成长、面对未来的志向选择和态度遵循，就是青年大学生建立自我价值系统的核心要素和根本支撑。

如果要问大学与中学阶段最明显的不同是什么，相信每一位经历过的人都会告诉你，上大学不仅是学知识，更要学会思考和面对未来。正如同学们走进大学是为了获取成长的滋养，但首先应当思考哪里才是成长的方向。成长既需要微观的、眼前的、可量化的规则和指标来激发，更需要宏观的、长远的、由内而外的精神动力来支撑。小研同学遇到的一些同学为了学分、荣誉而参加活动的现象，在大学中并不鲜见。这体现的是同学们对成长观的理解还存在不同层次差异。通过阅读本案例中这些思想家、教育家和社会名人关于大学与成长的话语，同学们应该可以领悟到一些直抵内心深处的生动道理吧。

延伸阅读

让学生更有智慧，是大学价值的真正所在

网络化环境和信息技术使社会形态发生了很大的变化，几乎所有的组织都在思考它的新版本，大学概莫能外，否则将会面临哈佛管理教授预言的那样将面临破产！那么大学的新版本是什么？

近年来，关于 MOOCS、网上教育讨论的比较多，虽然不少网课只是把传统教学计算机化，但也有非常成功的例子，如美国的可汗学院。假如一些公司出重资吸引全球最优资源搞网课开发，用现代教育的方式提供服务，便会吸引足够量的学生选读，公司可获高额利润，于是没有一个大学可以跟这门课程较量。如果因高额利润有成千上万这样的公司涌现，而大学依旧遵循传统的教育理念单纯地提供知识，大学一定会被打败。但是，如果大学认真研究现代环境下校园学习的意义和价值，其实有一千个这样的公司联合起来也没办法打败这样的大学，因为这些公司很难制造出校园的价值。那么校园的价值是什么？如果没有考虑清楚，就有可能败在这些公司的手下。如果考虑清楚了，你既能利用这些公司站得更高，又可使校园的价值得以提升。毕竟，一个人在屋子里通过网络选学 50 门课，跟在校园里学 50 门课的价值完全不一样。

每个人都希望有所成就，所以选择入校学习，然后去干一番事业。人类从事一项事业可能有几个途径：当外界环境相对确定，利用人类已经积累的知识就可以实现目标，此时需要学习知识。但当不确定性比较高时，简单运用知识已不足以解决问题，例如，现在的房地产，是买还是卖。这种决策不仅需要知识，还需要价值判断、综合分析能力和心理承受能力等。如果再进一步，这个世界变得更加不确定和模糊，人们看不透未来。如果再走向极端，面临的环境高度不确定、复杂、模糊和快变，怎么办？此时，只能相机行事，为了生存和应对挑战不仅需要知识，还需要能力、素养和智慧。

那么，在能力、素养和智慧越来越重要的时代，大学教育能够满足时代的要求吗？能力怎样训练？素养怎么提高？如何让学生更有智慧？自然，以灌输知识为主的教育已远远无法适应时代的要求。不难理解，能力靠训练和实践，素养需熏陶和滋养，智慧在感悟和启迪，那么学校如何有意识创造这样的条件和环境、

如何营造氛围和文化、如何设计教学和活动，帮学生在学习知识的同时提升他们的能力、素养和智慧？怎样有意识地把这些训练纳入学校的育人计划？这是当代大学需要深入探索的。

（资料来源：席酉民：《让学生更有智慧，是大学价值的真正所在》，载《光明日报》，2016年5月3日）

案例 2. 如何提升自身修养？

场景：小研有个很敬佩的学长，他喜欢读书，爱好广泛，流行音乐、古典音乐、歌剧话剧都喜欢欣赏，经济、军事、历史等知识都愿意涉猎；他待人礼貌，举止大方，对待长辈、老师尊敬有礼，对待朋友、同学都真诚友好；他乐于助人，主动帮宿舍同学打开水、倒垃圾，别人忘关灯他也会帮忙关掉；他热心公益，经常参加公益实践活动，帮助过孤寡老人，服务过留守儿童，担任过志愿讲解员。小研认为学长是一个具有高尚生活情趣的人，是一个非常注重自身修养的人。他打算以学长为榜样，做一个优秀的人。

 问题

小研应如何提升自身修养呢？

"修身养性"不仅是公民个人的立身之本，更是国家民族的发展之基。《大学》曰："古之欲明明德于天下者，先治其国；欲治其国者，先齐其家；欲齐其家者，先修其身；欲修其身者，先正其心；欲正其心者，先诚其意；欲诚其意者，先致其知。"即所谓的修身齐家治国平天下。对于步入大学校门的新生而言，应当首先明确"修身养性"的重要意义，珍惜时光，勤勉上进，培养高雅的生活情趣、高尚的道德情操、高远的人生志向，打好融入社会的根基。同时，也要清醒地认识到，"罗马不是一天建成的"，高水平的、全面的自身修养需要在长时期的学习、实践甚至是磨炼中形成，大学期间应根据年龄阶段、性格特点有重点地提升几种核心修养。

● **回声1**
提升道德修养，筑牢人生"压舱石"

"德者，本也。"道德之于个人、之于社会，都具有基础性意义，做人做事第一位的是崇德修身。大学新生应该加强道德修养，明大德、守公德、严私德。具体而言，一是要明大德。"立大志、入主流、上大舞台、成大事业"，树立远大志向，立志报效祖国，将人生发展与社会发展、民族振兴紧密结合，在实现中国梦的生动实践中放飞青春梦想。二是要守公德。公德是现代社会对于公民的道德价值要求，是建设和谐社会的道德基础。大学生要注重文明礼仪，遵守公共道德，在宿舍、食堂、教室以及社会公共场所中，做到言行得体、举止端庄、诚信友善，在树立和践行社会主义核心价值观方面走在时代前列。三是要严私德。从做好小事、管好小节开始起步，"见善则迁，有过则改"，踏踏实实修好私德，学会劳动，学会勤俭，学会感恩，学会助人，学会谦让，学会宽容，学会自省，学会自律。

如何达到这样的境界呢？看起来最"笨"、其实也是最根本的办法，就是潜心读书。大学阶段，既是同学们精力充沛、思维活跃的人生黄金期，也是研读经典、系统求知的学习黄金期，应当自觉做到爱读书、勤读书、读好书，使得"腹有诗书气自华"。古希腊哲学家苏格拉底曾说过，知识即美德。一切美德都是以知识为基础的，知识贯穿于一切美德之中。大学新生提升自身修养，首先要做的就是善于读书、勤于学习、敏于求知。大学阶段，"恰同学少年，风华正茂"，有老师指点，有同学切磋，有浩瀚的书籍引路，可以心无旁骛求知问学。为学之要贵在勤奋、贵在钻研、贵在有恒。鲁迅先生说过："哪里有天才，我是把别人喝咖啡的工夫都用在工作上的。"因此，大学新生要做到专攻博览、勤学善思，既要钻研学术专业之书，又要通读史、诗、哲等完善人格之书，下得苦功夫，求得真学问，在读书中修养道德，树立美德，培育关心国家、关心人民、关心世界的大德。

 延伸阅读

读书与修身

就读书内容来说，要处理好本末关系。所谓"本"就是关切到修身立德，有助于我们走向善道、树立核心价值观的好书。所谓"末"，就是与核心价值观关系不大、非主流文化的著作。一个时代有一个时代的主题，一个时代有一个时代的核心价值观。我们这个时代的主题就是为实现中华民族伟大复兴的中国梦而奋斗。我们这个时代的核心价值观就是社会主义核心价值观。为了实现与每一个中国人休戚相关的伟大梦想，我们必须培育与践行社会主义核心价值观。社会主义核心价值观与古代优秀文化一以贯之，培育社会主义核心价值观必须根植于中华优秀传统文化的深厚沃土。支撑中国人精神追求、价值理念的知识载体主要来自儒家经典，习近平总书记号召我们要大力弘扬中华优秀传统文化，大力倡导阅读儒家优秀经典，根于传统文化、魂系核心价值。习总书记倡导读经典、用经典，也成为当今的时尚。当一个国家、一个民族世代流传的经典被大众反复阅读，经典成为我们话语体系中的重要文化支撑之时，民族文化复兴的时机就真正到来了。今天，广大青年要在阅读中华优秀传统文化经典著作上下功夫，把古代优秀的思想积淀、文化传统内化为我们修身的基础，转化为忠孝仁义之行。这样，就为培育社会主义核心价值观确立了文化根基。

诸多反映时代主题的优秀作品，也要成为青年学生的朋友。根据著名作家路遥的长篇小说《平凡的世界》改编的同名电视剧播出后，在社会上引发了人们重温时代优秀经典的热情。《平凡的世界》彰显的伟大精神正是自强不息、坚韧不拔的中国精神！厚道、友善、诚信、刚毅的美德不正是我们时代所应该大力弘扬的吗？习总书记在全国文艺座谈会上的讲话，给文艺界提出了创作新要求，指明了创作新方向。我们期待有更多的《平凡的世界》奉献给读者。

无论是儒家传统经典，还是新时代的经典著作，都以思想的力量告诉我们要做好人、做善事、做君子。这些书籍所蕴含的"核心价值"就是我们时代所需的正能量。孔子说"攻乎异端，斯害已矣"，"攻"就是"治"，专心致力于异端邪说，势必会影响到核心价值的培育，对己对人都没有益处。孟子"辟杨墨"，董仲舒倡导"独尊儒术"，汉武帝立"五经博士"，无不是在弘扬社会核心价值。青年时代正是核心价值观形成的关键时期，读书不可不慎也！

（资料来源：《青年读书要处理好三种关系》，载《光明日报》，2016 年 02 月 02 日 14 版）

● 回声 2
提升人文修养，奏响青春"交响乐"

"先成人，后成才。"这是习近平总书记多次向大学生们强调的观点，他认为，大学生要用理想信念和社会主义核心价值观装备自己，用正确的思维方式和价值取向去引领学习生活和实践。具体而言，就是要在大学阶段确立做人的基本品德、遵循社会基本的道德规范、涵养审美情趣与艺术精神、追求人生和社会的美好境界。

不可否认的是，近年来受社会经济转型的影响，实用性和功利性越发成为社会风气的主流。社会自身的物质化倾向，导致人们将物质追求放在第一位，社会文化领域出现病态。一方面，随着电脑、网络、手机等现代媒体的不断发展和微信、微博等平台的流行，青年大学生的阅读习惯发生重大变化，许多同学很少花时间去系统学习人文知识。另一方面，社会的急功近利一定程度上对大学生的"学习观"产生了负面影响，大学生重点选择实用性强、好就业的热门学科和专业，并将学习兴趣和精力主要投放在这些学科专业上，很少对基础人文学科尤其是文学、历史、美学和哲学感兴趣。这些问题无论对大学生个体的成长，还是对社会发展的未来，都会产生不可估量的负面影响，亟须得到重视和解决。

　　针对上述问题，诺贝尔物理学奖得主李政道之子、香港科技大学人文社会科学学院院长李中清教授就认为，有些大学生认为人文学科"无用"是一种短视，很多美国学生毕业后拥有了不错的职位，由于人文素养的欠缺，职业发展的"天花板"很快降临，而那些人文素养更高的学生，在职场"可持续发展"的动力更强。德国教育家施普朗格曾说："教育的本质作用有三个：发展的养护、文化的传递、心灵的唤醒。真的教育绝非单纯的文化传递。教育之为教育，正在于它是活跃的、积极的人格心灵的'唤醒'。这是教育的核心所在。"由此可见，人文修养是大学生成长的必修课，是延续一生的精神财富。

 延伸阅读

文理渗透，提升学术和人生境界

　　文理渗透，就是要有打破人文与科学隔阂的勇气，在人文精神和科学精神的结合中培养健全人格，在交叉融合中启迪思想、拓展学术空间。1948 年，著名的建筑学家梁思成学长在学校的一次演说中强调"告别半人时代"，呼吁大学教育要文理结合。他曾对学生说："建筑师的知识要广博，要有哲学家的头脑、社会学家的眼光、工程师的精确与实践、心理学家的敏感、文学家的洞察力……但是最本质的他应当是一个有文化修养的综合艺术家。"文理渗透既是培养健全人格的基础，又为造就杰出人才、实现重大学术创新提供了丰厚的土壤。著名的麻省理工学院媒体实验室之所以不断有令人惊异的创新成果，就在于将艺术、设计和科学紧密结合在一起。同学们，文理渗透将使你们在学术道路和人生道路上走得更远。你们要自觉提升科学素养和人文素养，在文理兼修的过程中提升学术境界、提升人生境界。

（资料来源：《清华大学校长邱勇在清华大学 2016 级研究生新生开学典礼上的讲话》，节选，清华大学新闻网，2016 年 8 月 24 日）

● **回声3**
提升职业修养，踏出追梦"第一步"

职业修养的内涵不仅包括较强的专业技能，还包括职业规划、职业态度、职业行为、职业道德、职业适应能力等各方面综合因素。同学们正在经历由高中生向大学生身份转变的过程中，往往更多地注重专业知识学习，而在某种程度上忽视了自身职业修养的提升。尽管一些观点认为，大学生应踏实求学、厚积薄发，不必过早关注就业，但是在当前社会与高校密切连接、就业环境日趋紧张的现实背景下，大学生只有努力寻求学业积累与职业准备的平衡，才能实现更好地成长。特别是作为"95后""00后"的大学新生，习惯于网络环境的生存方式，与真实的社会竞争环境接触较少，思想上、心理上、能力上的就业基础都很薄弱，提升职业修养更是成长道路上必不可少的重要一步。

早在2009年全国"两会"召开前夕，时任全国政协委员、荣丰控股集团股份有限公司董事长王征就公开表示："我们公司曾接收过几百名大学生，但他们的工作情况很不理想，缺乏基本的职业精神，没信誉。"时任全国人大代表、北京大成律师事务所主任彭雪峰也发出了"用人单位觉得大学生不好用"的感慨，"大学生在学校学的与现实需要脱节，使得他们缺乏基本的职业技能，上手很慢。很多大学生还缺乏职业精神，不够敬业。比如，进我们事务所的一批毕业生，待上5年的稳定率不到20%。"[1]

另外，文明礼仪也是大学生应当重点提升的职业素养。孟子有云："爱人者，人恒爱之；敬人者，人恒敬之。"大学新生要树立"爱人""敬人"之心，文明生活、文明上网，正身律己、礼貌待人，切实提升自身的文明素养，做文明有礼大学生，托起伟大中国梦。具体而言，建议新生同学在日常生活中做到"文明有礼1234"，即展示一张笑脸；注重两个形象：衣着得体、举止得当；常说三句文明话："您好""谢谢""对不起"；常做四件文明事：逢人先礼让、困难热情

---

1 中国青年网，2009年3月4日。

帮、排队讲秩序、垃圾分类放，养成科学文明的生活方式和文明礼貌的行为习惯。同时，建议新生同学主动抵制不文明现象，对现实生活和网络生活中的不文明行为说"不"。（见图5）

图5

从更高层面上看，大学生注重职业修养与当前国家倡导培育"工匠精神"也有紧密的内在相关性。《人民日报》一篇评论文章就认为："经过30多年的快速发展，我国已成为世界第一制造大国，但制造业大而不强，产品档次不够高，自主创新能力较弱。从制造大国向制造强国迈进，需要一大批具有工匠精神的劳动者挥洒汗水、奉献智慧"。"95后"大学生身处互联网时代，就业选择的范围更广、机会更多、理念更新，应当以开放的心态迎接扑面而来的选择，同时也要保持一颗宁静、清澈的内心，培养精雕细琢、精益求精的"工匠精神"，为职业生涯乃至整个人生打牢根基。

华为员工眼中的六大职业素养（节选）

1. 专业的知识：我们总要承认那些文凭和资质证书也不是容易拿的。一个人肯在一个专项领域中持之以恒，一掷几年、十几年的光阴，严肃认真地一级一级考上来，至少证明这个人是有学习能力的。

2. 解决问题的能力：生活中，有这样一种人——你就是可以放心把事情交给他们，他们很少给你带来意料之外的坏消息，他们跟你说今天给你回复，下班之前你一定可以听到这件事情的进展。这种人并不是什么蜘蛛侠，什么都能做到，但是有这种能力的人，对事态的把握一般很准确，一旦发现有风险，他们一边事先管理你对他的期望值，一边已经在筹备 Plan B、Plan C，所以他交付的结果总是符合你的预期。

3. 正直谦逊：判断一个人是否正直很简单，正直的人会选择表达自己的观点，只要他们认为这是正确的，即使这意味着跟领导或多数人的观点相左。所谓小胜靠智，大胜在德。一个人要走得长、走得远，没有一点原则性是不行的。有职业素养的人同时又是谦逊的，他会认识到由于信息的不对等，他的观点也很有可能是片面的、不正确的。他很愿意去聆听别人的意见，并愿意保留一些灵活的灰度。

4. 勇于承担责任：真正有追求的人不会逃避责任。具体表现就是：在职责划分不太清晰的情况下，如果工作需要，他会向前一步，而不是后退一步。是他的错，他也不会推诿，而是勇于承认。我最喜欢华为的一句话"胜则举杯相庆，败则拼死相救"，其实也蕴含的就是这个意思，胜不是某个人的胜，败也不是某个人的败，大家都在这条船上，不管是不是在我的职责范围内，都是我们的责任。

5. 自我克制：国外比较常见的一个场景，职员遇到一个坏脾气的客人，不管这个客人如何歇斯底里地吵闹，职员总是面带微笑、彬彬有礼地解释为什么无法满足他的要求，声线绝不会升高。大家不要以为这是件很容易的事情，这种职业化的素养需要非常大的自我克制力。是凡人总有烦恼事，如果能够排除所有的干扰，冷静、敬业地对待自己的工作，即使他只是一个饭店的服务生，也是值得我们尊敬的。

6. 形象：一到职业场所，你的形象就不只代表了你个人。你的衣着打扮体现了你对这份工作的重视，对这个公司的尊重。反过来，你的形象也是自我表达的一个方式，恰当妥帖的衣着品位，不仅仅体现个人的风采，还适当展现你的自信，为你赢得尊重。

（资料来源：《华为员工眼中的六大职业素养》，载《华为人报》，第 282 期）

案例 3. 为什么要追求入党？

场景：在入学之前，家里人就"嘱咐"小研，大学一定要申请入党，这对以后参加工作有很大好处。进入学校以后，小研发现很多同学都递交了入党申请书，都在积极申请入党。于是，他也怀着"随大流"的心态递交了入党申请书。不久后，辅导员和小研就为何入党问题进行了谈话，小研一时竟不知如何回答。

问题
小研应该怎样看待申请入党的问题？

《人民日报》在开设"两学一做·我为什么入党"专栏时曾写下这样一段话："'我为什么入党'，对每一名共产党员来说，这是终其一生的灵魂叩问和内心自省。入党，是神圣而崇高的。革命战争年代，入党往往面临着生与死的考验、血与火的洗礼；和平建设时期，入党常常意味着兴国安邦、奉献为民的责任担当。"对于刚刚步入大学校门的新生同学来说，这段话既具有充沛的感召力，也可能会引发思考：看起来高大上的话语，究竟能在实际中起到多大作用呢？接下来，就让我们一起探讨大学生入党的问题。

● **回声 1**
申请入党，为的是一种信仰

根据中央组织部相关统计显示，截至 2015 年底，中国共产党党员总数为 8875.8 万名，其中学生党员为 203.4 万名。而在 2015 年全年发展的 196.5 万名党员中，共有学生 71.8 万名。这些数字表明，大学生群体作为知识丰富、视野开阔、充满活力的年轻一代，在中国共产党党员队伍中越发扮演着重要角色。同时，不可否认的是，近年来，社会上的功利主义、实用主义思潮渗入高校，关于入党动机、思想入党的问题经常困扰许多大学生。对此，习近平总书记有着明确的指示：中国共产党现在是一个拥有 8000 多万党员、380 多万个基层组织的大党，又处在长期执政和改革开放的环境下，保持党员队伍和党的干部队伍的纯洁，比以往任何时候都更为困难又更为重要。现在有的人入党、当干部，不是因为信仰马克思主义，不是要矢志为中国特色社会主义、共产主义事业奋斗终生，而是认为入党、当干部能给自己带来好处。"徒有其名的党员，就是白给，我们也不要。"[1] 大学生申请入党，追求的就是一种为社会大多数人的幸福而奋斗的崇高信仰。没有这样的信仰，就不要轻言入党的问题。正如南京航天航空大学辅导员徐川老师所说："是否入党是你自己的选择，不应该是别人告诉你一定要入党，也不仅仅是你要考公务员、要进国企才入党；入党意味着责任、让步和牺牲……为什么要入党的答案只能是两个字：信仰。""我们没有经历过艰苦岁月，也就不能凭空建立起对党的感情和深情。所以，我们要回头看，要仔细想，要慢慢走……这个政党的未来也容易判断，最近一两年，我们见证了很多事儿。所有人都看得到'打老虎拍苍蝇'，看得到'从严治党'；所有人都看得到'八项规定'，看得到'三严三实'；所有人都看得到'群众路线'，看得到'两学一做'；越来越具体，越来越严格，越来越常态，这就是趋势。"[2]

---

1 习近平：《发展新党员须认真分析入党动机确保质量》，参见 http：//www.cdwb.com.cn。
2 徐川：《顶天立地谈信仰》，载《人民日报》，2016 年 5 月 25 日。

● **回声 2**
申请入党，为的是一种担当

对于当代大学生来说，老一辈无产阶级革命家的宝贵精神，渐渐的只能从小说、影视作品、相关培训讲座等间接的形式来获得，而在有的高校里，党性培养过程越来越成为类似于通识课程的学习体验，成为党员发展的应试教育，很难让大学生产生灵魂触动，并建立起党的建设与民族复兴以及自身命运紧密相连的认知。其实，共产党员的担当体现在时时处处，同学们熟知的公众人物中，许多人就是优秀共产党员的代表。例如，《新闻联播》主播康辉说，经常有人问我，你播《新闻联播》10 年了，现在还紧张吗？我说，紧张。因为我知道，《新闻联播》"字字千钧、秒秒政治、天天考试"，传播党的声音容不得一丝一毫的疏漏。我和同事们秉持的信条是"心有党、言有物、人有格"。"心有党"，就是要与党中央保持高度一致，时刻向党中央看齐，把对党绝对忠诚融入血液中，让党的声音成为时代最强音。[3]

◎ **延伸阅读**

张维为：中国共产党是中国改革成功的原因

一个国家有三种力量：政治力量、社会力量和资本力量。这三者之间的关系，大致决定了改革的命运。

在美国模式下，资本力量过大，压倒或左右了政治力量和社会力量。最主要的标志便是根据 2010 年和 2014 年美国最高法院的裁决，机构和个人的竞选捐款不再有上限。有时候我说，美国最大的敌人不是中国，而是华尔街。钱生钱的游戏玩得上瘾，是戒不掉的。这个制度如果不改革，恐怕未来会有更大的危机。

如果说美国改革不成功是资本力量过大，欧洲改革成效不彰的原因则是社会

---

3 康辉：《媒体人谈总书记调研，牢记职责使命精准有力工作》，载《中国新闻出版广电报》，2016 年 2 月 24 日。

力量过大。虽然欧洲的资本力量也很大，但不如美国，欧洲是社会力量压倒了其他两股力量。在欧洲，民主有如一种宗教，许多具体问题都靠民主解决，其中的假设便是越多人参与越好。用中国人的话讲，欧洲光有民主没有集中，难以形成改革的合力。

相比之下，中国的政治力量、社会力量、资本力量达到一种新的、动态的平衡。新中国成立后的前三十年中，资本力量基本不存在，社会力量太弱，政治力量过于强势造成了文革等悲剧。改革开放以后情况变了，资本力量发展起来了，社会力量也逐渐发展起来了，特别是现在有了互联网传播，政治力量仍然保持了相对的中性和强势。这是符合中国传统的，中国历史上成功的政府几乎都是比较中性、强势的。治理中国这样的大国，领导人需要有担当，否则做不了事情。中国的社会力量、资本力量发展起来之后，已经对政治力量形成了一种压力和制约。我认为，相对中性、强势的政治力量，即中国共产党，是中国改革比较成功的原因。

（资料来源：张维为：《相对中性、强势的政治力量是中国改革成功的原因》，载《光明网》，2014 年 09 月 14 日）

"学生党员"不是一项荣誉、更不是一种"砝码"，大学生追求入党，就是从思想上、从身份上、从行动上做一名纯粹的利他主义者、利公主义者、利学主义者，而绝不能走上"精致的利己主义者"的道路。

● 回声 3
申请入党，为的是一种幸福

习近平总书记在哲学社会科学工作座谈会上指出："马克思主义尽管诞生在一个半多世纪之前，但历史和现实都证明它是科学的理论，迄今依然有着强大生命力。"马克思主义之所以具有强大的生命力，因其具有科学性，也因其具有价值性、人民性——让劳动阶级获得自由、发展和解放，让最广大人民群众过上幸福生活。这是马克思主义的"初心"，也是中国共产党的"初心"。党的根基在人民、党的力量在人民，每一位真正的中国共产党党员所秉承的理念都是"全心全意为人民服务"，这样的境界、格局、气度，也同时成就了共产党人的幸福感——因服务人民而带来的价值实现、精神升华。清华大学公共管理学院胡鞍钢教授认为，中国人民与中国共产党本是血肉相连、互为依存、一体两面。没有人民的支持，党不过是泥足巨人；没有党的领导，人民也不过是一盘散沙，这是中国政治改革、基层治理、社会建设的根本要义。改革开放以来，中国已经成为一个越来越多元、越来越流动的社会，这就需要将人民以新形式重新组织起来、团结起来。人民至上、中国共产党领导、走社会主义道路就是中国真正的"人间正道"，是中国真正的天下为公的大道。正是这个正道和大道，才使中国巨变，引起世界巨变。这三条根本规律是中国实现伟大复兴中国梦的根本保障，还是中国赶上并超过世界上最发达资本主义国家的根本优势。[4]

初入大学的同学们充满朝气和锐气，对人生有着无尽的想象和憧憬，对幸福有着强烈的渴望和向往，那么，就请大家郑重地提出自己的入党申请，用全心全意的服务精神，让自己度过高尚的、快乐的幸福人生。

 延伸阅读

大写的共产党员

一位老人，六十年坚守共产党员的精神家园，把党和群众的利益放在个人利益前面，一辈子淡泊名利、地位，公而忘私、廉洁奉公……他，就是云南省保山市原地委书记杨善洲。

在云南省保山市施甸县，杨善洲的事迹可以说是家喻户晓。曾在供销社当售货员的杨文菊说："他家大女儿是在农村，基本上都是拿点小菜来卖卖又买点东西回去，都是走着来、走着回去。"

工作35年、担任保山地委领导近20年的杨善洲，说起来也是当地"高官"，

4 胡鞍钢：《大道之行—中国成功的制度优势》，载《光明日报》，2015年04月07日。

但身居要职的他却一生清贫,他说:"共产党员就是要自找苦吃。"

云南省原副省长黄炳生曾与杨善洲共事多年,他说:"他重视粮食生产,这是我们当时工作大局的需要。他同时注重增加老百姓特别是农民收入。但他不仅仅是一个粮食书记,在他手下成长的领导干部是一大批,我这就是切身体会,他是怎么样来培养的年轻干部。作为一个班长,带好一帮人,他也是做得非常出色的。"

在职期间,他连自己女儿的婚礼都没时间参加,女儿要求搭乘一下爸爸的便车,他不肯;女儿收了地委一位阿姨的三棵甘蔗,他坚决要求退还;为了其他同志的工作及事情,他可以拉下老脸去求情去争取,但子女工作调动,即便符合条件也不办。

杨善洲二女儿杨惠兰说:"小时候总觉得他不关心家里、不关心我们,随着年龄的增长就理解了他:其实我爸爸是一个很重感情的人,他是很关心我们的。他只是把我们放在心里面,没有过多的时间照顾我们。"

杨善洲最信赖的三女婿杨江勇说:"开始特别严肃、有距离感。当你跟他接触以后,他就像是一块磁铁一样,我就是被他这种无形的魅力拽进去,理解但也无奈。"

1986年6月,杨善洲同志退休以后,放弃到省城安享晚年的机会,来到光秃秃的施甸县大亮山兴办林场,一干便是20个春秋,带领大家植树造林7万多亩,林场林木覆盖率达87%以上,把昔日的荒山秃岭变成了生机勃勃的绿色天地,使当地恶劣的自然环境得到明显改善;他修建18公里的林区公路,架设了4公里多的输电线路,使深居大亮山附近的村寨农户,通电通路。在善洲林场的简陋而低矮的老厂部,老场长自学洪回忆刚上山的情况:"像这样下大雨的时候,还是要继续栽。公路又不通、当时上来没有房子没有电,特别艰难,确实栽不住啊。"

杨善洲奋斗一辈子,打造滇西粮仓、绿化大亮山,掏心扒肺让老百姓的日子富起来,用一生的力量做了这两件福泽于民的大好事。跟随杨善洲种树20年的林场职工说:"跟着老书记把树种了、长起来了,现在树也多了,水也多了,老书记为我们造下这么大的福,我们真是感激不尽。"

杨善洲把价值几个亿的森林送给了大山里的群众。保山市委、市政府颁发他20万元特别贡献奖,他把10万元捐赠给保山第一中学,6万元捐赠给大亮山林场,另外4万元给老伴养老送终。操劳一生，离世后他的身旁留下一顶草帽、一把砍刀、一支烟斗；身后留下一个依然需要刨土取食的家，家里有风烛残年的老伴，有每天上山种地、喂牛、打猪草的女儿女婿，有开着农用车跑运输的孙子们……

（资料来源：《大写的共产党员》，人民网，2013 年 9 月 18 日）

案例 4. 应该如何提升自己的能力素质？

场景：小研聆听了"走好大学第一步"宣讲会，对学长学姐们"神一样"的简历非常羡慕：各种高大上的荣誉称号、各种有意义的大型实践活动、各种大企业的实习经历、各种科研创新奖项以及发明专利等，崇拜羡慕之情溢于言表。再低头看看自己，感到"什么也不会"，小研顿时觉得有些自卑。

问题
小研应当如何克服"能力自卑"呢？

在中学阶段，同学们主要的时间和精力都放在知识学习上，学校的教育更是紧随着"高考指挥棒"。而进入大学后，同学们越来越多听到"能力""素质"的话题，更加追求自我完善、全面发展。如果说知识是大学生成长的基石，那么能力无疑就是那双"隐形的翅膀"，帮助大学生在追逐梦想的天空中飞得更高更远。

● 回声 1
勤于练，实践出本领

人的能力不是天生的，而是靠后天锻炼和培养的。大学阶段是培养各方面能力素质的最佳时期，一方面因为大学的课堂活跃，老师们更注重启发式、参与式、项目式教学，同学们有更多的机会表达、实践、合作，从而在课堂上更全面地培养能力素质；另一方面，因为同学们有较多的时间和精力参与校、院、班和社团组织开展的活动，在这些组织和活动中能力和素质能得到很好的锻炼。比如，担任班干部既要考虑工作如何开展，又要思考如何调动全班同学配合自己开展好工作，还要和班委会其他成员、辅导员及任课教师、学校相关部门搞好沟通与协调。那么，大学生的能力素质应该如何锻炼和培养呢？共青团中央书记处第一书记秦宜智曾经勉励大学生骨干：在对实践的感知中了解国情民情，锤炼能力本领。要脚踏实地，拜人民为师、拜群众为师，把深入人民群众当作最好的课堂，到基层一线的实践大熔炉中，培养同人民群众的朴素感情，从人民群众中掌握第一手的素材，吃透社情民意。要注重在实践中砥砺"严"和"实"的品格，自觉用"三严三实"标准要求自己，做到严于律己、自省自励、老实做人、踏实做事。[1]

● 回声 2
敢于磨，发现新自己

一个人成长的历程，很大程度上就是受磨砺的过程。被小病小灾磨，被贫穷困苦磨，被挫折坎坷磨，被悲欢哀乐磨，纵使从小到大，锦衣玉食，万事顺遂，亦免不了被光阴磨。同学们可以扪心自问：假如到老了，一马平川，履历平平，竟没有值得回忆的亮点，岂不是另一种痛吗？因此，同学们在大学阶段要敢于磨砺自己、挑战自己，进而成就自己，坚信能力总是在磨砺中愈发闪光的。在磨的过程中，同学们不要怕"出丑"、怕"失败"、怕"丢人"，要勇敢地去尝试，不要注重结果，而要看重过程中自己的收获。大庆油田副总设计师李杰讯曾谈到，自己在大学时代就加入到了大学生通讯社，这种经历不仅系统锻炼

---

1 秦宜智：《在历史现实未来三个维度中把握使命担当》，中国青年网，2015 年 12 月 9 日。

了新闻采访和写作能力，更重要的是收获了做人的道理和走向社会的宝贵经验。他认为，大学时代是青少年逐步学会处理人生事务的重要阶段，在这个阶段中，了解社会、了解自己未来有可能从事的职业，是除了课业学习之外最重要的事情。[2]

● 回声 3
善于融，找到"大舞台"

许多用人单位在评价大学生时表示："大学里的专业技能固然重要，但是当代大学生如何与社会沟通、融入社会也是一个不得不思考的问题。许多学生缺乏融入社会、进入职场的基本能力和核心竞争力。"[3] 特别是作为"95后""00后"的大学生们，因多数出自独生子女家庭，容易被贴上"自我""不合群"等标签。尽管这些评价有些以偏概全，但同学们还是应当清醒地看到，如果自己的创新、合作、沟通、管理与自我管理等职业核心能力过硬，无疑会成为竞争中的一把利剑。浙江大学法学院毕业生李光在回想大学四年的经历时就认为，令他自豪的是加入学校辩论队，与一支能言善辩的队伍共同进步，"发散思维，雄辩争锋，在雄辩中展现青春风采"。他本人在社团的历练下也养成了严密的逻辑性和较好的表达能力，在各种就业、进修面试和选拔中战无不胜。另一位负责学校社团联盟工作的同学也认为："共同的爱好、共同的需求让我们凝聚在一起。作为社团人，我们人人都有机会登上舞台。"[4]

---

2 李杰讯：《磨炼，让青春闪光》，中国石油大学（华东）新闻网，2014年9月18日。
3《大学生求职还需补点啥？》，光明日报，2012年12月18日。
4《社团引领青年学子成长》，中国青年网，2013年10月25日。

延伸阅读

大学生能力培养从"开学第一课"开始

大学是学生各方面能力培养的关键期。进入大学，就应该树立能力培养的目标并为之努力。

2015年9月，当2015级新生许佳走进北京师范大学时，她手里拿着一本学校发放的"新生入学宝典"。为了让新生尽快适应新环境，许多高校还利用微博、微信等新平台推介校园，南开大学的服务更是延伸到了新生报到之前。该校2015级新生赵亓鸢在暑假就从官方微信上认识了自己的辅导员。到校后，她更是惊讶地发现，舍友们和她一样都有早睡早起的习惯。事实上，这种"凑巧"源于学校的精心安排。南开大学新生服务网收集了每个新生的作息规律、兴趣爱好等信息，并将其作为分配宿舍的重要依据。

进入大学如何适应并提高，入学教育就成了新生的第一课。大学生活的新鲜感刚一过，华中科技大学新生洪镇就发现，现在与高中截然不同的是注意力可以不只集中在学习上，"选择多了，也多了一些迷茫"。他整天与室友待在一起，与班上其他同学都很难接触，不仅如此，他对自己所学专业也缺乏了解和规划。他的这些困惑并没有在入学教育中得到解答。

人际关系怎么处理、学业发展如何规划……对各种能力的考验，让入学新生十分困惑。开学期间，到清华大学学生学习和发展指导中心前来咨询的学生中60%是大一新生。

"许多问题还会在之后的学习生活过程中不断出现"，该中心教师詹逸思认为，新生入学教育不应仅停留在开学期间，而应该贯穿于整个大学教育的前期，以便新生顺利完成高中到大学的过渡，成为他们提高各方面能力的新起点。

有毕业生总结大学生活时曾说，荒废的大学四年起点正是大一。南开大学党委副书记兼副校长杨克欣建议，基于学生个性特点和发展方向，从大一开始帮助学生树立对学业和人生的规划，培养适应能力很关键。

（资料来源：陈鹏：《大学生能力培养从"开学第一课"开始》，载《光明日报》，2016年02月25日）

案例5. 如何选择参加"第二课堂"活动？

场景：小研同学发现大学里的"第二课堂"活动丰富多彩、种类繁多：有"四进四信""中国梦""社会主义核心价值观"等主题教育活动，有"三下乡""紫光阁"等社会实践活动，有助残支教、社区服务、赛会服务等志愿服务活动，有"挑战杯""创青春"机器人等创新创业活动，还有篮球赛、足球赛、歌手赛、戏剧赛等文艺体育活动。扑面而来的"第二课堂"活动，让小研既兴奋又困惑。兴奋的是终于可以在大学的"第二课堂"中锻炼能力、发展兴趣、结交朋友了；困惑的是面对琳琅满目的"第二课堂"活动，自己应该怎么选择呢？全部参加肯定是不现实的，那么哪些活动才是自己适合参加、需要参加、应该参加的呢？

 问题
面对丰富多彩的"第二课堂"活动，小研应当怎样做出选择呢？

大学里的"第二课堂"活动琳琅满目、丰富多彩，大致可以分为思想成长、实践实习、志愿公益、创新创业、文体活动、工作履历、技能特长等类型，是大学生提高综合素质、实现全面发展不可或缺的平台，也是大学生探索职业兴趣、确立目标选择至关重要的途径。

延伸阅读

哈佛大学历时十年的一项调查研究

美国著名统计学专家、哈佛大学理查德·莱特教授等人受校长的委托，历经十年调查研究结果显示：我们以为最重要的、最令人难忘的学术活动是在教室内进行的，而课外活动只是一种有益且适度的补充。证据表明，真实情况恰恰相反。课堂外的学习活动特别是在宿舍以及课外活动（比如艺术活动）中发生的学习行为，对学生来讲至关重要。统计数字表明，所有对学生产生深远影响的、重要的、具体事件，有五分之四发生在课堂外。

一名全日制的大学生，如果每个学期上四门课，每周只需在教室里实际听讲12—18个小时。人文科学和社会科学专业的学生通常是12个小时，而物理学专业的学生通常达到18小时。因为他们每个星期还要在实验室里待上几个小时。然而一个星期共有168个小时，所以学生们的时间大部分在教室外度过。

我们在访谈大四学生的过程中，发现了一个现象，虽说简单却非常突出。即那些将课堂内外活动结合起来的学生，对其大学生活都比较满意。有的学生以某种方式将其音乐方面的兴趣与课程或者一项课外志愿者活动联系起来。这样的经历让他们觉得自己的大学生活非同一般。当然不是所有的学生都能够成功地做到这一点。有的学生确实经过深思熟虑，做出这样的决定——要将课内外活动结合在一起。有的学生实现这种结合，完全靠运气歪打正着，因为最初他们根本就没考虑过这些。

如果把学生们用于打工、课外活动、志愿者活动以及体育运动等各种非学术活动的时间和精力合计起来，作为参与程度的指标，那么它与成绩之间无显著相关；但是与学生对大学的满意度相关非常显著。简单地说，参加各种课外活动的同学比不参加的同学要快乐得多。

托马斯·安格鲁（Thomas Angelo）对哈佛本科生课外活动与学业成就关系进行广泛的调查。调查结果显示，学生每周用于参加一两项课外活动的时间是20个小时，这样的时间投入与其学业成绩关系很小甚至没有关系；但它和学生对大学生活的满意程度密切相关。也就是说，学生参与课外活动越多，满意程度越高。

（资料来源：Richard J.Light：《穿过金色光阴的哈佛人》，中国轻工业出版社，2002年）

"第二课堂"活动对大学生成长成才的价值和意义不言而喻。问题的关键是，刚刚步入大学校门的新生同学应该怎样选择参与"第二课堂"活动呢?

● 回声 1
根据职业梦想选择"第二课堂"活动

每当临近毕业时，总有不少同学感慨:"如果时间可以倒流的话，我会选择另外的方式度过大学生活。"然而，时间不会倒流。回头看一看这些同学走过的路，不难发现他们中的许多人缺乏职业目标，不会规划选择，往往是被动、盲目、"随大流"地度过对人生具有重要影响的大学时光。习近平总书记曾指出:"没有梦想，不去想，就根本达不到，只有想才有这个可能。"梦想对于一个人的成才、成功具有非常重要的影响。因此，新生同学首先应当积极思考、科学树立自己的梦想。

今天是昨天选择的结果，而今天的选择将会决定明天的生活。有了梦想之后，就要立足现实、脚踏实地，合理规划实现梦想的路径，科学选择有助于梦想实现的"第二课堂"活动，通过有目标、有计划的"第二课堂"训练，不断提升、掌握梦想实现必须具备的能力素质，让自己的大学生活过得既有意思，更有意义。例如，立志从事行政工作的同学，可以选择参加学生会、公益类学生社团等学生组织，通过积极参与学生工作，提升自己的服务精神、奉献意识、社会责任感，锻炼自己的组织领导能力、沟通交流能力等必备能力。立志从事学术科研的同学，可以选择参加专业讲座、学术论坛、"挑战杯"等课外学术科技活动和学术科技类学生社团，锻炼自己的实践能力、创新精神和专业素质。立志创业的同学，可以选择参加各类创业讲堂、创业竞赛活动和创业类学生社团，积极参与社会实践、勤工助学和社团活动，提高自己的创新创业能力、人际交往能力、团队合作能力等必备素质。

◎ 延伸阅读

大学生在课余时间投入精力最多的活动与未来职业具有显著相关性

为了研究实践教育对于人才成才方面的影响，清华大学在 2005 年面向 4000 名校友开展问卷调查（有效问卷 2122 份）。

本研究的调查结果表明，大学生学习以外投入精力最大的方面决定其日后的成长，如果将学生除学习以外参与的一些活动视为"实践教育"的话，也可以说明，大学的实践教育决定人才成长。这些实践教育可以分为 4 类：科研活动、学生工作、社会实践、社团活动。本研究将在校期间参加的实践活动与校友的职称进行交叉分析，并将在校期间实践的累计分析结果（单位：%）用下表表示。

职 称	科研活动	学生工作	社会实践	社团活动
学术正高	31.12	21.76	14.21	14.93
学术副高	23.21	19.39	21.43	15.82
行政副处级及处级	22.22	23.74	21.72	13.64
行政副局级及局级	18.52	37.04	13.15	11.11
企业中层	19.03	15.11	31.42	18.13
企业高层	18.36	20.58	26.55	18.36
企业高层正职	21.05	17.76	28.95	17.11
总体平均	21.89	19.44	22.86	15.97

1、正高级职称的学术人才在学校时"科研活动"方面的参与是最多的，其次是副高级职称的学术人才，可见要走学术道路，在学校就要多参加"科研活动"。

2、行政局级和副局级职务的人才在学校"学生工作"方面的积累最多，远远高于其他的职称级别，其次是行政副处级及处级职务人才，可见从政的校友在"学生工作"方面积累最多。

3、企业中层、企业高层和企业高层正职人员在学校参加"社会实践"和"社团活动"分别列居前三名，可见从事企业经营的校友在"社会实践"和"社团活动"方面的积累最多。

4、在校参与活动与日后参与的工作，与其成功的程度是相关的。

大学对学生的培养主要体现在对学生基本素质的基础性价值，而且学生在大学的积累还会一定程度影响他在社会上的表现。

（资料来源：郭梁：《研究性大学拔尖创新人才培养研究》，清华大学档案馆，2006 年 5 月）

● **回声 2**
着眼"素质短板"，选择"第二课堂"活动

当前，科技创新在极大改善人们物质生活的同时，也引发了许多危机和问题。一方面，造成人的片面发展，掌握高科技或生活在高科技社会中的人，由于忽视了人文素质教育，往往造成素质上的缺陷，甚至个性发展上的畸形，影响着社会的协调发展；另一方面，科技高度发展所引发的诸多问题，如环境问题、社会问题等，已经不是某一学科、某一领域内的问题，需要具有综合素质的人才来应对。党的十八大报告明确提出"把立德树人作为教育的根本任务，培养德智体美全面发展的社会主义建设者和接班人"，特别强调"全面实施素质教育，着力提高教育质量，培养学生社会责任感、创新精神、实践能力"。因此，对于青年学生而言，实现能力素质均衡发展，不仅是接受高等教育的基本目标，更是适应经济新常态、提升就业竞争力、提高社会化融入能力的基本需要。

由于应试教育的影响，许多新生同学可能存在"素质短板"，根据"木桶原理"这可能成为影响学生未来发展的素质瓶颈。因此，新生同学应当围绕综合素质全面发展的需要，科学选择"第二课堂"活动，不能片面追求兴趣爱好的拓展，更不能盲目追求活动履历的光鲜。应当通过"第二课堂"活动的全面锻炼，努力成为既有知识技能，又有完善人格、强健体魄，更有理想追求、担当作为、品质修养的高质量人才。

具体而言，新生同学应当通过专业的测评工具，对自己的能力素质进行科学评估，明确自己的特长优势和"素质短板"。在此基础上，选择参加那些能够弥补自身不足的"第二课堂"活动。例如沟通能力较弱的同学可以选择参与班团、

社团、学生会等社会工作，表达能力较弱的同学可以选择参加辩论赛、演讲赛等活动，身体素质较弱的同学可以选择参加"三走"活动及体育类学生社团等。

● 回声 3
结合兴趣爱好选择"第二课堂"活动

新生同学选择参加"第二课堂"活动要着眼于职业梦想的规划实现，立足于能力素质的全面发展，同时，还要兼顾到兴趣爱好的深入拓展。兴趣爱好既有助于梦想确立，也有助于梦想实现。

长期以来，由于应试教育的影响，很多同学到了大学才开始考虑自己的人生梦想。由于缺乏足够的实践体验和人生阅历，很多同学往往难以找到适合自己的人生梦想。选择参加自己感兴趣或有特长的"第二课堂"活动，有利于在实践中探索兴趣、认识自己、发现潜能，从而为人生梦想提供参考。另外，拥有广泛的兴趣爱好还能缓解压力、催生灵感、提升修养，更好地实现人生梦想。因此，新生同学可以从自己的兴趣爱好出发，选择参加自己有兴趣或有特长的"第二课堂"活动。

延伸阅读

科学与艺术

著名地质学家、前地质部部长李四光同志具有很高的音乐修养，1920 年他在巴黎创作了我国的第一首小提琴曲《行路难》。我国的国家最高科技奖的获得者、"杂交水稻之父"袁隆平先生也爱好音乐，曾登台演奏过小提琴。著名科学家钱学森同志，不仅是科学大师，而且在音乐、绘画、摄影等方面都有较高的造诣。他早年求学时虽然学的是自然科学，但同时也学过钢琴和管乐，他在上海交通大学学习时，就是出色的圆号手，曾是学校铜管乐团的重要成员。钱学森这样总结音乐对他的影响："音乐艺术里所包含的诗情画意和对人生的深刻理解，丰富了我对世界的认识，学会了艺术的广阔思维方法，或者说，正因为我受到这些艺术方面的熏陶，才能够避免死心眼，才能避免机械唯物论，想问题能够更宽一点、活一点。"

　　在爱因斯坦的科学创造的过程中，音乐确实给了他很多启发，从而激发了他的创造热情和灵感。我给你们讲讲"相对论"发现过程的小故事：1912 年夏天的一个早晨，像平时一样，爱因斯坦穿着睡衣下楼用餐，但他没有食欲。妻子以为他病了，关切地问他哪里不舒服。他走到钢琴边，答非所问地说："亲爱的，我有一个奇妙的想法。"说着，他就坐到钢琴边弹起来。爱因斯坦边弹琴边思索，钢琴奏出的旋律时断时续。忽然，他按了几个和弦之后自言自语道："我有一个奇妙的想法，一个美妙的想法！"然后，他立即上楼把自己关进工作室。几天后，爱因斯坦疲惫地从工作室出来，手里拿着几页纸，对妻子说："就是这个！"妻子一看，满纸都是难以理解的数学公式，原来这就是震撼世界的广义"相对论"。

　　（资料来源：李岚清：《音乐艺术人生——关于〈音乐笔谈〉的讲座》，高等教育出版社，2006 年）

案例6. 我该怎样选社团？

场景：进入大学后，小研发现，社团活动丰富多彩，百团大战轰轰烈烈。小研充满了好奇感和新鲜感，觉得终于可以释放自己、尽情享受美好的大学时光了。然而，当决定参加哪个社团时，小研却举棋不定，陷入了困惑。

问题
小研应该怎样选择社团？

大学里的社团是什么？有人说，社团是追逐梦想的平台，在这里能做自己想做的事，再苦再累都心甘情愿。有人说，社团是结识朋友的平台，在这里能够找到志同道合的人，共同举办活动、交流思想，今后还可能成为事业上的伙伴和生活中的挚友。当然，也有人说，一些社团活动只见"场面"、不见"内涵"，参加几次之后就会失去兴趣。每个高校都有数目繁多的学生社团，每个社团也都有"横看成岭侧成峰"般的形象，对刚进入大学校门的新生同学来说，选择是否参加社团和参加怎样的社团，一方面要询问自己的初心，就是喜欢什么、追求什么；另一方面也要通过典型事例、生动故事来了解社团与成长之间的内在联系。

● **回声 1**

志同道合的集聚——周恩来与觉悟社

高校学生社团是指由高校学生依据兴趣爱好自愿组成、为实现成员共同意愿、按照其章程自主开展活动的群众性学生组织。简单来讲，就是志同道合的一群人为了同一个目标而努力。回顾历史，我们可以发现高校是时代变革的前沿阵地，而高校中的学生社团往往是传播先进思想的旗手，是与落后思想斗争的堡垒。周恩来南开大学期间，正是五四反帝爱国运动不断高涨之际。他和广大进步青年一起，从五四运动一爆发就投身伟大洪流之中，主编《天津学生联合会报》，负责"南开学校学生通讯处"工作，联络海内外南开校友，还协助张伯苓校长推进学校的改革工作。1919 年 9 月 2 日下午，周恩来同赴京请愿的代表一同乘火车回天津。在车厢里，大家热烈地讨论起五四运动的经验教训。周恩来认为应该尽快把"天津学生联合会"和"女界爱国同志会"这两个进步团体的骨干分子组织起来，形成一个爱国运动的领导核心，并建议出版一个刊物，向广大人民群众作宣传。他的话引起了强烈的反响，大家约定回去马上着手准备。

1919 年 9 月 16 日，是中国学生运动史上一个值得纪念的日子，天津爱国学生的进步团体——觉悟社成立了。周恩来发表了自己在觉悟社的第一次讲话："我们要组成团体，出版刊物，以改造学生的思想，进而唤起劳动民众的觉悟，来共求社会的改造。"周恩来的讲话赢得了同学们的阵阵热烈掌声，大家都为觉悟社的发展献计献策。

延伸阅读

1918 年，也就是中华民国七年，新文化运动的主将们此时都已是成名"大V"。李大钊自早稻田大学毕业回国，已在北京大学做了两年图书馆主任兼经济学教授；陈独秀也被北大蔡元培校长三顾茅庐聘来做了一年多文科系主任；胡适则以

27 岁取得哥伦比亚大学哲学博士学位的青年才俊身份当上了北大教授。即便年龄最小、仅有 21 岁的张国焘，也已是北京大学拥护新文化运动的学生领袖。别问我为什么都是北京大学的，谁让那时清华还没有设立大学部呢。那么本文主角毛泽东此时在做什么？在这一年的夏天，经过了 5 年半漫长的刻苦学习，毛泽东成功地在湖南第一师范学校毕业了，中专学历，做了小学教员。这一年，毛泽东 25 岁。等等，为什么胡适 27 岁已是留洋博士，毛泽东 25 岁才熬到中专学历呢？这就是沿海大城市户口和内地小山村户口的社会资源差距。胡适出生在上海浦东新区（当时属江苏省松江府），在上海享受最先进的教育资源，17 岁就兼任英文教员了。而毛泽东出生在湖南韶山冲，从穷山沟走出来接触现代教育已经很迟，18 岁才小学毕业。同样是顶尖的聪明人，生活环境差距所造成的起跑线差距就是这么大。但万万没想到的是，这个 25 岁才毕业的大龄师范中专生，又没有任何过硬的家世背景相助，在相当拼爹的民国时代竟然笑到最后，后半程一路超越留洋博士、北大教授甚至首富女婿大总统。厚积而薄发，猛人就是这么任性。

毛泽东的逆袭在成功前并非无迹可寻，从青年时代便立下远大志向并持之以恒便是他成功的阶梯。在毛泽东中专毕业前夕的 1918 年 4 月，他自主创业发起了新民学会，宗旨是"改造中国与世界"。改造成什么样呢？就是缩减劳苦大众与达官贵人之间的财富、地位、权力鸿沟。平等，人类世界自奴隶社会以来最难实现的东西，也是毛泽东毕生追求的目标。1919 年，毛泽东执笔《湘江评论》创刊宣言写道："各种改革，一言蔽之，由强权而得自由而已。各种强权，丝毫没有存在的余地，都要借平民主义的高呼，将它打倒。"新民学会除了带给毛泽东远大志向外，也为他日后的逐鹿天下打下了一个初步的班底。蔡和森、何叔衡、向警予、李维汉、萧三、蔡畅、谢觉哉、罗章龙等这些学会优秀代表，都在中国革命史上有不低的地位。1921 年，毛泽东参加中共一大获取了中国革命 IPO 事业的原始股，当然还只是一个不起眼的小股东，陈独秀和张国焘的地位仍然比他高很多，但在毛泽东一路滚雪球吸纳投资成为控股方的进程中，新民学会这个班底以及他们再扩展的人脉发挥了格外重要的作用。他们并非出于封侯拜相的私心，而是看到毛泽东提出的革命路线是中国共产主义运动的真正出路，为此不计得失肝胆相照。

（资料来源：王小石：《伟人毛泽东：一个中专生的逆袭》，载《乌有之乡网刊》，2014 年 12 月 26 日）

● **回声 2**
素质拓展的平台——撒贝宁与戏剧社

社团的种类是多种多样的，一般分为思想政治类、学术科技类、创新创业类、文化体育类、志愿公益类、自律互助类及其他类等，但并非所有的社团都适合自己。大学生选择社团首先考虑的应该是自己需要锻炼和提高的能力和素质，尤其是能够实现自己职业梦想的那些能力素质。例如，表达能力弱的同学可以参加演讲协会、辩论协会，心理素质差的同学可以参加心理协会，立志从事行政工作的同学可以选择思想政治类、志愿公益类学生社团。其次可以考虑自己的兴趣爱好。例如，爱好艺术的同学可以参加话剧团、舞蹈团；爱好运动的同学可以报名参加篮球协会、轮滑协会；爱好写作的同学可以选择文学社、通讯社等，有共同兴趣爱好的小伙伴聚在一起才能更好地融合，迸发出更灿烂的花火、更强大的力量。

央视主持人撒贝宁 1994 年进入北大法学院，怀着忐忑的心情，在新生文艺汇演中表演了一曲《小白杨》。出乎他的意料，这首歌竟赚来了一片掌声。挺过了这场汇演以后，他开始喜欢上了表演，于是大二参加戏剧社，并当上了社长，组织各种活动，在学校拍的电视剧里当"男一号"，在大大小小的文艺晚会上当主持，他的作品也获得了中央电视台"理想杯"二等奖。大三作为合唱团团长率队远征西班牙，在国际比赛中勇夺第一。本科毕业那年，撒贝宁还组织戏剧社的成员排演话剧《保尔·柯察金》。那时中央电视台《今日说法》栏目刚开始筹备，负责人到北大法学院招主持人，老师推荐了撒贝宁。经过一番面试考察，撒贝宁凭着在大学社团中锻炼出的适应能力、主持能力和学习能力被选中担任主持人。

耶鲁为何成为总统的摇篮——专访耶鲁大学校长理查德·雷文

美国政坛高层有一个"耶鲁帮"。最近的三任总统——小布什、克林顿和老布什，以及很多活跃人物，诸如希拉里·克林顿、前民主党总统候选人克里、前总统福特，甚至美国驻华大使克拉克·雷德，都毕业于耶鲁。

小布什甚至曾经开玩笑说："如果你在耶鲁毕业了，你就能当总统；你辍学了，你就只能当副总统。"原来，他的副总统切尼也在耶鲁混过，只可惜切尼由于考试不及格，在耶鲁就读一年后被迫退学。

南方周末：很多美国政治人物都跟耶鲁有各种关联，耶鲁甚至被称作"总统的摇篮"。你们这所学校为什么盛产政界精英？

雷文（以下简称雷）：新当选总统奥巴马将是二十年以来，第一位入主白宫但没有耶鲁学位的人，耶鲁在培养领袖方面确实表现得很出色。

我想部分原因是，耶鲁的氛围具有强烈的社团气质。我们有很丰富的课外活动生活，有政治、新闻、声乐、教育，甚至社工服务的各种社团，学生还会在诊所做护理，这是耶鲁学生生涯很重要的一部分。

学校里有大约250个学生活动社团，这意味着在每六个耶鲁学生里，就有一个是学生活动社团的领导。可想而知，耶鲁算是培养领袖的实验室了。

这是一部分原因，还有就是校园里公益服务的风气。当初建立耶鲁的目标就是不仅为教会，也为国内和当时的殖民政府培养领袖。投身公益服务是接受良好教育的公民应尽的责任。我们为学生提供了优越的教育，也试图告诉他们：你从良好机遇中获益，你也有责任回报社会，参与公共生活来帮助需要的人。

不仅仅是在联邦政府，你到美国任何城市看一看，都会发现很多耶鲁毕业生在公益组织、慈善机构工作。

（资料来源：张哲、崔泽辉：《耶鲁为何成为总统的摇篮——专访耶鲁大学校长理查德·雷文》，载《南方周末》，2008年11月13日）

- **回声3**
  智慧灵感的港湾——吴敬琏与音乐社

　　文艺表演、体育锻炼、科技竞赛、创新实践等活动对大学生的智力开发、思维训练和灵感启发具有重要作用。大学生可以结合自己的专业特长、兴趣爱好，选择参加文艺体育类、艺术科技类、创新创业类社团组织。

　　著名经济学家吴敬琏爱好非常广泛，对集邮、集古钱币、音乐、历史、文学、做木工活、电脑和其他电子产品都很有研究，而且是一个不折不扣的电子发烧友。1951年他参加当时学校的音乐社团。每天下午四点多，音乐社团就开始组织活动，活动的时候，一般先发一个油印的歌谱，标明欣赏歌曲的主题、华彩乐段等内容。情绪紧张的时候，听班得瑞的《蓝色天际》，似风中灵动而来的风笛与钢琴声，常常能瞬间松弛紧绷的神经。缺乏灵感的时候，听贝多芬的《田园交响曲》，明朗的长笛，纯净而优美的单簧管，和着浑厚的铜管乐，脑海会立即浮现出蓝的天空，还有开满五颜六色花朵的芳草地……听过的音乐多了，也有了自己的欣赏口味及方式。

　　同学们选择社团时，要综合多方面的因素和条件，考虑清楚后再做决定，切不可草率。一些同学匆匆忙忙选了一个社团，待了一段时间后觉得不适合，就很快放弃，可谓"来也匆匆，去也匆匆"，结果什么也没学到，还浪费了时间和精力。

　　参加社团固然重要，但前提是不要与正常的学习相冲突。有的同学觉得社团活动丰富多彩、很有意思，就同时参加好几个社团，整天不是到这个社团开会，就是去那个社团值班，如此忙碌，难免顾此失彼，更有甚者严重影响学业，得不偿失。建议新生同学选择一两个自己最感兴趣的社团，一两个最擅长的社团，毕竟学生还是以学习为主。

⦿ **延伸阅读**

大一新生参加社团要追随我心，量力而为

"'百团纳新'快开始了，这么多学生组织、社团，哪个最有趣、最长见识呢？"不少大一新生都有这样的疑问。摆脱了高考压力的束缚，不少新生都拥有一个"社团梦"，他们希望依托学生组织或社团施展才华，组织或参与一些感兴趣的活动。对此，师兄师姐们给出八字真言：追随我心，量力而为。

"校学生会、校社团联合会等组织是举办学生活动最广阔的平台，但受到的限制也多；学院学生会组织活动的影响力不如校级组织；一些社团管理又太松散，说解散就解散。我应该怎么选择呢？"吉林大学新生孙晓欢未等入学就已经开始盘算加入哪些学生组织和社团，并感到困惑。

不少师兄师姐建议，选择社团要"追随我心"，不要害怕选错社团，更不要在初入社团做最基础工作时怕苦怕累，要在勇敢的尝试中明确自己的目标。

"对于新生而言，最好能广泛参与不同的学生组织和社团，充分挖掘自己的兴趣爱好，快速找到适合自己的社团工作，并在此'扎根'，努力做好。"吉林大学管理学院大四学生毕婷说。

"我也没有参加过太多的社团活动，我感觉可以按照个人爱好，选择自己愿意参与的活动，有兴趣才更有付出的动力。"西南政法大学大三学生马思飞说。

在学校的不同组织里，还经常看到这样的忙碌身影：他们辗转于不同的学生组织，身兼各种组织的不同职位，满满的活动行程填充了他们的大学生活，甚至专业课也要为各种活动"让路"。

"参加社团、开展学生活动是大学生活的重要组成，但参加活动也要'量力而行'，不能本末倒置、耽误学习。"北京大学研究生赵闯说。

长春工业大学毕业生丁丁认为，参加社团活动初期选择阶段，可以多尝试，明确目标后就应"贵精不贵多"。"学校多数社团和学生组织都能锻炼人，关键看个人态度，是不是想做出点事情，所以找到适合的，就是最好的，没必要贪多，挂一身'头衔'。"

也有人建议大家不要太紧张于"身份地位"，以轻松心态面对社团组织。"社

团其实就是兴趣相投的人一起'玩',不要太过于功利化。"上海交通大学毕业生张晗说。

（资料来源：含琪、刘秀玲：《学长学姐建议：参加社团要"追随我心，量力而行"》，新华网，2013 年 9 月 12 日）

案例 7. 应该为就业做哪些准备呢？

景：小研同学家里经济状况不好，很想在本科毕业后直接参加工作，从而帮助家里减轻压力和负担。他觉得人生就该充满热情与干劲，生活不止眼前的"苟且"，还有诗和远方。但让他困惑的是，大一新生应该从何处着手做好就业准备呢？

问题
小研在大一阶段可以为就业做哪些准备？

近年来，每到毕业季，"大学生就业形势严峻""史上最难就业季"的论调就会出现，2017 年应届生数量达到 795 万人，比上一年度增加 30 万人，更是刷新历史纪录。毕业后到哪里去就业，成为许多应届毕业生为之焦虑的事情。

大学生就业难正成为时代趋势，主要表现在高校毕业生持续增加以及人和岗位不匹配等问题，这源于人口结构的变化。据中国社科院 2015 年《社会蓝皮书》称，按照目前高校招生规模不变预测，到 2020 年，劳动年龄人口中大专及以上学历比重将升至 21.6%，到 2030 年将超过 30%，高校毕业生占青年劳动力的比例将进一步加大。大学生从曾经的天之骄子，逐渐演变成具有大众化学历的普通就业者，客观形势的发展倒逼着大学生必须调整心态，从零开始。"凡事预则立，不预则废。"对于大一新生而言，尽管读大学的意义并不是仅仅为了就业，但在现代社会中，一个人的自身价值和人生幸福感很大程度上需要合适的职业来实现。因此，越是尽早考虑就业问题，越有助于明晰未来几年学习的方向和重点。

● 回声 1
做有职业理想的人

大学生正处于职业理想孕育的关键时期，树立正确的职业理想，对于大学生活具有巨大的导向性作用。成功，在一开始仅仅是一种选择，你选择什么样的目标，就会有什么样的人生。那么，应该如何树立职业理想呢？

俗话说，知己知彼，百战不殆，确定职业理想第一步是认识自我，主要包括对能力、兴趣、爱好、性格、价值观的了解；第二步是了解国家战略、行业发展趋势。我国正在实施"一带一路""长江经济带""京津冀协同发展"等重大发展战略，正在经历着产业升级的时代拐点，这期间会创造出无限的可能与机遇。同时，"互联网＋"会赋予某个过往的夕阳行业焕发新生，新经济实体正成为引领未来的方向，如果大学生们能够敏锐地把握这一时机，投身其中，哪怕先从不起眼的技术蓝领做起，都可能会成就一番事业；第三步是了解用人市场，哪怕你只是大一的学生，也可以尝试去招聘会现场体会一下，只有亲历了那种场合，才能理解什么叫就业压力，才能真正不把大学当作学习的终点、游戏的开始，才能有决心在大学期间，为工作做出各方面的准备；第四步是了解就业政策。《教育部关于做好 2017 届全国普通高等学校毕业生就业创业工作的通知》指出，进一步引导和鼓励高校毕业生到基层工作，组织实施高校毕业生就业创业促进计划。比如，引导和鼓励毕业生到城乡基层就业和中小微企业就业，做好大学生征兵等工作，深入推进创新创业教育和自主创业工作等。同学们应提前熟悉了解就业政策、就业环境及就业导向，这有助于选择最适合自己的就业路径。

延伸阅读

25年，改变了什么?——哈佛大学心理学家的一项实验

哈佛大学曾对一群智力、学历、环境等客观条件都差不多的年轻人，做过一个长达25年的跟踪调查，调查内容为职业目标对人生的影响，结果发现：

27%的人，没有目标；

60%的人，目标模糊；

10%的人，有清晰但比较短期的目标；

3%的人，有清晰且长期的目标。

25年后，这些调查对象的生活状况如下：

3%的有清晰且长远目标的人，25年来几乎都不曾更改过自己的人生目标，并向实现目标做着不懈的努力。25年后，他们几乎都成了社会各界顶尖的成功人士，他们中不乏白手起家的创业者、行业领袖、社会精英。

10%的有清晰短期目标者，大都生活在社会的中上层。他们的共同特征是：那些短期目标不断得以实现，生活水平稳步上升，成为各行各业不可或缺的专业人士，如医生、律师、工程师、高级主管等。

60%的目标模糊的人，几乎都生活在社会的中下层面，能安稳地工作与生活，但都没有什么特别的成绩。

余下27%的那些没有目标的人，几乎都生活在社会的最底层，生活状况很不如意，经常处于失业状态，靠社会救济，并且时常抱怨他人、社会、世界。

调查者因此得出结论：目标对人生有巨大的导向性作用。成功，在一开始仅仅是一种选择，你选择什么样的目标，就会有什么样的人生。

(资料来源：《哈佛大学关于目标对人生影响的跟踪调查》，武汉教育信息网，2006年12月13日)

● 回声 2
做有就业准备的人

中国青少年研究中心青年研究所所长邓希泉曾建议大学生："很多临近毕业

的大学生，一直在为就业、择业、创业这些选择而焦虑。其实，就业只是你们迈向社会的第一步。大学打下的基础是什么样的，你们的未来就可能是什么样的。如果从一进大学校门就开始为成为青年精英做准备、打基础，让自己的能力和素质不断得到提高，毕业的时候就不会再焦虑。"毕业于华中科技大学经济学专业的薛从在毕业后选择去一家上市公司做互联网金融产品的产品经理，他认为："一个经济学专业的学生，在互联网行业发展并没有什么优势，但互联网金融产品必定和经济专业有联系，这也是用人单位所看重的。如果我能再有一些编程的基础和程序开发能力，同时熟悉互联网产品的整个流程，将专业知识和互联网所需的新技能结合发挥，将会有很好的发展舞台。"[1]如果学有余力的话，新生同学还是要尽可能多的利用课余时间学些知识和技能。知识是不会辜负人的，在大学期间，要利用宝贵的学习时间与学习资源，能多学点儿就多学点。除了本专业外，还可以选修第二专业，无论是读研还是就业都可以多给自己留出一个方向和一条道路。另外，也可以考几个对就业有帮助的证书，在面试时主动亮出与岗位相关的职业资格证书，是非常有利的。大学期间可以多参加一些社会实习实践，积累工作经验，提升自己在就业市场的竞争力。多参加集体活动，尤其是体育活动、文艺活动，培养业余爱好或文体特长，对以后就业将有意想不到的帮助。

● 回声 3
做会生涯规划的人

每当临近毕业时，总有不少同学感慨："如果时间可以倒流的话，我会选择另外的方式度过大学生活。"然而，时间不会倒流。回头看一看这些同学走过的路，不难发现他们中的许多人，都缺乏目标或是没有很好地规划他们的大学生活，往往是被动、盲目地度过对人生具有重要影响的大学时光。

1《2015 年中国高校毕业生人数再创历史新高》，参见：http://www.51edu.com/。

《羊皮卷》作者、励志大师奥格·曼狄诺说："一颗种子可以孕育出一大片森林。"同样，一个目标，一个规划可以成就一段精彩的未来。确定好人生的目标和规划，就像一艘有航行目标的船，坚定执著、步步为营。职业规划可以帮助同学们在认识自我的基础上，科学确立大学期间的发展预期、目标和道路，有效安排和管理自己的精力、时间和生活，使四年大学生活收益最大、效率最高。可以说：今天是昨天选择的结果，而今天的选择将会决定明天的生活。杰·亚伯拉罕在其所著的《发现你的销售力量》一书中提到："在确定职业方向之前，或者准备换一份工作之前，先聘请自己，为自己做一份生涯规划，并且将它当成自己的第一份工作——为了自己人生最重要的决策，聘请自己。"[2]

 延伸阅读

假如我再回到大学一年级

假如让我再回到大学重新做一年级学生，我不会像以前那样用于学习的时间达数小时之久。尽管花费了足够的时间读手里的书本，但收效不大，因为我的注意力并不集中。我了解的许多学生（我自己也属于这一类），他们把大量时间花在学习上。他们手里捧着书本，眼睛却看着窗外的花朵或沿街走过的漂亮姑娘，整个这段时间他以为自己在学习，实际上是在欺骗自己。假如我现在是一年级学生，我会努力养成注意力集中的习惯；我会更加努力地学习，但不会花费这么长时间。

假如能使我再回到大一，我会选择更多自己不感兴趣的或者是困难的事来做。人应选择与自己兴趣一致的工作，但是那些经受磨难最多，或最能与困难、逆境和挫折抗争的人才能得到最大的发展。我认识许多很有天资的人，他们通常从事最普通的职业，因为他们从来不曾学着做些难做的事。在这个到一定时候我们就得去工作的世界里，没有平坦的道路和容易的课程，我们将不得不去做许多困难的事情。现在我们应早点学会做这些事情。

像许多人一样，我现在从事的工作不见得就是上大学时计划好的。我不是宿

 2（美）杰·亚伯拉罕：《发现你的销售力量》，中国商业出版社，2006年12月。

命论者，可我相信，人们从事的工作虽在一定程度上是自由选择的，但在一定程度上也是机遇为他安排的。要是我从前曾料到，在一个根本预想不到的场合，针对一个最不熟悉的题目，自己会被邀请讲话，我早就在大学使自己得到实践的机会了。

我曾问我的一位老朋友（他现在已经是一位工程师了），如果再回到大一他会怎么过。他的回答出乎我的意料，他说："我应该学习写作，应该学习演讲，并且从一年级开始。事实上，当时我回避了每一次写作和演讲的机会，以为只有牧师或律师才需要这种训练，可如今，我每天都要为这两方面的欠缺而苦恼。我应当学习不用稿而从容地进行演讲。"

我想什么东西也不会比一个健康的体格更能帮助人们保持年轻并充满活力，帮助人们为日常生活中紧张的"战斗"做好准备。

我认为许多学科只要学好就行了，但至少有一门学科，我希望应给予足够的重视，花费些时间，尽最大的努力把它学精、学通。

一个人在以后的生活中，常常不得不匆匆忙忙地干自己的工作。只要有一回，我们曾经特意、花了足够的时间去把某项特定工作做好，也算是一种慰藉。

假如我是一名大学一年级的学生，我会比以前尽更大努力地去了解老师。在一般大一学生的思想中，大学老师似乎是一些不可接近的怪人，他们虽然知识渊博，但对单个学生缺乏理解和同情。后来我才明白，我的老师——甚至那些看起来不具人情味的老师，其实都有人情味，不仅具有广博的知识，而且具有帮助别人的热诚愿望。

我认为在学校生活中最有趣、最有益的事情就是熟识了一位老师，通过结交这位老师，我感受到了老师对我的友谊和鼓励。这件事对我的影响比大学里其他所有课程对我的影响都要大。要是我以前与那些曾教我的老师们保持更加亲密的关系的话，我不知会受到多大益处。

假如我是一名大一学生，我不会放弃同公众生活中著名人士见面的机会，我一定不会错过他们的演讲，不会白白失去以后不会再来的机会。

爱情可以等待，学习是主要的事情，但不是唯一的事情。一年级的学生通常犯这样的毛病，即除了学习之外忽略对其他兴趣的培养。要知道，十足的书呆子并不像常走出去与伙伴交往的人那样具有取得成功的可能性。致告别辞的毕业生代表往往只能干一番普普通通的事业，因为他们兴趣太窄，对人的本性缺乏了解。

（资料来源：石新明：《大学生素质拓展计划理论与实践》，中国青年出版社，2009 年）

案例 8. 应该如何正确对待创业？

场景：小研来自浙江，受家乡商品经济发达环境的影响，很想在大学期间就进行创业，"当上 CEO，迎娶白富美"。但当听到老师"创新是创业的前提，不要盲目创业"的告诫后，小研感到有些迷茫了：难道创业不应该提前做准备吗？

问题
小研应不应该从大一开始进行创业活动？

据麦可思《2017 年中国大学生就业报告》，2016 届大学毕业生毕业半年后选择自主创业的占 3%，超过 20 万人。然而理想往往丰满，现实却比较骨感。该报告显示，2013 届本科毕业生中，毕业后选择自主创业的人群中，3 年后超过一半的创业人群退出创业市场，大学生创业失败风险不容忽视。即便在创业环境较好的地区如江浙沪一带，大学生创业的成功率也只有 5% 左右。根据国际创业界的普遍规律，大学生创业由于受社会资源、实践经验、市场竞争等多重因素的影响，成功者凤毛麟角。大学生们的创业之路不仅艰辛，而且坎坷。因此，怀揣一腔创业热情的大一"小鲜肉"们，对于创业还是要慎重。[1]

1《如何打通大学生创新创业的最后一公里？》，新华网，2016 年 7 月 19 日。

● 回声1
莫要心急，厚积薄发

巨人网络集团董事长史玉柱在剑桥大学的演讲中提到，创业需要什么——创业需要亲力亲为。他发现很多成功的企业创业的初期和中期，都必须要亲自抓细节，这是至关重要的，甚至是必不可少的。对于小研而言，精力和能力是有限的。新生的主要任务是学习知识，打下基础，更多的时间和精力应该花在学习上面。如果缺乏社会工作经历和专业知识储备，过早创业可能会适得其反。马云在谈到大学生创业话题时表示："有人讲比尔盖茨大学没读完，还有杨致远，全世界也就一个比尔盖茨和杨致远，我认为这种概率不能去学，大学不读出来创业，总有一天是要后悔的，是要付出代价的。"所以同学们对待创业不应该操之过急，而应该厚积薄发。同时，举办社团可以说是一种创业的训练和彩排，正所谓"先创社、再创业"。建议同学们可以在办社团的过程中体验创业的感受。

● 回声2
冷静分析，客观评估

在"大众创业，万众创新"的时代大潮下，大学生创业既能缓解愈加沉重的就业压力，也能带动一部分民间投资。但对于大多数大学生创业者而言，基本上都是拿着父母的血汗钱或者东拼西凑借的钱在舍命相搏。创业不是请客吃饭，它是一场战役，流自己的血，也在流别人的血。所以，有创业意向的新生同学既要明确创业的目的，也要评估失败的风险。因为，对于社会而言，我们是千万分之一，而对于我们的家庭而言，可能就是百分之百。

小研同学可以结合自己的实际情况，冷静分析自己是否具备创业条件，客观地对自己进行评估。如果条件成熟，可以将创业的设想作为副业进行实践锻炼，且要为自己留好足够的失败空间。如果不成熟，可以寻求专业机构的帮助和指导，以便更合理地做好自己的创业规划。

● **回声 3**
　敢于梦想，小心行动

　　一位创业者撰写的文章《创业需要躲开四个坑：融资、跑会、孵化器和大学生》在网络上很有影响力，主要观点是：对于创业而言，这是一个最好的时代，也是一个最坏的时代。一方面，随着移动互联网快速发展及传统行业的深刻变革，释放了大量的商业机会，创业的基础设施也愈加完善。另一方面，最好的时代并不意味着创业更容易成功了。任何时代创业的风险和失败的概率都差不多，现在甚至更高。因为现在的社会变化太快了，原来创业遇到的暗礁困窘我们现在还会遇到，原来没有的陷阱我们现在又避之不及，比如融资、以吹嘘为目的的各种大会、遍地开花的孵化器、懵懂的大学生等。

　　这位创业者的观点是对充满热情甚至是激情的大学生很好的清醒剂。创业维艰，成功不易，为什么有很多商业大佬都不主张大学生过早创业呢？正是因为每一个过来人都深知个中难险。大学生心智还不成熟，缺乏更深层的社会认知和风险准备。我们只看到，社会为提高创业成功概率做了很多努力，却没有对失败建立一个保障机制。由一人或一个家庭承担失败风险是不合理的，为什么成功的成果社会共享，而失败只能一人承担？因此，同学们拥有创业的梦想是值得鼓励的，但是否要将宝贵的学习时光用于充满未知和风险的创业尝试，还需要细细思量，谨慎行事。

　　另外，创业也是需要学习和实践的。有创业梦想的新生同学可以积极参加"创青春"全国大学生创业大赛、"挑战杯"全国大学生课外学术科技作品竞赛等创新创业活动，以赛促学，以赛促创，培养提高自身的创新创业能力。上海同臣环保股份有限公司董事长张文标，2005 年进入同济大学环境学院攻读硕士学位，这期间他参与了国家"863"项目研发，并申请了发明专利"一种用活性污泥生物除铬的方法"。专利申请下来后，张文标积极探索怎样把手里的这项技术应用到实践中，甚至创办自己的企业。基于这个想法，他参加了同济大学大学生创业大赛和中国创业计划大赛，最终都获得了二等奖。在参加这两项赛事之后，更加坚定了张文标创业的决心，同时在与赛事评委交流的过程中，他也认识到了自己的创业计划还存在不足。经过几个月反复地研究琢磨后，张文标又把他的创业计划带到了全国大学生"挑战杯"的赛场，"挑战杯"是由共青团中央主导的一项全国大学生系列科技学术竞赛，一直被誉为中国大学生创新创业的试验田。在这里，张文标的创业计划受到专家们的一致好评。毕业后，张文标立刻付诸实践，创办了自己的企业。如今，张文标的公司拥有多项专利和知识产权、注册自主品牌商标。在张文标看来，创业竞赛尽管不是实战，却是实践，在步入市场之前可知水深水浅。

 延伸阅读

选择创业就是选择一种生活方式

北京航空航天大学的贾泽浩现在是浩恒征途科技有限公司的副总裁。这家研发工业级无人机的创业公司今年五月获得了创新工场的 400 万天使投资。谈到创业的初衷，贾泽浩说："团队的几个伙伴家在吉林、内蒙古的农村，当地农民给农田喷药费力费时还有中毒的危险。当时就想着用自己的知识做一款适用于大田的喷药无人机，帮助乡亲。"可创业的过程非常艰辛，合伙人曲伟男告诉记者："别看成本一两千的消费级无人机飞得也挺好，但轴距一米多、载重几十斤的工业级无人机比消费级无人机研发难度高出一大截。2012 年开始做，早先的工作常态是'996'，早九点上班，晚九点下班，一周干六天，现在都是朝九晚十二，一周要干七天。"

勤奋只是第一步，对多数初创团队来说，更大的挑战是资金问题。贾泽浩曾做过大学生旅游和高中大学衔接培训班两个创业项目，为了研发无人机，他将前两个项目所积攒的"第一桶金"全部拿出，再加上家长们的赞助，前期投入了几十万。"今年四月，创新工场的天使投资谈到第七轮，工程样机快出了，但资金快没了，当时最焦虑，因为许多创业都是在快出成果时资金链断掉失败的。所幸创新工场看好北航学生做无人机的技术优势，这个项目没有黄掉。"那些艰难时刻，贾泽浩记忆犹新。

贾泽浩说："创业是一件很苦的事情，选择创业就是选择了一种生活方式。我们就是觉得应该创造价值帮到更多的人，这比单纯赚钱要有意义得多。"

（资料来源：李博超、邓晖：《创业大学生的困惑与期待》，光明日报，2015 年 12 月 30 日）

场 景：小研同学是个"手机控"，几乎每节课都要把微博、微信、QQ、淘宝、豆瓣打开一遍，在食堂吃饭时也不停地收发信息，晚上宿舍熄灯后至少要盯着手机屏幕玩上半个小时才能入睡。一段时间以后，小研同学感到精神十分空虚，但是又感觉离开手机就不知所措、倍感焦虑。

问题

小研究竟怎样才能驾驭网络而不是被网络"绑架"？

当代青年生来就是互联网空间的"原住居民"，大部分生活在现实社会和网上社会的复合社会中。据相关媒体报道，目前有超过 8 成的大学生离开手机后会产生焦虑感；7 成的大学生会有事没事地摸出手机看看。华中师大的一项调查显示，近一半大学生手机不离身，成为"智能手机控"。14% 的受访大学生表示，如果智能手机失灵了，他们将"无所适从，离开移动的手机网络世界会很痛苦"。难怪上海交大知名教授蔡申瓯在开学典礼上向新生倡议：每天关闭手机一两个小时，体会情感的波动，学会静心的思考。这一倡议不断被推广，但大多数同学又觉得在信息化时代要做到这点很难。大学生究竟怎样做才能成为网络的主人呢？

● 回声 1
让网络充分"为我所用"

《孙子兵法·虚实篇》提出了"善战者，致人而不致于人"的策略，意思是要想取胜，就要调动敌人而不被敌人调动。大学生面对网络带来的双向影响，如何才能打"胜仗"，做到"致人而不致于人"呢？答案就是我们要全面地认识和理智地对待网络的作用。在纷繁复杂的信息网络世界里，我们要学会筛选有用的信息，自觉养成良好的上网习惯，不沉溺于脱离现实的虚拟世界，使自己不仅是网络的使用者，更是网络的建设者和真正的主人。正如一位网友所说："无用的网络信息绑架了我们太多。不管我们从事什么行业，网络上大部分信息并不是我们需要的，这些无用的信息不仅对我们无益，反而害处颇多。所以我们要找和自己紧密相关的信息，精选可以真正为自己提供正能量的信息，对其他任何的信息一律说不！"

● 回声 2
与网络适当"保持距离"

成长在信息时代的大学生，要充分认识到健康上网的重要性，自觉抵制不良信息的侵蚀，培养健康理性的上网观念。对反动、恐怖、色情、赌博、迷信等信息，要坚决地不看、不听、不信。对网络游戏、社交软件等，要合理地使用。偶尔玩玩，未尝不可，一旦沉迷，每天几小时、十几小时搭进去，既荒废学业，又浪费青春，严重者导致退学，这就因小失大、损失惨重了。一个不懂得自我管理、总是跟着感觉走的人，是很难实现道德自律的。况且，网络是死的，人却是活的，没有人会强迫谁。大学生们在身体上和心理上都已经逐步成熟起来，也应该对自己的行为负责。总之，在网络这个大染缸里，新生同学要做到"出淤泥而不染"，加强自身修养，不断提高鉴别能力。

● **回声 3**
为网络注入"青年力量"

作为学习生活的重要方式、聚集联络的重要空间、交流互动的重要平台，互联网已经与现实社会紧密融合，成为我们生活中不可或缺的一部分。因此，同社会秩序一样，它的建设、维护要靠每个成员担责尽力。有调查显示，80%的网民是青少年，80%的网络从业者是青年，以互联网为第一信息源的青少年比例高达 90%以上，青少年日益成为网络空间的主人。可以说，青年是网络生态的塑造者，有什么样的青年就有什么样的互联网。只有广大青少年充分发挥生力军作用，建设安全、文明、和谐的网络空间才具备强有力的保障。大学生作为文化程度高、思想认识深、责任意识强的群体，更应当在清朗网络空间、净化网络生态中贡献青春力量，为网络注入一股清新健康的正能量。郑州大学的李思远同学就在团中央、中国青少年新媒体协会举办的"清朗网络·青年力量——青年网络文明志愿行动"启动仪式上发出呼声："我们要'脑中有弦'，做一个清醒的上网者；要'舌灿莲花'，做一个理性的发言者；要'心中铭爱'，做一个正能量传播者。"

○ **延伸阅读**

"清朗网络·青年力量"倡议书

各位青年朋友们：

我们生长在一个互联网时代，丰富多彩的互联网世界，是我们的生活方式和成长家园。

我们也是互联网的主要使用者，是网民的主体、互联网运行发展的重要推动力量。

互联网影响和塑造着青年，青年也影响和塑造着互联网。构建清朗网络空间，让互联网成为真实便捷的知识库、温暖可靠的朋友圈、文明理性的舆论场，是我们共同的愿望，也是我们应担负起的青春责任。

让我们依法上网，严格自律，提高媒介素养。网络不能成为法外之地，人人在网上知法守法，网络秩序才有规范，网络才能健康发展。我们要自觉对网上行为负责，讲诚信、守底线、不信谣、不传谣，远离网络欺诈、网络暴力，用从自身做起的点滴努力，为法治网络、法治国家建设添砖加瓦。

让我们文明上网，传播美好，弘扬新风尚。网络不能成为文明荒原，与现实社会一样，需要坚守和传递向上、向善的精神力量。我们要积极弘扬社会主义核心价值观，传播崇尚奋斗、崇尚美德的思想观念，为励志进取点赞，为好人善举点赞，对假恶丑现象坚决说不，让我们的网络空间风清气正、充满阳光。

让我们理性上网，明辨是非，释放正能量。网络上的思想探讨本是常态，但面对当前一些片面极端的思潮、别有用心的言论，我们要拿出青年的正义感和担当精神，理直气壮地倡导正确思想、驳斥错误言论，不让网络成为消减国家发展信心、消解民族凝聚力、妨碍社会平安稳定、影响青年健康成长的负面舆论场。

清朗网络空间的建设，青年不做置身事外的旁观者，而要做勇于担当的生力军。这是因为，时代的进步中，有青年的责任；祖国的梦想中，有青年的梦想。

清朗网络空间，看我青年力量！

共青团中央宣传部

中国青少年新媒体协会

2014 年 11 月 25 日

（资料来源：刘洪侠、王文坛、李延兵：《"清朗网络·青年力量"倡议书（全文）》，中国青年网，2014 年 11 月 25 日）

生活篇

> **场**景：小研同学进入大学以后，常常感到莫名的空虚和失落。学习上没有动力，生活中没有乐趣，对任何事情都提不起兴趣，感觉"心中的太阳没电了"，尤其是大学并不是自己以前想象的那样"可以尽情放松了"。小研很困惑。

问题

小研怎么了？小研该怎么办呢？

进入大学后，有些新生同学往往会因为不适应新环境而出现内心郁闷、情绪低落，甚至身体不适等情况，这就是在新生中或多或少存在着的适应性问题。面对这些问题，大家不要害怕，只要好好调整就能够"充满电量"哦！接下来就让我们学习一下调整的方法吧。

● **回声 1**
赶走落差，培养积极的心态

步入大学，很多同学会产生心理落差，例如，"大学并非天堂"、这所大学并不是想象中那么完美、自己在同学中不再是佼佼者等。这些强烈的心理落差如果处理不当，会影响同学们的学习与生活。

任何事情都不可能是一帆风顺的，一帆风顺只能是良好的祝福和一厢情愿。央视主持人白岩松曾说："同学们锻炼自己的诸多综合素质时，排第一位的不是才华，而是有没有一颗强大的心脏。大学是培养积极心态、锻炼承受能力的关键时期。"[1] 从心理学的角度而言，积极的心态带来积极的情绪，促发积极的行动。积极的心态是大学生克服心理落差的基础，也是大学生需要培养的重要素质。习近平总书记说过："人生之路，有坦途也有陡坡，有平川也有险滩，有直道也有弯路……青年时期多经历一点摔打、挫折、考验，有利于走好一生的路。要历练荣辱不惊的心理素质，坚定百折不挠的进取意志，保持乐观向上的精神状态，变挫折为动力，用从挫折中吸取的教训启迪人生，使人生获得升华和超越。"[2] 那么大学生应当怎样培养积极的心态呢？下面的两个故事或许能给我们一些启示。

 延伸阅读

罗斯福与霍金的故事

美国前总统罗斯福的家中被盗，丢失了许多东西。一位朋友闻讯，忙写信安慰他，劝他不必太在意。罗斯福给朋友写了一封回信："亲爱的朋友，谢谢你来安慰我，我现在很平安，感谢生活。因为，第一，贼偷去的是我的东西，而没伤害我的生命；第二，贼只偷去我的部分东西，而不是全部；第三，最值得庆幸的是，做贼的是他，而不是我。"

杰出的物理学家霍金患病后，他为了家庭，为了自己的理想，果断地"站了起来"，继续了自己的研究。他自己在个人传记中谈到，他并不认为疾病对他有多大影响，他每天都陶醉在自己的世界之中，努力不去思考自己的疾病。同时，他又努力证明自己能够像常人那样生活！霍金在自己的生活中，只要能做到的事情绝

1《中国大学生的心理危机，谁来拯救迷茫的一代》，载《生命时报》，2012 年 10 月 24 日。
2《习近平同各界优秀青年代表座谈时的讲话》，人民日报，2013 年 5 月 5 日。

不麻烦别人，他很憎恨别人把自己当作残疾人，他说：一个人身体残疾了，决不能让精神也残疾。霍金的意志力是非常强大的，同时他又是一个对生活很有主见的人。他对生活永远充满了乐观和幽默的态度。在他患病后，曾有6次非常近距离地和死神交手，他都顽强地活了下来。一次霍金演讲结束后，一位女记者冲到演讲台前问道："病魔已将您永远固定在轮椅上，您不认为命运让您失去太多了吗？"大师的脸上充满了笑意，用他还能活动的3根手指，艰难地叩击键盘后，显示屏上出现了四段文字："我的手指还能活动；我的大脑还能思维；我有终生追求的理想；我有爱我和我爱的亲人和朋友……"在回答完那个记者的提问后，他又艰难的打出了第五句话："对了，我还有一颗感恩的心！"现场顿时爆发出了雷鸣般的掌声。

其实生活中总会碰到很多不如意的事情，你拥有怎样的心态与视角，就会收获怎样的心情。学会转变视角去看待生活，你会拥有更多前行的力量，世界就会很美好。

（资料来源：《罗斯福的故事5则》，《霍金的故事》，励学网，2014年5月23日）

● **回声2**
赶走消极，培养进取的心态

高中时期，老师和家长经常会说"大学就是天堂""考上大学就可以尽情放松了"等话，这让很多同学产生了大学时光可以轻松度过、尽情享受等想法。在这些思想的影响下，很多同学进入大学后发现很难适应大学生活，因为大学并不是"天堂"，努力学习仍然是大学生活的主旋律。

大学阶段是人生的转折点、起步期。习近平总书记曾说过："学生时代是人一生最美好的时光，长身体、长知识、长才干，每天都有新收获，每天都有新期待……珍惜学习时光，多学知识，多学道理，多学本领，热爱劳动，身心健康，茁壮成长"[3]。著名作家柳青曾说过，人生的道路虽然漫长，但紧要处常常只

3《习近平同北京师范大学师生代表座谈时的讲话》，新华网，2014年9月10日。

有几步，特别是当人年轻的时候。大学时期是最需要奋斗、最应该奋斗的时期，只有奋斗，我们才能学会独立、学会自律、学会学习、学会做人、学会对自己负责。奋斗的青春最美丽！因此，新生同学应端正对大学生活的认识，摒弃"天堂论""享受论"等消极思想，培养积极进取、艰苦奋斗的心态，通过奋斗适应大学、融入大学。

 延伸阅读

上苍为我留着另一扇窗

孙妍珊是澳门人，厦门大学外文学院英语语言文学系 2012 级学生。自幼身患脑瘫，至今无法自如行动。幼年时更是为了学迈步付出了常人难以体会的艰辛。"跌倒了就自己爬起来，累了就多坚持一会儿。"

也正是这种艰辛，将她打磨成了一个独立坚毅的女孩。她不仅学习成绩优异，还参加各种比赛，包括征文、演讲、英语配音、笔译等，获得了不少奖项。但她更看重体验这些比赛奇妙而紧张的过程和赛后总结所带来的精神收获。

孙妍珊，这个来自澳门的身患脑瘫的小姑娘，如今已然可以自信地站在舞台上，为改善国内残疾人生活现状而满怀激情地演讲。她说，尽管我有肢体缺陷，但我坚信，一次次从跌倒中爬起，我可以和别人一样能真正地站起来。我期待着更富有挑战和机遇的将来。

（资料来源:《中国大学生自强之星分享圆梦故事，奋斗事迹催人泪下》，中国新闻网，2015 年 3 月 21 日）

● 回声 3
赶走孤独，培养开放的心态

面对新的生活环境，培养开放心态是十分重要的。主动把心门打开，别人才能走进来；主动与别人合作，你才能得到支持、感到快乐。

学会与别人合作，积极建立新的"小港湾"。传说，有个人死后来到地狱，惊讶地看到那里放着一口巨大无比的钢锅，里面煮着各种各样的美味。可奇怪的是，地狱里的人却面黄肌瘦、愁眉苦脸地站在锅旁发呆，每个人的手里都拿着一把长柄勺子。说真的，那勺柄实在是太长了，可以用它舀到食物，却无法送回自己的嘴里！于是，他又去了天堂，同样看到了一口盛满美食的大锅和许许多多的长柄勺子。但天堂里的人们却在幸福快乐地舀着锅里的食物，然后高高兴兴地送到其他人的嘴里。可见，无助的人，是因为只看到自己的力量，而没有看到与人合作的力量。走出孤独寂寞，就要培养开放心态，主动建立与他人的关系，尝试与他人合作、共享快乐。

学会宽容，积极建立新的"朋友圈"。新东方教育集团创始人俞敏洪说，我们要学会宽容相处，收获友谊。很多同学在父母的身边长大，习惯了衣来伸手、饭来张口，父母对我们百般呵护。那些与同伴关系融洽的大学生，心态上往往以欢乐、注重学习和成就、乐于与人交往和帮助别人为主流，我们应当在宿舍、班级、社团中主动融入、乐于奉献。和情绪稳定的人交往，至少有两个可以谈隐私的知心朋友，实在没有，至少要有一个心理咨询师。[4]

总而言之，新生同学应该培养开放的心态，学会宽容、合作，主动积极地融入新的人际关系中，学会建立新的小港湾和朋友圈，只有在和谐的环境中生活才会更开心，只有在和谐的环境中才能更快速、更好地适应大学，度过心理适应期。

● **回声 4**
赶走坏情绪，培养理性的心态

新生同学在适应大学的过程中经常会感到迷茫、失落、焦虑、恐慌、羞愧甚至愤怒等，这些都是再正常不过的现象，不要因此焦虑或者紧张。新生应该学会管理自己的情绪，成为情绪的主人，真正做到我的情绪我做主！

---

4 俞敏洪：《永远保持阳光般的心态》，参见：http://blog.sina.com.cn/。

那么，应当如何管理自己的情绪呢？首先，情绪管理第一步，就是要能觉察自己的情绪是什么，是愤怒、是焦虑、是忧伤、是委屈、是失落等，建议大学生多阅读心理健康方面的书籍或向专业人士如学校的心理咨询师咨询，真正了解自己的情绪，及时排解并管理情绪。其次，接纳正常的情绪。健康情绪不是指时时刻刻处于阳光状态，而是你所表现出的情绪应与你所遇到的事件呈现出一致性。当你的情绪体验符合客观事件时，第一时间暗示自己：我现在的情绪是正常的，这样暗示，情绪压力就会下降，内心自然恢复平静。很多时候，人的痛苦并不是来源于情绪本身，而是来源于对情绪的抵触。再次，学会表达情绪。因为情绪都需要一个"出口"，适当的宣泄、健康的情绪表达有利于维护身心健康。表达的是自己的情绪，主语是"我"，如果你有时候实在控制不了，要发火，教你一个管用的小方法：倒数 8 秒。这个方法实践证明非常有用。最后，情绪管理能力需要一段时间的培养及锻炼，可以从以下几个方面来着手：尽量保持规律的生活习惯，生活规律了，情绪自然也就会规律、稳定；赠人玫瑰，手有余香，学会照顾或帮助他人，获得积极、正向的情感；培养至少两项兴趣爱好，时常听轻音乐或者大自然音乐，放松身心等等。

延伸阅读

能量层级表

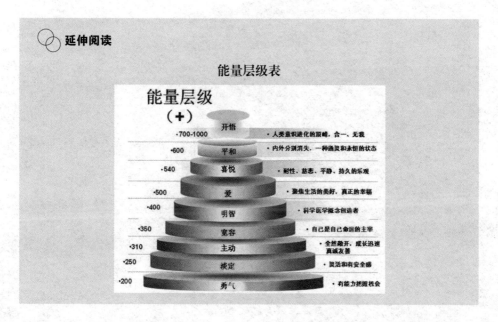

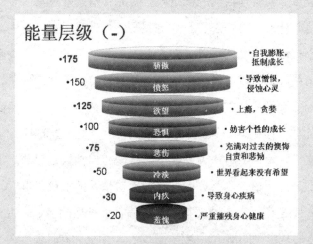

能量层级（-）

- 175 骄傲 · 自我膨胀，抵制成长
- 150 愤怒 · 导致憎恨，侵蚀心灵
- 125 欲望 · 上瘾，贪婪
- 100 恐惧 · 妨害个性的成长
- 75 悲伤 · 充满对过去的懊悔自责和悲恸
- 50 冷淡 · 世界看起来没有希望
- 30 内疚 · 导致身心疾病
- 20 羞愧 · 严重摧残身心健康

注：图为著名心理学家霍金斯博士提出的心智能量层级表，他运用一种称为 Kinesiology 的技术给予心智能量级别以量化的测量。霍金斯认为心智级别的关键反应点在 200（勇气）。所有低于这个级别的态度、思想、感觉、行为使人显得虚弱，而那些高于这个心智标度的则比较强壮，这是虚弱与强壮的平衡点，负面和正面影响力的分水岭。

案例 2. 上了大学了，你还是"小孩子"吗？

场景：小研同学是独生子女，从小没有住过校，一直在爸爸妈妈的照顾下长大，家里人都把他当作小孩，很宠爱他，除了学习之外其他事情都不让他做。进入大学后他变成了"孤身一人"，生活中所有的小事都不能亲力亲为，总是习惯性地麻烦他人。有一次小研同学又理直气壮地"指使"舍友去帮他买东西，舍友不愿意，为此两人发生了争执。

问题
小研应该如何独立生活呢？

大学，是人生成长中非常重要的一个阶段，如何把握好这短暂的时光，为人生开启光明的未来，这是每个新生同学都想了解的问题。大学是一个从被人照顾到独立自主的过程，也是一个社会化融入的过程。所谓社会化，就是我们锻炼适应社会的能力，更好地融入社会、适应社会。

● 回声 1
告别依赖，学会给自己最好的照料

大学的第一步应该从摆脱依赖、学会自立、"给自己最好的照料"开始。从出生到高中毕业，很多同学都是在家长的呵护照料下长大的。进入大学后，似乎一夜之间所有的日常琐事都要靠自己。有的同学缺乏起码的时间管理观念，难免顾此失彼；有的同学缺乏基本的生活管理能力，物品摆放毫无章法，经常找不到东西，甚至会大呼小叫谁偷拿了他的东西；还有的同学将自己的物品放在公共区域，一旦有人误用了，他们内心又充满委屈："为什么不征得我的同意，也太不见外了！"[1]

可见，提高自理能力、学会照顾自己是新生适应大学生活的第一关！对于从小习惯了"衣来伸手，饭来张口"的同学而言，要尽快转换角色，摆脱对父母、老师的依赖，树立独立生活、自主安排的意识，培养自理能力；要主动熟悉城市、校园地图，了解校园内部及周边环境，多向辅导员或学长学姐请教经验，了解哪里的饮食既好吃又卫生、小卖店既便宜又实惠、商业圈既繁华又便捷等，照顾好自己衣食住行的各个方面。当你开始尝试着自己照顾自己时，你就已经向着自立自强迈出一大步啦！

● 回声 2
敢于担当，学会尊重自己与他人

"一言不合就掰面""不开心就撂挑子"等问题常常出现在新生同学中，这些问题的根源就是责任意识缺乏，既不会尊重他人，也不会对自己负责。一个人的责任感强烈与否，很大程度上决定着其独立生活能力的形成，只有树立强烈的社会责任感，一个人才敢于面对生活挑战，独立承担责任，并很好地生活、生存下去。应该如何在逐步的成长中对自己与他人负责呢？

一是学会对自己负责。就是从每一件小事入手，学会独立思考、自主解决；就是严于律己，自觉按时完成每天的任务，培养自控力、意志力；就是学会担当，"处优而不养尊，受挫而不短志"，正确对待一时的成败得失。对自己负责

1《你给自己的独立生活打几分》，中国青年报，2013 年 9 月 3 日。

也要学会给予，心中要有他人，在有能力将分内事做好的同时，更要力所能及地帮助他人。

二是学会尊重他人。"君子和而不同"，同学们来自五湖四海，在性格、爱好等方面各有不同，因此，要学会宽以待人，学会宽容友善，在出现观点碰撞时应尊重别人的"不同"，让自己拥有更宽广的胸怀。"三人行必有我师"，每个人都有优点。因此，要用欣赏的眼光看待同学，多学习别人的优点，让自己更好地成长。对待长辈要尊重，同学们要意识到父母的不易，上大学后要树立感恩父母、回馈父母的意识，如俞敏洪所说："从今天开始所有同学不能再为父母添乱，不能再让父母有任何的担心，你带给父母的应该是喜悦和关怀。如定期给父母打电话报平安、努力学习通过奖学金获取生活费或勤工助学等方式来减轻父母的经济负担。"另外在学校中要尊重师长，如辅导员、班主任、专业课教师、教务及后勤等部门的老师，感谢他们的教导和帮助，配合他们的工作。

三是学会担当。"士不可以不弘毅，任重而道远。"国家的前途、民族的命运、人民的幸福，是当代中国青年必须和必将承担的重任。2015 年 7 月 24 日，习近平总书记在致全国青联十二届全委会和全国学联二十六大的贺信中指出："当代中国青年要有所作为，就必须投身人民的伟大奋斗。同人民一起奋斗，青春才能亮丽；同人民一起前进，青春才能昂扬；同人民一起梦想，青春才能无悔。"因此，新生同学要积极培养社会责任感，要在感悟时代、紧跟时代中珍惜韶华，自觉按照党和人民的要求锤炼自己、提高自己，做到志存高远、德才并重、情理兼修、勇于开拓，在火热的青春中放飞人生梦想，在拼搏的青春中成就事业华章。

◎ 延伸阅读

明星志愿者出自苦难磨砺

许德旺，东南大学土木工程学院 2013 级研究生。1990 年 11 月 6 出生于苏皖交界的一个偏僻乡村，3 岁时，他的父亲被卷进搅拌机齿轮，丧失劳动能力，家庭的重担落在母亲的肩上，16 岁时，他的母亲罹患胃癌晚期，最终不治而亡。母亲临终前，对他说"帮我把眼角膜捐了"。面对这样的家庭变故，他奋发自强，顽强拼搏，刻苦学习，最终考入东南大学。

或许是深受母亲这种奉献精神的影响，他对志愿服务有了一份特殊的情结。在东南大学，许德旺是最有名的志愿服务者。在校期间他倡导设立"东大土木筑梦奖学金"，开展助学活动，到准格尔旗世纪中学支教一年。

在多舛的人生里，他积极向上，成为大学里最闪耀的志愿明星。他多次谢绝社会捐赠，坚信有能力靠自己的双手让父亲过得更好。他用自己的行动诠释了"自强"的含义，是当之无愧的青年榜样。他说，爱心可以弥补遗憾，自强可以创造美好。

（资料来源：《中国大学生自强之星分享圆梦故事，奋斗事迹催人泪下》，中国新闻网，2015 年 3 月 21 日）

● 回声 3
勤学善思，永远用自己的脑袋思考

阿里巴巴集团创始人马云在杭州师范大学新生开学典礼上的演讲中说："我希望大家永远用自己的脑袋思考。脑袋是来给自己用的，不要东说好就说东，西说好就说西。永远用自己的脑袋独立思考，用自己的独立眼光去看待任何问题。任何人要去的时候，停一下，其实不差两秒钟；任何人反对时，也停一下，思考，也不缺这两秒钟。永远用自己的脑袋，永远保持今天一样，一种新生所具备的充满好奇的眼光，看待这个世界，看待边上的人。"[2]

完成从高中生到大学生的角色转换，新生同学应该学会独立思考问题。一个人如果不善于独立思考问题，那么当面对新环境、新问题时将一筹莫展、束手无策。独立思考并不等于刚愎自用，而是要善于对问题做出分析，做出正确的判断和选择。因此，从进入大学开始，同学们就要学着从日常最简单的小事

---

2 马云：《保持好奇心》，参见：http://www.lz13.cn/

做起，培养独立思考、独立选择的意识和能力，这样才能逐步形成独立生活能力，体验到自主生活的快乐。

"自由"的大学，需要独立的自我。独立，是我们需要学会的人生第一课。实现独立生活，需要告别依赖，学会对自己负责，用自己的脑袋思考，养成顽强拼搏、努力奋斗的精神。请新生同学务必记住，进入大学，我们就不再是"小孩子"了。

案例 3. 如何合理安排课余时间？

场景：小研同学的高中生活井井有条，从早学到晚，每天过得充实而有规律。进入大学以后，课程安排相对宽松，小研同学突然有了很多可以自由支配的课余时间，没有了老师、家长的安排和监督，他却不知道该做些什么了。他每天晚上玩网游到深夜，早上不能按时起床，怕上课迟到而不吃早饭，经常丢三落四，忘记该上什么课、该带什么书。总之，生活过得昼夜颠倒、乱成一团，再也不如高中那般有规律了。小研感到很迷茫。

问题
小研的大学生活怎样才能过得充实又有规律呢?

正如小研那样，中学生的生活从早上起床到晚上睡觉，每一个环节都是被安排好的，基本不需要自己去思考和规划，按照老师和家长的步调进行即可。更为重要的是，中学的大部分安排是服务于高考，当同学们从紧张的高考任务中解脱出来后，却不知道如何支配课余时间了。

● 回声 1
别让课余时间在无序中流散

从高中时的事事被安排，到大学中的事事没人管，很多新生往往会感到不知所措、无所适从，陷入了目标真空状态。相关调查表明，很多学生进入大学后，生活变得散漫、无规律，部分学生的生物钟完全颠倒，凌晨两三点甚至三四点睡觉，到了第二天中午才起床，常常是课都不去上了，加之现在的大学生中"宅男宅女"比例增多，教室、宿舍和网络几乎是生活的全部。研究发现，缺乏独立自主管理时间的能力是新生不知如何安排课余时间的主要原因。

0:00-7:00
赖床十分钟刷手机
7:30-8:00
去食堂买早饭，带去教室吃
8:00-11:30
在公卫楼上课
11:30-12:00
吃午饭，最喜欢医林餐厅的小炒和香锅
12:00-13:00
刷一集电视剧，或者看喜欢的历史书
13:00-14:00
在宿舍看书、复习功课，有时会午睡
14:00-15:30
继续在公卫楼上课
15:30-16:30
在宿舍看书、写作业
16:30-17:00
刷手机看新闻
17:00-18:00
去澡堂洗澡，然后去食堂吃晚饭
18:00-19:30
学生工作时间，处理相关事务
19:30-23:00
做项目（给老年人做电话随访）看文献、写论文
23:00-0:00
和舍友聊天、听音乐

东南大学公共卫生学院 2013 级本科生赵同学的时间安排表

　　"我的大学我做主"，新生同学应当从"新"开始，选定新方向，树立新目标，合理规划自己的课余生活，避免课余时间消耗于无序中。当然，新的方向和目标不是短期内就能决定的，不能急于求成、草率确定。当你的长期目标还未确定之前可以先确定自己的短期目标，如本学期获得奖学金、拥有部分存款、去两个城市旅游等学习目标或生活目标，并根据自己的目标认真做好学习、财务、旅行等计划，制定出专属自己的课余时间表。长期目标则需通过不断地思考和尝试，在专业课学习的基础上，结合自己的兴趣爱好和能力特长，确定一个符合自身实际的"人生梦想"，并根据自己的"人生梦想"对课余时间进行长期、系统的规划安排。新生同学要把握好生命中每一分钟，根据目标把握和支配好课余时间，将课余时间安排得井井有条，让自己的课余生活充实而有意义！下面就让我们看看优秀的同学是怎么安排时间的吧！

延伸阅读

　　进入大学后，小欢同学经过一个月的摸索，慢慢适应了大学的学习和生活节奏。"我觉得最重要的是对自己重新定位。我个人比较喜欢安静下来给自己多一些思考的时间，静下心来想自己需要什么。师兄师姐说，其实大一是不能轻易浪费的，虽然我们可以拥有很多自由去做自己想做的事情，但大学和高中有很大的不

同，不要在起点过于松懈而日后后悔。"

小特同学经过一段时间的思考，对大学生活有了明确的规划，去德国留学成为她日渐清晰的梦想。"定下目标后，我业余时间除了写校园新闻外，周日去学习德语，周二和周四修金融双学位。不管是不是梦想很丰满，现实很骨感，我都在用自己的课余时间努力。经常泡在图书馆，弥补自己大一没时间读课外书的缺憾。"小特每天的生活都很规律，早上8点半到11点半，下午2点到5点，晚上6点半到9点半，有"课"上课，没课就泡在图书馆。"为了减肥，一周1至2次去'女生之家'运动。周末偶尔跟室友做做饭、唱唱歌、逛逛街。"

（资料来源：《七成大学新生不知如何打发时间》，载《金羊网——新快报》，2012年10月16日）

● 回声 2
别让课余时间在无效中溜走

相关调查显示，当被问及"你认为浪费时间的原因"时，很多同学都有同样的回答，"空余的时间里似乎离不开手机，有时候不自觉地浏览一会儿微信、微博，看看网络直播，时间就已悄悄溜走"。对很多大学生而言，由于沉迷网络或懒惰拖延，自己珍贵的课余时间往往得不到有效的利用，精心制订的计划安排得不到有效的执行，大学生活是在稀里糊涂中度过的，不仅没有成就感，反而搞得自己精疲力竭。"明日复明日，明日何其多。我生待明日，万事成蹉跎。"为了将课余时间利用得有效率、有意义，新生同学应该学会自律，学会管理时间。

延伸阅读

相关调研显示，每天除了上课，48%的大学生有2—4小时的空余时间；43%的学生有4小时以上的空余时间；另外9%的同学有2小时以下的空余时间。有68%的学生对时间进行了规划，但未完全执行；25%的学生没有做规划；7%的学生进行了规划并且严格执行。在空余时间中，82% 的学生选择了网络休闲；52% 的学生参加学习培训；49% 的学生参加社团及各类学生组织活动；44% 的学生进行运动锻炼；27% 的学生选择社会实践；14% 的学生兼职实习；另有 4% 的学生选择其他。对于时间安排的满意程度，69% 的学生不满意；31% 的学生选择满意。

（资料来源：夏添：《大学生课余时间都去哪儿了，调研显示电子产品最耗时光》，新华网，2014 年 5 月 9 日）

"放浪不羁爱自由"是很多人的心声，可自由不是随心所欲，而是自我主宰、自我管理，实践表明，只有坚持自律才会更自由。自律即自己监督自己、自己管理自己。美国著名心理医生派克说过："所谓自律，是以积极而主动的态度，去解决人生痛苦的重要原则，主要包括四个方面：推迟满足感、承担责任、尊重事实、保持平衡。"新生同学要在课余时间中做到自律，学会管理自己的课余时间，克服自己的懒惰拖延。如何管理自己的课余时间呢？著名管理学家科维提出了一个时间管理的"四象限法则"理论，即把工作按照重要和紧急两个不同的维度进行划分，基本上可以分为四个"象限"：即紧急又重要（属于第一象限）、重要但不紧急（属于第二象限）、紧急但不重要（属于第三象限）、既不紧急也不重要（属于第四象限）。按照这个法则，新生同学应当对自己的课余时间安排进行象限划分，做到优先第一象限、投资第二象限、走出第三象限、避免第四象限。另外，要了解、找到自己状态与效率最佳的时间，例如有些人早起就神清气爽、精神抖擞，有些人一到夜深人静就文思泉涌。要将自己状态与效率最佳的时间设定为不被干扰的时间，安排处理最需要专心从事的事情和最困难的问题，确保 20% 的投入就能产生 80% 的效率，争取在有限的时间中做更多的事。

延伸阅读

1. 制订生活目标

为你的新生活新起点制定目标！生活中可以给自己设置一些空闲的时间，但绝不能漫无目的地生活。目标对有效的时间管理是很有用的，就像是大海中的航行方向，确定你生活的走向。如果你有太多的目标，那就认真地管理它们。你生活中的每一个领域都需要目标，比如学习、旅游、健身等。

每一天，你都要有一个首要的目标。对多数人来说，这是工作的目标。但是，如果你身体健康有问题，那么健康就成为你最大的目标。

2. 集中精力完成最重要的任务

应该用 80% 的时间做能带来最高回报的事情，而用 20% 的时间做其他事情。不要想一石二鸟，同时做两件事。反之，你应该事前把一天的学习、生活时间分配妥当。

3. 每时每刻铭记你的最重要的目标

如果你的目标过多，那么就每天优先完成最重要的五个目标。最好把这五个目标列一个优先顺序表，可以将事情分为重要又紧急的事情、重要不紧急的事情、不重要但紧急的事情及不重要也不紧急的事情，以此分类学会集中精力完成重要的事。树立目标后就要完成任务。如果你的目标是健康，那你就要每天锻炼身体，长期坚持下去；如果你的目标是写一手漂亮的好字，那你需要每天花时间不断练习。

4. 将大的目标转换成几个任务分别完成

你可以将每个目标分成几个步骤完成，并且给每个步骤制订时限。这样你就可以很快地完成目标。

5. 为每个任务设置一个时限

如果通常要花三个小时完成一个任务，那么，你可以将时限设置成三小时。你会惊奇地发现，你在时限内完成了任务。

（资料来源：《如何合理安排时间？十个实用的时间管理方法》，参见：http://jingyan.baidu.com）

● 回声3
别让课余时间在无趣中挥别

译坛泰斗许渊冲曾说过：生命哪，并不是你活了多少日子，而是你记住了多少日子，要使你过的每一天都值得回忆。课余时间稍纵即逝，我们要充分把握、合理利用时间，让自己的大学生活变得充实且有意义！中南大学原校长张尧学院士曾说："业余时间，建议大家多参加一些与自己兴趣有关的俱乐部活动，多了解社会，当然也可以谈谈恋爱，但要专一；可以喝喝啤酒，但不许喝多。人生路有很多，大家从现在开始就可以尝试，容许犯小错，但不要犯大错，犯了小错误还可以改正，犯了大错就没机会改正了。"[1]

每一天都是崭新的一天，新生同学要珍惜稍纵即逝的青春时光，让每天都过得有趣和有意义。那么应该如何做呢？一是培养兴趣爱好。大学的课余生活丰富多彩，各种各样的讲座、讨论会、学术报告、文娱活动、社团活动等令人眼花缭乱，新生同学可以根据自身的兴趣爱好选择参加第二课堂活动，也可以制订娱乐活动安排和假日休闲计划，你一旦制订出了既愉快又切实可行的休闲娱乐计划，那么在这一时间尚未到来之前，你的心情会是愉快而充实的，能精神振奋地投入学习之中。二是拓展综合素质。例如加入英语角练习口语、周末骑行、荧光夜跑等。目前手机中有很多趣味背单词、旅行外出、健身计划、豆瓣知乎小组等广受青年人喜爱的 app，能使你的休闲娱乐和学习工作有条不紊地交叉进行，既有意义又有意思。三是维护身心健康。爱惜身体、热爱运动，每天进行充分的锻炼和充足的休息，学会劳逸结合，使身心得到有效的放松和调适。此外，要提供给自己与心智有关的养分，利用课余时间阅读一些自己喜欢的书籍报刊，以读书为乐事，既可以排遣烦忧、愉悦性情，又可以获取知识、增长智慧。

生命就好像镜子一样，你把时间花在有趣的事上，对生活保持着极高的投入度，全力拥抱，生活也会全力拥抱你。大学，是人生旅途开启和梦想起飞的关键阶段，人生发展的许多重要东西都在这里打下基础，让我们好好珍惜大学时光，多做有价值、有意义、有趣味的事情。

---

1 张尧学:《让我们一起成长》，中南大学新闻网，2014 年 9 月 15 日。

案例 4. 如何培养健康的生活习惯?

场景：进入大学以后，没有了家长和老师的监管，小研感受到了前所未有的自由，认为终于可以做一些自己喜欢的事情了。于是，他课余时间就窝在宿舍里联网打游戏，经常玩到深夜，严重影响了睡眠，导致第二天早上起不来，别说吃早饭了，有时连课都不去上。持续了一段时间后，小研感觉天天头昏脑涨、浑身没劲、提不起精神，身体状况也明显变坏了。

 问题

小研应该如何培养健康的生活习惯?

良好的生活习惯不仅能促进人的身心健康，而且对人的未来发展有着重要的作用。大学生正处于长身体、学知识的阶段，良好的生活习惯是确保顺利、成功度过大学阶段的重要基础。因此，从一进入大学起，新生同学就该切实重视这个问题，培养良好的生活习惯，抵制不良生活习惯。

● **回声 1**
还在沉迷于你的网络世界吗?

当前，网络不仅成为大学生学习、娱乐不可或缺的工具，而且造成越来越多的"网络瘾君子"。"低头族""游戏控"等网瘾问题不仅严重影响到传统的课堂教学秩序，而且严重消耗着大学生的青春时光，严重侵袭着青年学子的身心健康和创新意识。中南民族大学校长李金林教授在 2015 年度新生开学典礼上由衷感叹："百年之前，人们躺在床榻上吸食鸦片；百年之后，青年学子趴在课堂上'低头刷屏'，历史竟惊人相似！"中科院心理研究所曾面向全国 13 所高校进行调查，结果显示，大学生网络成瘾问题日趋严峻，80%中断学业的（包括退学、休学）大学生都是因为网络成瘾，他们对于网络的依赖比高中生还要厉害。另外，一项对某市 18 所高校大学生网络使用状况的调查发现，53.9% 的大学生认为沉迷网络的现象"很普遍，我身边就有"，37.2% 的大学生认为"很普遍，但我身边极少"，8.1% 的大学生认为"有，但很少"，仅有 0.8% 的大学生认为"没有"。也就是说，大学生自己看来，网络沉迷现象非常普遍地存在着。[1]

"白天睡觉，晚上上网；饭可以不吃，但网不能不上；一天不玩就心里痒痒，像丢了魂儿似的"，这就是某高校新生徐某的校园生活。徐某在虚拟的世界里过五关斩六将，获得快慰和满足；但在现实世界中成绩却一路下滑，直逼学校规定的降级警戒线。[2] 以虚拟世界的交往代替真实的人际交往，也是目前大学生中普遍存在的现象。在学生的心目中，缺少了网络就像没有了空气一样。同时，高校辅导员和负责心理工作的老师们发现，不少沉迷网络的学生都不同程度地存在着失眠、情绪低落、心情烦躁等现象，在性格上比较内向孤僻，不善于拓展交往圈，人际沟通技能缺乏。甚至出现为买电脑以死要挟父母、为上网与社会青年发生争执而致伤、为筹钱上网而实施入室抢劫等恶劣现象。

"网瘾猛如虎"，网络游戏、网络影视虽能够帮助同学们适当缓解疲劳、释放压力，但新生同学们不应沉迷在网络之中。面对网络的诱惑，新生同学应当头脑清醒，学会自制，养成合理的手机使用习惯，避免对手机的依赖，尤其是不要沉溺于网络游戏、"追剧"，切勿因为沉溺网络而荒废学业、毁坏身体，真正把大学的时间运用得有意义、有效率，把握好生命里的每一分钟，向青春致

---

1 曹荣瑞、江林新等：《上海市大学生网络使用状况调查报告》，载《新闻记者》，2012 年。
2《沉溺网络娱乐使中国部分大学生学业受到冲击》，国际在线，2006 年 2 月 28 日。

敬。"知之真切笃实便是行，行之明觉精察便是知"，知行合一，才能止于至善。

> ◎ **延伸阅读**
>
> 　　某财经大学财管专业大一学生小明，最近突感脖子疼痛、头疼难忍。经医院确诊，小明患上了中度颈椎劳损。原来自从表舅送给他一台崭新的大屏手机后，小明视若"宝贝"，每天爱不释手，渐渐地迷上了手游，经常"鏖战"到凌晨两三点。
>
> 　　某师范大学汉语言文学专业大四学生小惠，从大一以来就特别痴迷于韩剧。因学校晚上断网，小惠白天便将视频下载到手机里，一到深夜就疯狂"追剧"。渐渐地她没了专业学习的兴趣，晚上不睡，白天不起，很多课程"能翘则翘"。偶尔怕被点名去上课时，小惠也要手持手机坐到后排，继续埋头"追剧"。临近毕业，小惠还得重修古汉语和文学史等基础课程。如此"负重"的她，比同班同学面临着更大的就业压力，海投、面试让小惠彻底身心崩溃。小惠悔悟到："唉，都是'追剧'惹的祸！"
>
> ### 世界卫生组织提出人体健康十条标准
>
> 　　——有足够充沛的精力，能从容不迫地应付日常生活和工作压力而不感到过分紧张。
>
> 　　——处事乐观，态度积极，乐于承担责任，事无巨细不挑剔。
>
> 　　——善于休息，睡眠良好。
>
> 　　——应变能力强，能适应环境的各种变化。
>
> 　　——能抵御一般感冒和传染病。
>
> 　　——体重得当，身体匀称，站立时头、臂、臀位置协调。
>
> 　　——眼睛明亮，反应敏捷。
>
> 　　——牙齿清洁，无空洞，无痛感，齿龈颜色正常，无出血现象。
>
> 　　——头发有光泽，无头屑。
>
> 　　——肌肉、皮肤富有弹性，走路感觉轻松。
>
> 　　　　（资料来源：《世界卫生组织提出人体健康十条标准》，载《中华护理杂志》，1988 年 12 月 15 日）

● 回声 2
还不早点洗洗睡吗?

大学生睡眠调研报告显示,有 90.7% 的大学生存在各种睡眠问题,其中,熬夜最常见,超过 1/3 的大学生每晚超过零点才睡觉,80% 的大学生每天睡不满 8 小时。晚睡导致的直接后果是,84.3% 的大学生有起床后犯困的现象,"晚睡——起不来——逃课"成为恶性循环。熬夜和拖延症一样,是这个时代里的瘤子,它不那么疼,但在悄悄改变着你我。熬夜,究竟是奋斗时代里的一种无奈,还是信息时代里的一种空虚,又或者这根本就是一个熬夜的时代?

大学生熬夜幕后"真凶"大起底

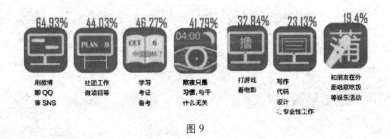

图 9

如图 9 所示,熬夜的主要原因包括习惯了、赶材料、应酬聚会、看小说、看电影、玩游戏等。也有部分同学是因为宿舍环境的影响被迫熬夜。很多同学虽已意识到自己需要早睡,但是实际上却难以实现,他们熬夜的疲惫往往被熬夜后工作、作业的完成或玩游戏、看球赛等娱乐活动带来的快感所替代。"熬夜等于慢性自杀。"专家说,长期熬夜会导致记忆力减退、注意力分散、精神萎靡等,严重者还会影响心脑血管系统、呼吸系统、消化系统等功能,进而导致器质性病变或早衰。

专家介绍,"人体的最佳睡眠时间是晚上 11 点",[3] 但是那时候不少大学生的

3《福州大学一班级发起"习大大喊你早睡"活动》,载《中国青年报》,2015 年 5 月 3 日。

夜生活才刚刚开始。习近平总书记曾说过："那个时候我年轻想办好事，差不多一个月大病一场。为什么？老熬夜。经常是通宵达旦干。后来感觉到不行，这么干也长不了。先把自己的心态摆顺了，内在有激情，外在还是要从容不迫。"[4] 可见，我们要量力而行，注重"可持续发展"。"没病不等于健康，亚健康猛于虎"，形成一种良好的作息习惯，才能拥有活力、精力充沛地走好自己的人生道路。

现在，我们就来学习"如何在宿舍里睡个好觉"。若你是"被熬夜"，那么可以为自己的"小家"安装一个可拉动的帘子，准备好耳塞、眼罩等物品，使自己远离声音与光线的干扰；如果你是"熬夜"，一定要注意舍友的感受，不干扰他人，避免给他人造成不必要的麻烦。如果你想要戒掉熬夜的坏习惯，与其仅靠自律，不如每个宿舍成员共同签署一份按时作息规章，便于互相监督，这样才更有约束力。年轻并不是随意挥霍的资本，不要觉得死亡离我们很遥远，一定要珍爱生命、重视睡眠，养成良好的睡眠习惯。

● 回声 3
还不好好吃早饭吗？

"亲，一起去吃早饭吧？"

"不去了，食堂太远，我还要多睡会儿。"

这样的对答几乎每天都在大学宿舍里上演，第一节课课堂几乎成了"餐厅"。那么大学生们的早餐状况到底是怎样的呢？一项针对大学生早餐情况的调查显示，28% 的大学生没有吃早餐的习惯，45% 的大学生也只是随便吃点就赶着上课，只有 27% 的大学生会比较重视早餐的质量与就餐时间，也就是说约三成多的学生饿着肚子上课。[5]

是什么原因造成大学生不吃早餐呢？调研显示，很多大学生因为贪睡而放

---

4 习近平：《年轻人不要老熬夜》，人民日报官微，2015 年 1 月 14 日。
5《调查显示三成大学生不习惯吃早餐》，载《广州日报》，2014 年 9 月 22 日。

弃了吃早饭。27% 的同学因起床失败没有时间吃早餐，14% 的同学因第一节没课懒得出门吃早餐，5% 的同学没有吃早餐的习惯，5% 的同学因食堂及周边早餐不合口味不吃，还有 2% 的同学倾向于因减肥等其他原因不吃早餐。可见，大学生不吃早餐很大程度上是由懒惰心理造成的，因为熬夜导致的睡眠不足也是大学生不吃早饭的重要原因。晚上熬夜造成早晨起床困难，从而影响第二天吃早餐，不吃早餐又导致白天工作、学习的效率下降，最终又导致晚上熬夜，形成恶性循环。

不吃早饭严重威胁健康。九成胆结石患者都曾不吃早饭，每天早上胆囊储存的胆汁因为缺乏营养而排不出来，容易导致胆结石。不吃早饭还易导致心血管病。人体在经过一夜后会丢失水分，如果不及时补充的话，血小板容易出现堵塞，长此以往，会带来心血管疾病的困扰。不吃早饭还会增加患胃病的风险，人体早晨的 PH 值较低，需要通过吃饭来中和。不吃早饭，智力会下降，因为大脑智力的发育主要是靠葡萄糖提供。另外，不吃早饭还容易导致肥胖。

早饭既要吃饱，更要吃好。每天早饭应该具备三大主体——主食、蛋白质以及蔬菜或水果。如果能有牛奶的话，对于人体更加有益。营养专家表示，早餐最佳时间为清晨 7 时，太阳慢慢升起，身体也渐渐苏醒。到了早上 7 时左右，胃肠道已经完全苏醒，消化系统开始运转，这个时候吃早餐最能高效地消化食物、吸收营养。早餐宜吃容易消化的温热、柔软食物，如牛奶、豆浆、面条、馄饨等，最好能喝点粥。

◎ **延伸阅读**

还在"饭后百步走"？当心坏习惯悄悄伤害你！

生活习惯与健康有着密切的关系，良好的生活习惯能铸造健康的体魄。很多人吃饱饭后习惯到户外散步，美其名曰"饭后百步走，活到九十九"。但是，有专家表示，饭后不宜立即走动，尤其会影响消化。我们应该重视饭后的生活习惯，可别影响了健康。

饭后十个坏习惯影响健康

1、饭后散步。饭后"百步走",会因为运动量的增加,影响消化道对营养物质的吸收。尤其是老年人,心脏功能减退、血管硬化,餐后散步多会出现血压下降等现象。其实,"饭后"并非指吃完饭立刻就开始散步,而是至少要休息10分钟再进行,若吃得过饱则需适当延长休息时间,并且饭后半小时内不能做剧烈运动。

2、饭后吃水果。饭后,尤其吃了比较油腻的食物后,立即吃水果不仅不会有助于消油腻、清肠胃,反而会增加肠胃负担,影响消化功能,导致消化不良。想要吃水果,需在饭后1—2个小时以后才可以吃。

3、饭后唱歌。吃饱后人的胃容量增大,胃壁变薄,血流量增加,这时唱歌会使膈膜下移,腹腔压力增大,轻则引起消化不良,重则引发胃肠不适等其他病症。因此,饭后应该休息后再K歌。

4、饭后喝浓茶。茶叶中含有大量单宁酸,饭后喝浓茶,会使刚刚吃进的还没消化的蛋白质同单宁酸结合在一起形成沉淀物,影响蛋白质的吸收。茶叶中的物质还会妨碍铁元素的吸收,长期养成饭后喝浓茶的坏习惯,容易引发缺铁性贫血。此外,饭后马上喝茶,大量的水进入胃中,还会冲淡胃所分泌的消化液,从而影响胃对食物的消化工作。

5、饭后吸烟。有人认为,饭后一支烟,赛过活神仙。事实上,这种做法对人体危害是极大的。因为饭后人体的肠胃蠕动十分频繁,血液循环也随之加快,消化系统开始了全面的运动。如果在这个时候吸烟,肺部和全身组织吸收烟雾的力度大大加强,致使烟中有害成分大量被吸收,对呼吸、消化道都有很强的刺激作用,无疑会给人体机能和组织带来比平时吸烟大得多的伤害。

6、饭后开车。饭后由于消化的需要,血液大多集中到了胃部,大脑处于暂时缺血的状态,这时开车容易导致操作失误,发生车祸。因此,饭后一小时再开车更安全。

7、饭后饮水。饭后马上饮水会稀释胃液,使胃中的食物没有来得及消化就进入了小肠,削弱了胃液的消化能力,容易引发胃肠道疾病。如果饭后喝的是汽水,那对身体就更为不宜了,汽水产生的二氧化碳容易增加胃内压,导致急性胃扩张。

8、饭后洗澡。民间有句俗话叫"饱洗澡饿剃头",这也是一种不正确的生活习惯。饭后洗澡,体表血流量就会增加,胃肠道的血流量便会相应减少,从而使肠胃的消化功能减弱,引起消化不良。

9、饭后放松裤带。很多人吃饭过量后感觉撑得慌,常常放松皮带扣,这样虽然肚子舒服了,但是会造成腹腔内压的下降,逼迫胃部下垂。长此以往,就会患上真的胃下垂。

10、饭后立刻睡觉。刚吃了饭,胃内充满食物,消化机能正处于运动状态,这时睡觉会影响胃的消化,不利于食物的吸收。同时,饭后脑部供血不足,如果饭后立即上床,很容易因大脑局部供血不足而导致中风。另外,入睡后,人体新陈代谢率降低,易使摄入食物中所含热量转变为脂肪而使人发胖。

饭后要养成的好习惯

"病从口入"这句话说得不错!如果你没有好的吃饭习惯,则可能造成经常性的肠胃不适,所以从现在开始培养"吃"的好习惯吧!

1、吃烧烤后吃根香蕉。烧烤类食品会产生较多的苯并芘等致癌物,香蕉能在一定程度上抑制苯并芘的致癌作用,有保护胃肠的功能。

2、吃得太油腻,喝杯芹菜汁。如果一餐中吃的油腻食物较多,喝杯糖分低、纤维素含量高的芹菜汁大有益处,芹菜中的纤维素可以帮助带走部分脂肪。

3、吃火锅后喝点酸奶。火锅汤温度高,配料咸辣,对胃肠的刺激大。吃火锅后喝点酸奶,可以有效保护胃肠道黏膜。此外,酸奶中含有乳酸菌,可抑制腐败菌的生长。

4、饭后喝大麦茶或橘皮水。消化不良,可以饭后喝大麦茶或橘皮水。大麦中的尿囊素和橘皮中的挥发油,可增加胃液分泌,促进胃肠蠕动,对食物的消化和吸收很有好处。

5、吃方便面后吃水果。进食方便面后吃一点水果,如苹果、草莓、橙子、猕猴桃等,可以有效补偿维生素与矿物质的不足。此外,提倡煮食方便面,煮后的面条更柔软,有利于肠道吸收水分,帮助消化。

6、吃蟹后,喝生姜红糖水。蟹肉属寒性,脾胃虚寒的人吃后可能引发胃痛、腹泻、呕吐等。吃蟹后喝一杯性温的生姜红糖水，能祛寒暖胃、促进消化、缓解胃部不适。但糖尿病患者不宜食用。

7、润肺止咳，饭后吃个柿子。柿子有润肺生津、养阴清燥的功效，对于有呼吸道疾病的人来说，是理想的保健水果之一。但柿子不能空腹吃，其中的鞣酸成分易在胃中形成结块。

（资料来源：《还在"饭后百步走"？当心坏习惯悄悄伤害你！》，载《人民日报》，2016年7月4日）

● **回声 4**
还不进行体育锻炼吗？

2011年，某校面向大一大二学生进行体能测试，结果近半数学生首轮测试不合格，例如该校计算机科学与技术学院大一新生共有390人参加测试，竟有227人未通过，通过率只有41.8%。[6] 共青团中央书记处第一书记秦宜智曾指出："现在学生很多时间用在为将来就业而拼命读书、提升自身技能等方面，另外稍有点时间就花在了网络上，很多学校体育锻炼的氛围也没有原来那么浓了，这是一个很大的问题。有知识、有本领、有文化了，但身体却垮了，尤其现在很多是独生子女，这样下去怎么得了？"中山大学教科所冯增俊教授表示，合理地安排生活作息和锻炼，是保证大学生身体健康的重要方式。他认为，国内的中小学教育模式导致很多学生不太重视体育锻炼，也没有养成锻炼的习惯，这是很大的健康隐患。[7] 那么，体育锻炼有哪些好处呢？

体育锻炼能够调节学业压力。"文武之道，一张一弛。"学习之余参加一些体育活动，不但可以缓解刻板紧张的生活，还可以放松心情，增加生活乐趣，更有助于提高学习效率。数以万计的优秀大学生的实践证明：7+1>8。在这里，7+1表示7个小时的学习加上1个小时的体育运动，8表示8个小时的连续学习。

6《大学生体能测试不合格，大多沉迷网络不爱动》，新华网，2011年12月5日。
7《我国今年数名大学生因熬夜猝死》，载《金羊网—新快报》，2012年11月29日。

也就是说，参加体育运动的 7 个小时学习比不参加体育运动的 8 个小时学习效果要好。

体育锻炼能够培育良好的品格与意志。蔡元培先生曾提出"完全人格，首在体育"，他将健全人格分为四育，即体育、智育、德育、美育。其中，体育居于首位，"凡道德以修己为本，而修己之道，又以体育为本。忠孝，人伦之大道也，非健康之本，无以行之"，还强调"有健全之身体，始有健全之精神"。共青团中央书记处第一书记秦宜智指出，体育锻炼对青少年来讲是一件非常重要的事情，通过体育活动，可以培养团队意识，可以培养不怕困难、勇于拼搏的性格，有很多好处。体育往往能够帮人树立一个目标，坚定一种意志，保持一种信念和信心，塑造一种锲而不舍的精神。

许多高校在研究杰出校友的成才规律时，都发现一个共同的现象，那就是这些杰出校友在大学期间普遍热爱体育锻炼或具备某项体育特长，并在工作以后长期保持着体育锻炼的习惯。大学新生应当将体育锻炼当作一堂必修课来对待，积极参加体育锻炼活动，积极养成体育锻炼习惯，强健体魄，砥砺意志，健全人格，全面成长。"身体是革命的本钱"，大学生要承担时代赋予的使命，做走在时代前列的奋进者、开拓者、奉献者，良好的体质是基础。

延伸阅读

为什么有体育特长的人在社会中容易取得成功？

为什么运动员出身的人在社会中往往脱颖而出？他们有难以击垮的信心和号召力。他们懂得如何去竞争，懂得团队合作。这恰恰是一个成功者应该具备的素质。

如果在孩子成绩过得去的基础上，让他们学一点符合身体特长的技能，适当多参加一些体育比赛，这将能够最大限度地拓展他们的心智禀赋，孩子会终身受益无穷。

几年前的一个场景让我至今难忘。冬天，瑞士，达沃斯，世界经济论坛最私密的会场，最高付费大佬们的专场，一帮国际大公司的企业家轮流与一拨一拨的国际政要以及个别学者见面。我被请去谈经济走势。我一进门，一惊：个个都是大高个，我 1 米 79 的个子几乎是最矮的！自我镇定了一下，我马上想起一早熟悉的事实：国际上很多领导人，都是职业或业余体育运动员出身！练体育的，大个头为主。

的确，大多数西方国家，尤其是美国领导人都有体育上的一技之长，有的曾经入选大学的体育代表队，有的是职业运动员出身：美国前任财长亨利·鲍尔森就曾是大学校橄榄球队的明星球员，IMF 主席拉加德曾是一位花样游泳运动员，世界著名的金融机构黑石集团的创始人苏世民，曾经是校长跑队的队员……

不仅是运动员容易出成就，西方的精英大学也注重培养有运动员背景的学生。我的分析是，运动员出身的人——专业运动员另说，因为他们需要异于常人的身体条件——一定具备特殊的心理素质。什么心理素质？

首先，运动员是懂得如何去竞争的一群人。体育游戏天生就带有竞争性，运动员身处其中，天生要善于竞争、喜欢竞争。

其次，运动员要懂得团队合作。即使是单人项目，如乒乓球、体操、跳水、田径等，也同样需要团队配合，因为一个团队里有教练、营养师、陪练等，只有每个环节都做到优异，才可能达到高水平的竞技状态。

只要人类社会存在，竞争和合作就是永恒的主题。这就是体育精神！人与人之间有竞争与合作，国家与国家之间也存在竞争与合作，单靠一项是无法取胜的。而运动员身上是两者兼备。

为什么运动员出身的人在社会中往往脱颖而出？他们有难以击垮的信心和号召力。一个能赢的团队一定也是经历过许多逆境的团队，不可避免有过失望、恐惧、质疑、懊恼……尤其在千变万化的比赛场上。

在竞赛落后的情况下，核心人物必须摒弃杂念，千万不能纠结在"真惨、真倒霉"的心态上，也不能妄想一举定乾坤，而是集中精力想好下一个球，才能把握住赢回来的机会。这种机会往往转瞬即逝，必须保持高度的注意力，才能捕捉到。这恰恰是一个成功者应该具备的素质。

正是因为了解运动员这些特征，国外商学院特别青睐有运动背景的学生。哈佛大学曾经做过一项调研：毕业 20 年后，哪些校友群体为母校捐款最多。结果出人意料，捐款最多的并不是学习最好的学生，反而是那些有校队背景的学生，这些学生无论当年还是现在都是最有集体荣誉感的。

牛津大学有个久负盛名的罗德奖学金，这项创立 110 多年的奖学金有四项招生标准，其中一项就是喜爱体育，最好有运动成就。他们认为，这样的人往往具备优秀的心智，是值得栽培的未来领袖。

美国最负盛名的大学联盟——常青藤联盟最早就是哈佛、耶鲁、哥伦比亚等若干所大学的美式足球运动体育联盟，而非学术评比，如奥数竞赛的联盟。而中国也曾经有过一段颇有特色的高中教育，像清华附中早在"文化大革命"前，就有约三分之一的学生加入校队，活跃于各种比赛，他们中很多人成了后来中国社会的精英。

反观中国，到现阶段我们的教育还是太关注孩子的学习成绩，太注意奥数、钢琴等。在全球化时代下，只懂得奥数，不懂得与人博弈，似乎不太能适应时代变化。

如果在孩子成绩过得去的基础上，让他们学一点符合身体特长的技能，适当多参加一些体育比赛，这将能够最大限度地拓展他们的心智禀赋，孩子会终身受益无穷。

(资料来源：李稻葵：《为什么有体育特长的人在社会中容易取得成功？》，载《南方航空 GATEWAY》，2016 年 3 月)

北京钢铁学院杰出校友的"体育代表队现象"

北京钢铁学院（1952—1966 年）的体育代表队，涌现出许多杰出校友。足球队徐匡迪曾任上海市市长、中国工程院院长、十届全国政协副主席；篮球队陈国良、足球队胡正寰、田径队柯伟、女子体操队钟掘、男子体操队关杰当选为中国工程院院士；田径队李依依、排球队叶恒强当选中国科学院院士；棒球队李敏宽曾任台盟中央副主席，曾带领中国女垒夺得第 26 届奥运会银牌，被誉为中国"女垒之父"；田径队楼大鹏曾任国际田联名誉终身副主席、亚洲田联主席，入选中国申办奥运会"十大功臣"；男子体操队冯炯华曾任宁夏回族自治区副主席，等等。这一现象，称之为北京钢铁学院杰出校友的"体育代表队现象"。

在 1952—1966 年，北京钢铁学院并不招收体育特长生，代表队的同学都是由爱好体育或体育有特长的同学组成。时任代表队团总支书记陆国市教授说:"运动员普遍头脑灵活,不怕困难,人际关系好,团队协作能力强。"叶恒强校友在回忆排球队的往事时,盛赞球队培养的团队协作精神给他的人生带来了巨大影响和帮助。李依依校友说:"体育不仅给了我们好身体,潜移默化地培养了我们的竞争意识,还使我们更团结。大家凝聚成一股向上的力量,一起拼搏。""运动使我锻炼了坚韧、好胜的品格和答应做成的事一定要做成、迎难而上的精神"。徐匡迪校友说:"钢铁学院让我在体育运动中学会了团队合作的精神,不仅给了我钢铁般的体魄,更给了我钢铁般的意志。""体育代表队现象"表明,体育对人的培养,不仅是健康身体的锻炼,更是健全人格的塑造。

(资料来源:石新明:《满井村——北科大校园人文录》,冶金工业出版社,2009年4月)

在初入大学阶段,新生同学应努力培养良好的生活习惯。良好的生活习惯会在不知不觉中,经年累月地影响着我们的行为,保障着我们的健康,助力着我们的成长。每天早起应按时吃早饭,不然,各种慢性病都会"找上门"。白天提高效率,晚上不应熬夜,保证睡眠才能有体力和精力去做更多有意义的事。坚持运动多出汗,及时补充足够的水分,保证均衡的营养,身体才能棒棒哒。健康的生活习惯何时养成都不算晚,需要的只是一颗充满毅力、坚持下去的心。培养健康的生活习惯,改变的不仅仅是生活方式,更是为自己打开一扇通向快乐与成功的"窗户"。反思一下自己有哪些不良的生活习惯需要改正吧!与其在别处仰望,不如在这里并肩。

案例 5. 大学生应当如何对待体育锻炼？

景：进入大学以后，小研以为可以做一些自己喜欢的事情了，特别是能宅在宿舍玩网游。但现实并不是想象中的那样"美好"。学校每天都有早操，每周都有一节体育课，甚至每年还有一次体测。他感到很"郁闷"：都上大学了，为什么还要那么重视体育锻炼？

问题
小研的想法对吗？新生应该如何看待并进行大学中的体育锻炼？

2013 年 9 月至 10 月，共青团中央学校部对北京、山西、山东、广东等地区部分高校学生参加体育锻炼的情况进行了抽样调查，发现了以下情况：一是大学生参与体育锻炼的时间和频率明显不足，受调查大学生平均每周体育锻炼时间为 1.6 小时，18% 的学生几乎不参加体育锻炼，43.5% 的学生每周参加体育锻炼的次数在 2 次以下；二是大学生参与体育锻炼的自主性不强，仅有 9.3% 的学生课余时间选择参加体育锻炼，而超过四成的学生选择了上网；三是大学生对于体育锻炼的重视程度不高，超过一半的学生对学校有无必要对学生进行体能测试表示"无所谓"；四是大学生对于自身体质满意度不高，仅有 27.8% 的学生认为自己身体素质较好。大学生群体参与体育锻炼的时间和频率不足、自主性不强、对体育锻炼的重视程度不高，并且不满意自身的体质状况。

可见，由于学业压力的增大、对互联网依赖程度加深、学校群众性体育活动载体不足等因素，当前大学生群体普遍存在不喜欢体育锻炼、身体素质远不如前等状况，大学生体质状况全面下降已成为不争的事实。

● 回声 1
成为青春的"不老代言"

同学们正处于朝气蓬勃的年纪，一定要去挖掘一个爱好、探索一项运动、尝试一次挑战、沉淀一种心情、收获一份回忆。当然对于运动来说，何时参与都不晚，只要你愿意更健康更快乐，它随时会为你打开大门。看看律动的广场舞大妈、热衷健身的冻龄女神、持续晨跑的六旬老人……这些层出不穷的保持着终身运动习惯的人，源于对生活的热爱、对生命的尊重和对健康的渴望。坚持运动一定是让你永葆青春的方法。

生命在于运动！何不现在就开始行动起来呢！

延伸阅读

台湾艺人张钧甯是不折不扣的运动达人，在《跟着贝尔去冒险》中（贝尔是因户外探险节目《荒野求生》名噪全球的贝尔·格里尔斯），她啃牛眼、吃蚯蚓、高空跳水、戴虫帽、捉老鼠，是名副其实的冒险女王。她参加过 2011 年的旧金山半程马拉松，跑过 2014 年台北马拉松，各种 10 公里路跑比赛不计其数，至今都保持着每周三次户外跑步的习惯。"运动很有趣，努力很久后，一定要给自己放松，下次才能跑得更多。"

台湾艺人陈意涵一次能跑十几公里，一分钟能做 57 个仰卧起坐，每到一个景点就会用倒立拍照的方式纪念，这个体脂仅有 11% 的女孩在剑桥晨跑拍摄时累得摄影师气喘吁吁。"我一直跑步，是因为，这是我现在唯一能确定我可以做好的事，看到计步器上不断增加的数字，我感到非常有成就感、满足感，更感受到自己越来越强大的意志。"

● 回声 2
找到锻炼的"神秘武器"

　　大学时期是人体发育成熟的关键时期，也是增强体质、形成运动习惯的黄金阶段，同学们不仅要进行体育锻炼，更要科学地进行体育锻炼。那么，应当如何科学锻炼呢？首先，根据身体状况适时适度进行运动。身体较好的同学在选择运动类别方面较为广泛，心肺功能较差的同学则要尽量避免剧烈运动，可以选择慢跑、游泳等较温和的运动，这不仅能在不损害身体的情况下提升心肺功能，更能逐步增强身体免疫力。同时，在运动时间上需选择最适合自己的、合理的时段。进餐后、饮酒后都不宜进行运动哦。其次，遵循运动规律科学进行运动。运动前期，准备活动不能少，主要是进行热身，防止运动损伤；运动后期，不宜立即休息，需要做放松、拉伸动作，缓解身体疲劳，提高运动水平。体育锻炼中需做到运动和适当休息结合，确保手边放着一瓶水，可以及时补充水分，及时调整身体状态，掌握好"度"。最后，着眼心理发展选择体育运动。体育锻炼不仅能够强健体魄，而且能增强心理素质。研究表明，不同的体育项目对于不同类型的性格缺陷具有良好的治疗作用。新生同学可以参考下面的"延伸阅读"，选择适合自己的运动项目。

延伸阅读

体育锻炼与心理缺陷矫治

　　孤独、怪僻者：应该多选择足球、篮球、排球以及接力跑、拔河等集体项目。

只要坚持参加这些集体项目的锻炼，就会帮助你慢慢地改变孤僻的习性，逐步适应与同伴的交往，并热爱集体生活。

腼腆、胆怯者：应多参加游泳、溜冰、滑雪、拳击、摔跤、单双杠、跳马、平衡木等项目活动。这些项目要求人们不断地克服害怕、摔倒、跌痛等各种胆怯心理，以勇敢无畏的精神去战胜困难，越过障碍。

优柔寡断者：应多参加乒乓球、网球、羽毛球、拳击、摩托车、跨栏、跳高、跳远、击剑、角力等体育活动。因为在这些活动面前，任何犹豫、徘徊都将延误良机、遭到失败；锻炼必能帮助你增强果断的个性。

急躁、易怒者：应多下棋、打太极拳、慢跑、长距离步行及游泳、骑自行车、射击等缓慢、持久的项目。这些活动可以帮助你调节神经活动，增强自我控制能力、稳定情绪，使容易急躁、冲动的弱点得到改善。

缺乏自信者：如果你感到自己做事总是担心完不成任务，可以选择一些简单易做的如跳绳、俯卧撑、广播操、跑步等体育项目。只要坚持一个时期，信心自然能逐步增强。

遇事紧张者：应多参加公开的、激烈的体育比赛，特别是足球、篮球、排球等项目。因为场上形势多变，比赛紧张激烈，只有冷静沉着地应对，才能取得优势。若经常在这种激烈场合中接受考验，遇事就会不过分紧张，更不会惊慌失措，从而给学习、工作带来益处。

自负、逞强者：可多选择一些难度较大、动作较复杂的运动，如跳水、体操、马拉松、艺术体操等体育项目，或找些实力水平超过自己的对手下棋、打乒乓球或羽毛球等，以不断地提醒自己"山外有山"，万万不可自负、骄傲。

当然，体育锻炼作为心理纠正训练内容，不是一般运动训练和娱乐游戏活动，要想达到心理转化目的，必须有一定强度、质量和时间要求：每次锻炼时间在30分钟左右，运动量从小到大，循序渐进，3个月为一个周期，至少连做两个周期以上；同时注意运动的适应征和禁忌征，防止发生意外事故。

（资料来源：吕晓春：《体育锻炼与心理缺陷矫治》，载《健康生活》，1996 年 3 期）

● 回声 3
养成运动的"魔鬼步伐"

如何养成体育锻炼的习惯呢？同学们可以尝试着这样做。选定一个目标。为自己制定一个合理可行的体育锻炼目标，比如，每天跑步半小时、健步走 1 万步或打篮球 1 小时等，让自己每天都能感受到完成目标的成就感。确定一个时间。每天留出足够的时间来进行体育锻炼，最好能根据自己的身体状况和客观条件制订出一个体育锻炼计划。减轻一个负担。每个人都有一定程度的惰性与拖延，如果运动前的准备工作能够提前做好，那么就会扫除一个不去运动的障碍，比如，每次运动完就将下一次运动的衣服、水杯等放入背包中，下次运动时拎包就走。设置一个提醒。克服拖延也可以有好办法，例如运动前 15—20 分钟为自己设置个闹铃，闹铃响起后就放下手头的事情准备运动，把它看作是一项快乐的任务，不可以掉以轻心哦！

著名的心理学家威廉·詹姆士曾说：播下一个行动，你将收获一种习惯；播下一种习惯，你将收获一种性格；播下一种性格，你将收获一种命运。可见，好习惯的力量是惊人的，每天运动或定期运动的生活习惯不仅能带来强健的体魄，更能让人终身受益。这个习惯对性格、注意力、意志力以及拖延、焦虑、忧郁上的改变能在很短的时间内（2—3 个月）就能看到效果。新生同学们，那些看似拥有高配人生、令人羡慕的人，其实是他们长期自律、长期坚持、长期自我约束的结果，相信自己，坚持运动，从现在做起，养成运动的习惯，你会收获不一样的自由、不一样的快乐。

延伸阅读

养成体育锻炼的习惯并不难，心理学研究表明，坚持 21 天，有助于形成行为习惯。如果自己进行锻炼有困难有问题的话，建议同学们组成体育锻炼小分队，小伙伴们互相监督、互相鼓励。在 21 天的时间里，每天坚持体育锻炼至少 1 小时，并把锻炼情况与收获上传到微博、微信与朋友分享，督促自己，从被动锻炼养成自觉锻炼的习惯，将体育锻炼转变为一种生活方式。正如共青团中央书记处第一书记秦宜智所说："你们踊跃参与'走下网络、走出宿舍、走向操场'主题活动，积极践行社会主义核心价值观，身体更结实了，思想更成熟了，也更积极上进了……肩负起这一时代责任，既要有强大的精神支柱，也要有强壮的身体素质。真正将体育锻炼作为一种生活方式，以坚定的理想、强健的体魄去追梦、筑梦、圆梦。"

（资料来源：《"三走"如何"走"》，中国计划出版社，2015 年 9 月）

案例 6. 应该如何管理生活费？

场景：小研同学进入大学前从来没有自己管过钱，都是父母安排他的花销。进入大学后，父母开始每个月给他打一次生活费。小研感到非常开心，在网上抢购了很多自己喜欢的商品，却变成了"时尚月光族"。"我也很奇怪，好像也没干什么呀，怎么钱就没了呢？"他还发现，身边不少女同学也这样，她们或在周末出去逛街，或在宿舍网上购物，看到喜欢的衣服就买，到了月末闹"饥荒"，常常最后几天只能吃方便面。

问题
小研应该怎样管理生活费呢？

对于大多数新生来说，以前事事靠父母，进入大学后突然要事事靠自己，似乎一夜之间就要开始独立生活了，没有一个缓冲期。尤其是在生活费的问题上，当很多新生第一次能够独立支配几百元乃至数千元时，难免会产生"一夜暴富"的膨胀感，对于钱的使用不会合理规划，"月头风光，月中清仓，月底找人帮"成为很多大学生的真实写照。

2015 年开学季，南京审计学院团委为新生推出了一份《大学生生活费预算》，将大学生生活费分成四个档次，"土豪型一个月 1500 元，小康型 1200 元，

261

温饱型 1000 元，日子还能过得下去的 800 元"。那么，你觉得自己属于哪个档次呢？为了帮助新生同学弄清楚每周需要购买什么物品，需要花费多少钱，从而制订适合自己的消费清单和预算，我们来看一下人民日报微博发布的图片吧。

延伸阅读

妈妈您看，生活费就这么没了

早餐豆浆 1.5 元，夹饼 2.5 元，共计 4 元，午饭、晚饭共 15 元，晚上饿了吃泡面 2.5 元，一个月吃饭共计 607.5 元；牙膏、肥皂、洗澡、打印课件等生活费用月计 185 元。某微博给大学生月花费算了笔账，不生病不吃药，不买衣服不理发，不逛街不参加收费活动，不谈男女朋友不请客，不吃水果不吃零食……即使坚决做到了以上几条，每月生活费还是猛超 800 元。

@王顶堤立交桥：是的，生活成本很高。

@新玉含香：现在的没是为了今后的有，不过目前的物价确实让人伤不起。

@csfy1232012：和妈妈汇报一下是对的，相互了解，相互沟通。叫我说，该省就省，但吃饭不能省。前几年看新闻说一个有志青年每天六个馒头度日，每顿两个，等发达了，发现有了胃病，后悔。

马中立：账不是这样算的，并不是所有日用品都得月月买啊。开支多少还是要看家庭收入的。

@csfy1232012：我曾经一个星期只用了 15 块钱。我认为大学生一方面要保证自己的伙食不能太差，另一方面要有不攀比的心理准备，有自我调适能力，明白自己是来大学学习本领的，自己的明天

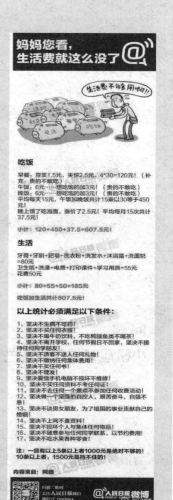

会更好，眼前的困难是暂时的。

@尹希东：再苦不能苦孩子，再穷不能穷教育。作为学校来说，应尽最大的努力降低学生的学费成本、生活成本。让他们集中精力去学习，不要为学习花费而操心太多。

（资料来源：《妈妈您看，生活费就这么没了》，载《人民日报》，2014 年 4 月 10 日）

● 回声 1
消费有"度"，量财而为

新生同学要根据自己的家庭经济情况和实际需求，对生活费进行合理支配，做到消费有"度"。相关调查数据显示，大学生的消费主要集中在基本生活费（衣、食、住、行）、学习消费（学费、书籍杂费、考证费、电脑购置费等）、休闲娱乐消费（逛街、看电影、唱歌、娱乐等消费）以及人际交往消费（人情往来、恋爱消费）等方面。在保证基本生活费、学习消费的前提下，新生要根据自己的家庭经济情况，在休闲娱乐、人际交往等方面量财而为，不要大手大脚、挥霍无度，真正让父母的血汗钱花在刀刃上。

具体而言，对于家庭经济较为困难的新生同学，要理解父母挣钱的不易，避免盲目消费、奢侈消费和攀比消费，不论交普通朋友还是交女（男）友，尽量节省，可以采用 AA 制方式。对于家庭经济较好的新生同学，要避免铺张浪费、奢侈消费。大学阶段消费水平如果超出平均水平太多，那么在将来工作薪酬不能达到在大学时消费水平的情况下，会影响到融入社会后的工作和生活，造成"高不成低不就"的情况。另外，奢侈的生活也会让大学生养成不劳而获的不良习惯，容易引发很多的心理问题。

● **回声 2**

消费有"数"，量入为出

制定消费预算、做到"收支"有数，有利于帮助新生同学养成合理的消费习惯，控制自己的消费欲望。因此，新生同学要学会制订消费预算。具体而言，可以参考本案例"延伸阅读"中的消费清单，结合自己的家庭经济情况，制订每周、每月的消费预算表，在实际生活中，尽量做到按照预算分配生活费。对于自控能力较弱的学生，可以主动建议家长按固定的周期打钱，两周一次或一月一次比较合理，这样既可以保证自己的生活质量，又可以避免不适度的消费。

另外，新生可以养成记账的习惯，认清自己的消费现状与消费偏好。现在有很多手机记账软件，比如"随手记""鲨鱼记账理财""吾记"等，设计精美，操作简单，新生同学可以下载到手机上，帮助自己养成随手记账的习惯。当然，也可以通过保留各种购物小票的方式记账。通过记账，大家可以弄清每个月的生活费都花在了哪里，从而对消费预算进行调整修改，更加合理地支配生活费用。

● **回声 3**

消费有"源"，量力而行

除了父母提供的生活费之外，大学生可以适当"开源"，增加生活费。"开源"的方式有很多，下面介绍几种主要的途径。

第一，奖学金助学。学习是大学生的本职，通过学习获取奖学金应当成为大学生"开源"的主要途径。古人云："非学无以广才，非志无以成学"，新生不论参加什么样的勤工助学活动，都应该牢记学习是中心任务。

第二，贷款助学。主要有两种途径，一种是国家助学贷款，家庭经济困难的新生可以非常方便地通过学校相关部门向银行申请，不需要办理贷款担保或抵押，但需要承诺按期还款，并承担相关法律责任。贷款最长期限为 20 年，还本宽限期为 3 年整，学生在读期间贷款利息由国家财政全额补贴。国家助学贷款资助力度和规模最大，是助学贷款的主要内容。另外一种途径是一般性商业助学贷款。这种贷款需要提供有效担保，国家不贴息。不论是哪一种贷款，都需要按照贷款合同约定进行偿还，否则会影响到贷款者的信用。值得一提的是，目前校园中有很多"快速便捷、零门槛、无抵押"的网络贷款，对此，同学们要提高警惕，辨别真伪，不能盲目相信，轻率尝试。

第三，勤工助学。在课余时间，新生可以通过参加社会兼职、企业实习等途径获得报酬。这样既能缓解"经济危机"，又能积累工作经验，锻炼工作能力，为以后融入社会奠定基础。

第四，理财助学。理财能力是大学生需要培养的融入社会的重要能力。国内首个大学生理财服务平台早点儿理财项目负责人曾说："大学期间是人生观念、生活技能形成和养成的重要时期，是理财的起步阶段，也是学习理财的黄金时期，一定要把握好机会，在消费结构、资金管理上优化配比，别让自己成为"负翁"。同时对大学生投资理财提出了建议，即 1：1：1：第一个"1"是解决学费以及自己衣食住行的日常开销，先吃饱饭才能做事情；第二个"1"指的是强制定期储蓄，也可以买一些互联网理财产品或货币基金，目的是对自己的开支有自控的能力；第三个"1"就可以考虑投资理财了。[1] 但学生的首要任务是学习，切记不要把过多的时间、精力放在投资理财上，否则就是本末倒置。大学生理财助学的具体方式主要有以下几种：一是储蓄。新生可以开个储蓄账户，采用跟银行约定零存整取的方式，每月定期从生活费中拿出一部分存入银行，或者将每个月剩余的钱全部存入银行。这种零存整取的方式对学生消费有一定约束力，有利于新生同学养成理财意识和节俭习惯。二是投资。新生同学可以利用一部分生活费进行投资，比如购买股票、基金、债券等。但是，要始终谨记，在投资市场上，收益与风险永远是成正比的，对于一些收益率奇高的投资产品，一定要慎重决策。

---

1 《早点儿理财：虚荣心推动大学生超前消费的杀机》，全球财经网，2016 年 3 月 29 日。

延伸阅读

炒股是90后大学生首要理财行为

5月3日，蚂蚁金服商学院（微博）联合清华（微博）大学发布了当代青年财商认知与行为调查报告，首度揭示了90后大学生的财商状况，封面新闻作为蚂蚁金服全国战略合作伙伴参与其中，第一时间获得调查报告结果。此次调查的5000个大学生样本中，有效回收4980个。其中，男性占47%，女性占53%；一线城市出生的大学生样本仅为12.20%。

数据一：6成大学生月消费1000—3000元

调查显示，大学生的消费随意性大，寅吃卯粮，大学生上半学期小康生活，下半学期省吃俭用的情况并不少见。近6成的大学生消费区间在1000—3000元/月之间。对比2015年全国居民人均可支配收入月均1830元，且近7成（68.8%）大学生日常购物支出是消费大头，62%大学生"休闲娱乐"也是主要消费项，均高于"自我充电"和"伙食支出"。

不过，90后大学生消费已经社会化，但理财意识还未跟上。报告显示，4成多90后大学生"消费无计划"，随心所欲，22.7%的大学生消费计划并不明晰。

数据二：6成大学生认为存钱就是理财

竟然有超过6成的大学生认为：存钱就是理财。同时，有超过5成的大学生认为"不借款，不欠债是最好的理财状态"。同时，调查发现，对于理财产品，超6成（60.2%）90后大学生接受理财产品，其中银行一般理财产品知晓度最高。90后大学生理财投资的第一大动机是积累社会经验，提升个人投资技能。此次调查显示，提升赚钱能力得到90后大学生的高度关注和认可，63.0%的大学生投资理财的动机正源于此。

数据三：90后大学生理财最爱炒股

90后大学生普遍存在金融常识储备不足的问题。大学生对理财产品利率的期望值在2%—18%区间高度均衡分布，表明大学生对理财合理收益认知存在较大分歧，导致选择上出现随意性均衡。

炒股是90后大学生首要理财行为。调查发现，4成90后大学生的理财行为是炒股。同时大学生了解金融产品的主要渠道是口碑传播和互联网化。高风险理财行为＋熟人传播，暴露大学生理财风险。

（资料来源：《炒股是 90 后大学生首要理财行为》，中国青年网，2016 年 5 月 4 日）

案例 7. 如何自觉抵制不良"校园贷"？

场景：小研同学进入大学后发现，身边同学们穿的用的一个比一个时尚，数码产品一个比一个高级，这一切让家境并不怎么富裕的他羡慕不已。为了追求时尚，他在学生代理商的"指引"下，申请了网上贷款。尝到校园贷"快速便捷、零门槛、无抵押"的甜头后，他又利用校园贷购买了苹果电脑。很快，约定的还款时间到了。由于没钱可还，又不敢跟家长提及，在催款人员的多次催促下，小研只好去好朋友那里躲了起来。让他意料不到的是，催款人员竟然把他贷款的事情告诉了家长，而且对家长进行了恐吓威胁。万般无奈之下，小研家长只好四处借款，偿还了小研的"校园贷"。小研还听说，因为偿还不了贷款，有的同学被逼自杀，有的女同学的裸照被曝光在网络上，小研感到既懊悔又后怕。

问题
小研同学应当如何防范"校园贷"的"陷阱"？

近年来，随着互联网的迅速普及，网络贷款在大学生群体中迅速"走红"。但校园网贷在带来便利的同时，也助长了一些大学生的非理性消费行为，特别是不良网贷带来的隐患和风险，导致各种乱象滋生。"欠款跳楼""裸条借贷""暴力催收"等不断上演的现实悲剧不得不引起大学生的警醒和反思。

● 回声 1
提高警惕，揭开"校园贷"的神秘面纱

　　互联网金融的普及让越来越多的人享受到了方便与快捷。随着网络借贷平台迅速崛起，一些 P2P 网络借贷平台不断向高校拓展业务，部分打着"零利息""零首付"的不良校园网络借贷平台采取虚假宣传的方式和较低贷款门槛、隐瞒实际资费标准等手段，诱导学生过度消费，甚至陷入"高利贷"陷阱，侵犯学生合法权益。

　　中国政法大学金融法研究中心主任刘少军说："经营贷款业务必须要有银监会授予的贷款资质，而校园贷款平台大多都没有这个资质，属于非法经营。因此，面对层出不穷的校园网贷平台，应当掌握基本的金融贷款知识，主动了解相关法律法规，不断增强"火眼金睛"的能力，避免被表面假象误导从而陷入困境。"[1]

　　"校园贷"是把双刃剑，用得好能助一臂之力，用不好则会负债累累。钱不在多，更不在"贷"的多，而在于能否量力而行，用好每一笔钱，这样才会"贷"出精彩。

 延伸阅读

"校园贷"风险警示

　　近日，青少年维权在线接到多起大学生朋友关于"校园贷"的咨询和求助。"校园贷"在一定程度上满足了部分同学的短期资金需求。但是，如果同学们对其风险认识和防范不足，自身权益可能受到损害，正常的学习和生活可能受到严重影响。为此，青少年维权在线特别发布"校园贷"风险警示，提醒广大同学一定要增强风险意识，理性对待"校园贷"。

1《校园网贷乱象曝互联网金融监管问题》，参见：http://b2b.netsun.com/。

低利息，高费用

大多数网贷平台在宣传校园贷产品时，都会突出"低利息"。然而，很少有同学会关注协议中除利息之外的服务费、违约金、咨询费等。有的网贷平台会通过设置烦琐的提前还款条件、逾期时故意不提醒等方式让学生支付额外费用。相关调查显示，目前网贷平台多数产品的年化借款利率在 20% 以上，所谓的"低利息"并不可信。湖南的一名大学生于 2015 年 3 月在某网贷平台借款 5500 元，实际需还款高达 7800 元，其中包括 500 元服务费。一旦逾期还款，还将产生高额滞纳金。

警示：在签署贷款协议时，一定要仔细阅读协议条款，尤其要注意协议中除利息以外的手续费、违约金等费率，不要轻信商家宣传。

越便捷，越便"劫"

一些网贷平台在申请校园贷款时只要求提供个人的学籍信息、家庭和朋友联系电话、本人证件照片，"最快 3 分钟审核，隔天放款"等博人眼球的广告更是随处可见。程序的简单化在给申请者带来便捷的同时，也给别有用心的人提供了可乘之机。有的同学碍于人情关系、"兼职"受骗等原因，用自己的身份证件替别人办理贷款。这种行为风险很高，因为一旦对方无力还款，剩余的债务就将由"被"办理人独自承担。现实中，甚至出现一些不法分子利用网贷平台的审核漏洞，盗用多名学生身份信息办理贷款的情形。江西一名大学生 L 没有问清细节便将身份证借给 A 同学办理"贷款"6000 元，结果 A 同学自己只还了 800 元，L 同学不得不每天一下课就打工挣钱来偿还余款和利息。

警示：要保管好自己的身份证件和其他个人信息，不要将证件借给他人使用。

担保零要求，催款全方位

大学生大多没有独立经济来源，稳定的还贷能力比较弱。网贷平台为什么愿意向大学生发放贷款，并且不要求提供担保或抵押呢？细心的同学应该可以发现校园贷的申请过程不论怎么简化，登记宿舍地址以及父母、朋友甚至辅导员电话等却一个都不能少。在我们了解的案例中，一旦学生贷款还不上，一些网贷平台并不会通过正当途径追款，而是采用给父母、亲友、老师群发短信、在校园里贴大字报，甚至安排人员上门堵截等威胁恐吓的手段向学生催款逼债。一名大学生的父亲在向青少年维权在线求助时写道："孩子借了钱没法还，经常有催收公司打电话催账、恐吓，压力巨大，借东墙补西墙，越陷越深。"

警示：如果已经申请贷款，一定要按时还款，如果遇到还款困难应及时向父母或老师求助，切忌同时在多家平台间互贷互还。

分期购物，质量难保

有些网贷平台针对大学生推出了分期购物功能，这和成熟的网上购物平台提供的分期付款服务是不同的。后者是为了通过多元化的支付方式吸引更多消费者，而前者本质上是以消费之名行借贷之实，借贷成本高且所经营商品的质量也难有保证。2015 年下半年，中国电子商务投诉与维权公共服务平台收到对某 Q 和某 L 分期网购平台的消费投诉就达数百起，在消费金融领域投诉案件中占了近半数。

警示：如果确有提前消费需要，可向父母说明情况预支生活费，或者向同学朋友求助。使用分期付款消费时，应选择信誉度较高的购物平台。

大学生应当树立正确的消费观念，在充分认识贷款风险的前提下，根据自己的合理需求和实际经济能力，谨慎使用"校园贷"。同学们如果遇到"校园贷"方面的纠纷，青少年维权在线将提供免费的法律咨询和法律服务。

(资料来源：《"校园贷"风险警示》，载《中国青年报》，2016 年 4 月 15 日)

● **回声 2**
理性消费，警惕攀比心理的怂恿作祟

"大学生消费攀比是不争的事实，服饰消费名牌化、饮食消费高档化、数码产品'苹果化'等在高校已经非常普遍。这种不良的消费风气，不仅给家庭造成沉重的经济负担，更使学生形成畸形观念和畸形人格。"[2] 攀比心理导致大学生超前消费、过度消费、从众消费，"剁手党"越来越多，"花明天的钱、圆今天的梦"越来越成为一些大学生的消费心理。这就给不良"校园贷"提供了可乘之机。于是，很多大学生通过"校园贷"满足自己的虚荣心，智能手机、平板电脑等装备一个也不少，名牌化妆品、名牌服饰等也应声入列……由于自制能力差、还款能力弱、风险意识低，很多大学生无意间掉进了"陷阱"。对此，中央财经大学财政金融研究中心主任郭田勇说：违约成本高，如果未按时还款，会影响其找工作。[3]

作为不具备独立经济能力的大学新生，应当要树立理性科学的消费观，碰到自己心仪的物品时，不要任性，要考虑家庭的承受能力、衡量自己的消费能力，避免情绪化消费、跟风消费、过度消费、超前消费。新生应把精力更多地集中在学业上，不要过分追求物质享受，在生活上要不羡慕、不嫉妒、不攀比、不盲从，努力提高独立思考和明辨是非的能力，做一个理性的、对自己行为负责的人，让独立生活和理性消费成为校园风尚。

 延伸阅读

增强防范意识，远离校园不良网贷

全国学生资助管理中心发出预警，提醒广大学生遇到经济方面困难需要帮助时，请及时找学校资助部门，不要轻易相信不良网络借贷平台，不要心怀侥幸，不要过度消费，努力养成勤俭节约的生活习惯。

随着网络借贷的快速发展，部分不良网络借贷平台采取虚假宣传的方式和降低贷款门槛、隐瞒实际资费标准等手段，诱导学生过度消费，侵犯学生合法权益，造成不良影响。

全国学生资助管理中心提醒广大学生，一要"擦亮眼睛"，增强防范意识，谨

2《大学新生面对新生活：消费开支别攀比人际矛盾勿隐忍》，载《法制日报》，2013 年 9 月 8 日。
3《校园网贷乱象曝互联网金融监管问题》，载《中国电子商务研究中心》，2016 年 7 月 10 日。

慎使用个人信息，不随意填写和泄露个人信息，对于推销的网贷产品，切勿盲目信任，提高自身对网贷业务的甄别、抵制能力。二要"找准组织"，上学遇到经济困难时，请及时找学校资助部门，只要上学有经济困难，国家和学校都会提供适当帮助。解决学费、住宿费问题，以国家助学贷款为主；解决生活费问题，以国家助学金为主；解决突发临时困难问题，以临时困难补助等为主；解决综合能力和生活补助问题，以勤工助学等为主。三要"理性消费"，培养勤俭意识，摒弃超前消费、过度消费和从众消费等错误观念，合理安排生活支出，不盲从、不攀比、不炫耀。

(资料来源：《增强防范意识，远离校园不良网贷》，全国学生自主管理中心，2017 年 4 月 7 日)

● **回声 3**
保持清醒，增强安全观念与法律意识

互联网时代，个人信息很容易在网络上传播，受他人利用，因此要谨慎使用个人信息，不随意填写和泄露个人及他人信息，增强保护自身合法权益的意识和能力。对于校园贷款产品，要明白"没有免费的午餐"，切勿盲目信任，更要警惕熟人推销，遇事多跟家长、老师沟通，切莫一错再错。要多了解相关法律法规，在自身权益受到侵害时及时运用法律武器保护自己。如小研提到的"裸条"，这种借贷行为本身就不合法，网贷平台通过网络向他人发送裸照，不仅严重侵犯了个人隐私，也侵犯了国家对淫秽物品的管理秩序，其行为已经涉嫌传播淫秽物品罪。我国刑法规定，传播淫秽物品罪是指以传播淫秽的书刊、影片、音像、图片或者其他淫秽物品为表现形式，扰乱国家对淫秽物品的管理秩序。传播淫秽的书刊、影片、音像、图片或者其他淫秽物品，情节严重的，处两年以下有期徒刑、拘役或者管制。向不满十八周岁的未成年人传播淫秽物品的，从重处罚。

⊙ **延伸阅读**

揭秘"校园贷"乱象，你还敢"贷"吗?

"不良贷"

主要指那些通过采取虚假宣传、降低贷款门槛、隐瞒实际资费标准等不合规甚至非法手段诱导学生贷款的平台。

典型案例与分析:2016 年 11 月，福建漳州大二学生因欠下不良校园网贷百万债务跑路。不良校园网贷往往存在费率不明、贷款门槛低、审核不严、催收手段不文明、校园代理人无资质等风险问题，应加以识别。

安全提示:要坚决抵制"不良校园贷"，不轻易使用"校园贷"，对于一些临时性资金需求应向家人或学校进行求助。

"高利贷"

根据最高法院规定，借贷双方约定年利率未超过 24%，应予支持;借贷双方约定年利率在 24%—36% 系灰色地带。若借贷双方约定年利率超过 36%，则属于高利贷，不予支持。

典型案例与分析:2017 年 3 月，福建某大学生通过校园贷借款 800 元，不料在利滚利的情况下背负的债务近 20 万元!以月息"0.99%"为噱头的校园贷分期易造成"低息"假象，加上平台服务费，实际成为年利率超过 24% 的超高利息!若缴纳滞纳金，将成为年利息超过 36% 的非法高利贷。

安全提示:了解高利贷的评判标准，以及利率、还款期限、逾期后果等信息，避免误入高利贷陷阱。

"多头贷"

主要指从多个校园贷平台进行贷款，形成一种"以贷还债"式的多头贷。

典型案例与分析:2016 年 3 月，河南某大学生在诺诺镑客、名校贷等 10 多个校园金融平台贷款近 60 万元后因过度借贷、无力偿还而导致跳楼身亡。"多头贷"的问题不仅仅在于校园贷平台是否正规，更在于从多个校园贷平台进行贷款将直接导致还款压力过大问题。

安全提示:要高度警惕因"多头贷"产生的巨额还款压力问题，大学生在抵制不良"校园贷"的同时，应尽量从相对正规的贷款平台借款。

"传销贷"

主要指不法分子借助校园贷款平台招募大学生作为校园代理并要求发展学生下线进行逐级敛财。

典型案例与分析：2017年2月，吉林破获涉150余名大学生传销式敛财类校园贷诈骗案，主人公小郑以兼职代理身份发展下线并进行逐级提成。判断传销的三个标准：是否需要上交会费；是否让发展下线；是否进行逐级提成。案例中涉案学生既是受害者又是作案人，多数学生是在并不知情和利益驱使下被不法分子利用。

安全提示：了解传销诈骗的三个判断标准，对各类以"校园贷款"名义进行的有关兼职代理保持警惕，谨防落入传销组织。

"刷单贷"

主要指不法分子利用大学生兼职心理，以贷款购物获取佣金名义进行的新型诈骗。

典型案例与分析：2016年上半年，南京陈同学受诱惑驱使从事"刷单"购手机业务，不料在成功分期购买手机后，实际使用方拒不偿还并消失。帮别人"刷单"买手机并获取佣金，但手机实际使用方拒不分期付款，此种诈骗与以往刷单兼职诈骗如出一辙。

安全提示：要高度警惕典型"贷款购物"刷单兼职骗局，求职时一定要选择正规、信誉高的单位，谨防"好心人"主动介绍工作行为。

"培训贷"

打着金融创新旗号的"培训贷"实为"校园贷"的新变种，专门坑骗涉世未深的大学生。

典型案例与分析：2017年4月，广州某教育机构以"培训课程费"为由诱骗大学生参加"即分期"贷款，致使270名学生惨遭诓骗。此类校园贷诈骗实为诈骗分子通过虚假宣传方式诱骗学生贷款缴费。

安全提示：要树立正确消费观和金钱观，增强自我保护意识，涉及校园贷款项目要三思。

"裸条贷"

主要指不法债主通过要挟借贷者（主要是女性）以裸照或不雅视频作为贷款抵押的行为，当发生违约不能还款时，放贷人以公开裸体照片或视频向借款人父母联系的手段要挟逼迫借款人还款。

典型案例与分析：2017年4月11日，福建厦门大二学生因卷入"裸条"校园贷，不堪还债压力和催债骚扰，选择烧炭自杀。"裸条贷"往往给借贷者造成心理上的压力，致使借贷人不堪其扰而采取极端做法。

安全提示：一旦陷入"裸条"陷阱，要主动向学校或公安机关报告情况。

认清"不良校园贷"的真面目后如何防范？同学们还是应该做到"三不要"：不要沾惹"不良校园贷"；不要"非理性"消费；不要"采取极端解决办法"。

（资料来源：《揭秘"校园贷"乱象，你还敢"贷"吗？》，团中央学校部微信平台，2017年5月2日）

目前国家和学校的资助政策体系已越来越完善，同学们可以在现有的资助体系下顺利完成学业（具体奖贷助为主、勤补免为辅的政策可见案例8中的回声2）。因此，新生同学要把主要精力放在学习上，平安喜乐地度过每一天，抵制不良网贷、坚决拒绝不良"校园贷"，批判和抵制那种通过消费来获得短暂满足感的庸俗低级的人生观、价值观。

场景：小研同学来自偏远地区农村，中学时成绩优异，上进好强，是全村人的骄傲。由于家庭经济困难，他上大学的学费、生活费都是亲朋好友赞助的。进入大学之后，他发现需要花钱的地方太多，面对各种同学聚会、老乡聚餐、班级出游等，他感到力不从心。为了节省花销，他找出种种借口，尽量不参加各种集体活动。无奈的是，一段时间过后，同学们开始用异样的眼光看待他，有些同学还在背后议论他，说他没有集体观念、"不合群"，甚至班级的集体活动都不通知他了，他发现自己变成了班级中的"边缘人"。他感到非常郁闷委屈，甚至变得敏感易怒，跟同学之间的矛盾和冲突也越来越多。

问题
小研应该如何正确面对"贫困"呢？

大学里总会有这样一些同学，他们经常游离于"组织"之外，很少参加集体活动。在同学眼中，他们往往我行我素、孤僻冷漠。他们希望融入班级、融入同学，但因为家庭经济条件的限制，往往选择封闭自我，渐渐成为班级中的"边缘人"。

延伸阅读

你身边有这样的"怪人"吗?

在室友眼中,张云是一个不折不扣的"边缘生"。出生在农村,家境本来就不富裕的她,因为弟弟患有乙肝需要治疗,生活更显拮据。和很多来自农村的学生一样,在张云看来,上大学就是要靠知识改变命运,"把书读好才是最重要的,其他活动都是浪费时间"。

在学校几年间,"宿舍、教室、食堂"三点一线是张云生活的主旋律,心无旁骛地刻苦学习,也让她屡获奖学金和助学金。然而尽管成绩名列前茅,同学们却更愿意用"不合群"来描述她。

"张云习惯早睡早起,总是抱怨室友睡觉太晚,影响她休息。""寝室里经常有人跟张云吵架,很多次都要到辅导员那里去调解。"说起张云,室友们都表现得无可奈何。

"那些手拿 iPhone、整天玩电脑的人,我和他们压根就不是一个世界的人。"在张云看来,自己和同学之间的矛盾根本就是不可调和的。努力上进、自尊心极强的张云在学业上出类拔萃,在社会交往上则显得自卑、敏感,她羞于承认自己的贫穷,也不想坐下来和同学解决问题,更不愿参加校园里的各项活动。"大学不属于我",张云说,别看自己成绩不错,但其实内心并不快乐,遭受挫折的时候,她甚至会激荡出极端的思想:"命运如果无法改变,生命也就没有任何意义。"

来自安徽农村的赵强曾对大学生活满怀期待,但生活习惯和观念上的差异,最终让他与室友、同学格格不入。他也曾尝试改变,忍耐、附和,也曾寻求老师的帮助,但一切都无济于事。他逐渐远离人群,孤独度过大学时光,并在第一时间逃离。他说,校园里没有温暖,只想早点离开。以下是赵强的自述。

时间久了,一些问题还是暴露出来。我不标准的普通话成了男生们模仿的对象;不太合身又有些过时的衣着,被女生们称作"小老土";一些在乡村生活养成的习惯,比如即便在教室,也会不经意地吐痰,则引来了刺耳的嘲笑声。

我和城里的孩子有太多不同。农村长大的我习惯了早睡早起,每晚十点便上床睡觉,然而室友们此时还都忙着聊天打游戏,即便上床休息也会卧谈到深夜,翻来覆去睡不着的我苦不堪言。

不间断的玩笑和恶作剧更让我难堪。刚入学时，我以为大学就是这样，随和一点儿会更快融入集体，没想到这却成了我"老实、好欺负"的标签。在我睡觉时弄怪声吓唬我，趁我上厕所时关灯……"大学为什么是这样？"我问自己，觉得不可思议。

我跟我的辅导员说，"我没办法适应大学的生活，每天心里都很难过"。于是，辅导员"给力"地将室友和同学教育了一番，于是我就连被戏弄的资格也没有了，"开不起玩笑就别一起玩啊""打小报告算什么男人"……同学们对我嗤之以鼻。从此，我的大学生活只剩下自己一个人，我不再参加任何集体活动，开始习惯独自在学校里乱逛，看着曾怀抱无限期待和憧憬的校园，觉得一切残酷又陌生。

我们应该如何对待这样的同学？

如果你身边有这样的同学，帮助，但不要"伤自尊"，请最大限度保护他的隐私，用尊重和关爱融化坚冰。如果他们遭遇冷漠歧视，有些同学可能就会变得沉默寡言、内向孤独，甚至敏感、自卑、嫉妒和自我封闭。同学们不要加深他们对贫困的恐惧和羞愧，使他们在这个问题上更加敏感，造成更大的心理负担。尽量避免给他们贴上"边缘群体"的标签。同学们平时要主动关注、关心他人，用心沟通，把工作做在日常的生活学习中，通过日常工作的点滴积累，避免这类同学被特殊对待后更有压力和不适，帮助他们重新融入校园主流文化。

复旦大学社科部教授高国希认为，"边缘化"使得大学生感受不到学校、班级、社会所给予的归属感，降低了成就动机。他们逐渐对人生和生命产生疑问，不知道人生的意义和生命的价值到底是什么，代之以对人生持消极、悲观的价值认识，采取或消极或过激的应对方式。高国希认为，大学生得到的社会支持越多，体验到的支持越强烈，就越有可能采取积极的方式应对压力。要多为弱势学生创造机会，鼓励他们参加各种有益活动，帮助他们摆脱孤僻离群的习惯和自卑感，使他们在健康活泼的氛围中成长，不至于因外部消极影响和内部心理矛盾而沉沦。

（资料来源：艾福梅、袁汝婷等：《来自角落的声音——关注大学生"边缘群体"》，载《半月谈》，2014年11月26日）

● 回声 1
请别自卑，贫困是一笔财富

由于经济条件的困难、学习基础的薄弱、综合能力的不足、生活环境的差异等，很多家庭经济困难的同学会出现自卑、失落、孤独、恐惧等情绪。宁夏大学曾对在校贫困大学生的心理状况进行了一次调查，调查结果令人震撼：73.27%的贫困生对生活状况不满意，64.51%的贫困生体会不到生活的幸福，52.53%的贫困生存在抑郁状态或抑郁倾向。因此，对于家庭经济困难的新生来说，进入大学后应当学会正确面对"贫困"。

"贫困不是耻辱，羞于贫困才是耻辱。"首先，贫困不是错误，不是心头的耻辱伤疤或脸上的罪过烙印，更不是得不到别人尊重的现实障碍，要赢得别人尊重的前提是自己尊重自己。"穷且益坚，不坠青云之志"，艰苦奋斗的精神、积极向上的态度、勤奋学习的行动才是赢得广大同学尊重的根本。其次，家庭经济困难同学所处的阶段、面临的困难都是暂时的，虽然目前由于经济条件有限，生活并不是很理想，不能像其他同学一样想吃什么、想玩什么、想买什么都"随心所欲"，但这并不代表以后不能。每个人都行走在自己的"时间轴"中，暂时的窘迫并不能抹杀日后成功的可能。最后，要勇于承认并接受家庭经济困难的客观事实，早经历贫穷意味着更早锻炼了吃苦耐劳、勤俭节约等品质，要看到积极的一面，克服自卑心理，不要因为贫困而限制自己与同学的交往、与集体的融入，更不能因为贫困而影响自己的学习和生活。

"勿慕贵与富，勿忧贱与贫；自问道如何，贵贱安足云！"新生同学要彻底摒弃自卑、虚荣等心理，积极锤炼高尚人格、优秀品质，主动融入同学、融入班级，使逆境成为人生财富而不是人生包袱，能够在这里战胜自我，在未来的人生，还有什么不能超越与突破的呢？

从贫困生到"世界记忆大师"

吴天胜出生在湛江廉江河唇镇一个贫穷的农民家庭，他家中有三个孩子读书。被广东石油化工学院（原茂名学院）录取后，他独自一人来到学校，借来的一千多元钱就是他的学费和生活费。

大学期间，吴天胜申请了国家助学贷款，同时从大一开始就做兼职。吴天胜并没有因为贫穷而感到自卑，他说："父母能把我送到这里读大学，已经是给我最好的礼物了。"他经常对自己说："穷不要紧，但要有骨气！"

大学梦得以成真，吴天胜立志要用功读书，但由于底子差，加上记性不好，大一时竟有三门功课"亮红灯"。他告诉自己，成功来自自己的努力。大二时，他就毅然选择了考研。

在图书馆里，他偶然看到一则新闻，介绍的是西方国家兴起的一种脑力运动，可以开发大脑，提高记忆力，快速提升学习成绩。从那开始，吴天胜对脑力运动很感兴趣，可是他并没有记忆的天赋，智商也不出众，但他有恒心、能坚持，甚至把宝贵的考研时间也放到日复一日的自我训练中。经过不断地自我摸索，他终于总结出一套记忆方法，练就了记忆本领。

一个偶然的机遇，吴天胜报名参加了央视举办的《状元360》之记忆王大赛。没想到，他竟然打败了名牌大学的学生并夺得冠军。

从北京回来，吴天胜变成了学校的名人，还有很多企业要和他合作。此时此刻，他决定放弃考研与合作机会，出国参加世界脑力锦标赛。

这在常人看来是不正常的想法：一个穷得连温饱都成问题的普通大学的学生，竟然想代表国家出国比赛？一个没有教练的学生，想跟专业的选手争雌雄？但是他并不畏惧，坚信自己能行。

在学校的大力支持下，吴天胜成功地挑战了记灯泡和记数字两项吉尼斯世界纪录。从那时起，他更加努力地训练记忆力，继续着图书馆、饭堂、宿舍三点一线的生活。

2007年9月，吴天胜到巴林参加素有"大脑运动的奥林匹克"之称的世界脑力锦标赛。"我们要克服的不仅是大赛经验不足、比赛规则研究不深，还要克服时差和高达50度的热带沙漠气候……这不仅是脑力的比拼，更是体力、耐力、毅力、心态等全方位的较量。我们面对的选手经验丰富，有的是几次的世界脑力锦标赛的总冠军得主，有些是现有的多项世界纪录的保持者。"吴天胜说道。

吴天胜的强项是马拉松数字项目比赛。"该项目的比赛时间是下午，而且需要经过大概3个小时的比拼，比赛还没开始，很多人已经因上午脑力和体力的损失而受不了，但是我告诉自己，这是一个很好的机会。"最终，他在众多优秀的世界选手中脱颖而出，成为全球最年轻的世界记忆冠军，也是亚洲唯一一名拿到"世界记忆大师"称号的在校学生。

为了让更多人摆脱记忆之苦，轻松学习，吴天胜决定把他的方法传授给别人，让更多的人受益。2008年吴天胜毕业后，在广东创立了一家教育机构，开始创业组建专业讲师团队，在全国各地一步步地推行自己的研究成果。

目前，吴天胜期待实现自己的一个心愿：让更多中国人的大脑"富"起来！

（资料来源：《从贫困生到"世界记忆大师"》，载《中国青年报》，2014年9月22日）

● 回声2
请别担心，家庭经济困难的学生都能上得起大学

党中央、国务院高度重视家庭经济困难学生的资助工作。2016年4月15日，国务院总理李克强在高等教育改革创新座谈会的讲话中强调，"注重推动教育公平，继续对农村和贫困地区学生上重点大学实行倾斜，让更多困难家庭孩子能够受到良好教育，在平等竞争中拥有上升通道、释放创造潜能"。

近年来，普通高校学生资助政策体系不断健全，以国家奖学金、国家励志奖学金、国家助学金、国家助学贷款和勤工助学等多种方式并存的资助体系，切实保障不让一位学生因家庭经济困难而失学，让每一位家庭经济困难学生都享有平等接受高等教育的机会。在政策内容上，以奖贷助为主、勤补免为辅。一"奖"。本、专科生有国家奖学金和国家励志奖学金，研究生有国家奖学金和

学业奖学金。二"贷"。有生源地和校园地国家助学贷款两种，本专科生、研究生都可以申请。三"助"。本科生和研究生都有国家助学金。除了国家级奖、助学金之外，各地各高校还设有各级各类奖学金、助学金。四"勤"。本、专科生可以利用业余时间从事高校提供的勤工助学，研究生可以申请从事助教、助研或助管的"三助"岗位津贴。五"补"。有路费和生活费补助，有特殊困难补助、伙食补贴等，有毕业后应征入伍或基层就业的学费补偿贷款代偿政策，还有退役士兵学费资助政策。六"免"。包括师范生免费教育政策、家庭经济困难学生学费减免政策、新生入学"绿色通道"等。[1]

⊘ **延伸阅读**

资助无缝衔接，尽管放心上学

问1：每年有多少大学生可以获得国家资助？

答：各级各类资助政策的大门，向每一位家庭经济困难的学生敞开。据统计，全国普通高校每年约有 3700 多万人次获得资助。以 2013 年为例，全国 2600 多万普通高校在校生中，一是近 1/3 获奖学金。770 多万人获包括国家奖学金在内的各级各类奖学金，占在校生的 29%。二是近 1/3 获助学金。700 多万人获包括国家助学金在内的各级各类助学金，占在校生的 27%。三是 1/10 获国家助学贷款。265 万人获国家助学贷款，占在校生的 10%；330 多万人获国家助学贷款财政贴息，占在校生的 12.6%。四是 1/10 新生通过"绿色通道"入学。2013 年秋季学期，74 万新生通过"绿色通道"办理入学，占当年本专科生新生总数的 10%。五是 1700 多万人次获其他各类资助。其中，1100 多万人次获特殊困难补贴和伙食补贴，310 多万人次获勤工助学，24 万人获学费减免，20 万人获新生入学项目资助，10 万多毕业生获学费补偿贷款代偿，8 万多师范生享受免费教育，140 万人次获其他资助，等等。平均下来，每位在校生可获得 1.4 人次资助。

问2：拿到录取通知书的家庭经济困难新生可申请哪些资助？

答：每年 6 月，财政部、教育部都要印制数百万份《高校学生资助政策简介》

1《"奖贷助勤补免"为梦想护航，贫困生放心上学》，人民网，2014 年 9 月 1 日。

《高校学生及家庭情况调查表》，让每一所高校随录取通知书一起寄到每一位新生手中。新生在了解国家资助政策后，如实填写调查表，经当地乡镇或街道民政部门核实、盖章后，据此申请办理入学前和入学时的资助项目：

一是路费和入学后短期生活费有困难的，可申请中西部家庭经济困难新生入学资助项目。这是中央财政利用中央专项彩票公益金设立的，向中西部地区考入全日制普通高校的家庭经济困难高中应届毕业生，一次性补助入校报到的交通费及入学后短期生活费。可以向当地县级教育部门申请办理，也可以直接向原就读高中申请。经认定、评定后，每生可获得省内 500 元、省外 1000 元的一次性补助。

二是缴纳学费和在校期间生活费有困难的，可申请生源地信用助学贷款。目前，大部分省份均已开办生源地信用助学贷款，覆盖全国 30 个省份、86% 的区县。大多数学生可以在线提出申请或在就读高中提出预申请，经当地民政部门或所在高中审查盖章后，到县级学生资助中心签订《借款合同》，领取贷款受理证明，入校时由学校帮助办理贷款确认回执手续。每人每年最高贷款额度本专科生不超过8000 元，研究生不超过 12000 元，在校期间的利息由财政全部补贴。

三是无法缴纳学费、住宿费的新生，还可通过"绿色通道"先行办理入学。家庭经济困难新生一时筹集不齐学费和住宿费，首先可通过学校开设的"绿色通道"按时报到；入校后再向学校申报家庭经济困难，由学校核实认定后采取不同措施给予资助。

问 3：可以通过哪些渠道进行政策咨询和问题投诉？

答：为畅通群众信访渠道，方便广大高校学生及其家长了解学生资助政策，反映资助政策落实不到位等问题，教育部全年开设统一监督举报电话：010-66092315、66093315。每年 8 月 15 日—9 月 15 日，在新生入学期间专门开通了高校学生资助工作热线电话，每天从早上 8 点开通到晚上 8 点。同时，教育部还通过门户网站设置的政策咨询专栏答复相关咨询，学生和家长也可通过信函方式反映资助政策执行有关问题。在校生可以到学校学生管理部门咨询及办理手续。除教育部门外，个别金融机构也开设了咨询电话，如国家开发银行全年开通 95593 热线电话，想了解国家开发银行助学贷款业务的学生可拨打咨询。

问 4：在校期间，哪些人可以获得哪些国家奖助政策？

答：包括高职学生、第二学位学生在内的全日制普通高校本专科生，以及纳入招生计划的全日制研究生，都可以申请获得以下三类奖助项目：

一是家庭经济困难的，可获得国家助学金。这是助困类资助项目，由中央和地方财政共同出资设立。全国平均 20% 的本专科生可获得；从 2014 年秋季学期开始，凡是纳入全国普通高校研究生招生计划的所有全日制研究生都能获得。资助标准是本科生每生每年平均 3000 元，硕士生不低于 6000 元，博士生不低于 1 万元。国家助学金由学校按月发放，用于解决在校期间的基本生活支出。

二是特别优秀的，可申请国家奖学金。这是奖优类资助项目，由中央财政出资设立，每年奖励 4.5 万名特别优秀的研究生和 5 万名特别优秀的二年级及以上本专科生。奖励标准是每生每年本专科生 8000 元，硕士生 2 万元，博士生 3 万元。国家奖学金属于一次性奖励，与目前的学费标准相当、甚至有节余，获得者可以基本解决在校期间的学费支出。

三是家庭经济困难且品学兼优的，可申请国家励志奖学金或学业奖学金。这是奖优助困相结合的资助项目，由中央和地方财政共同出资设立。国家励志奖学金面向二年级及以上、品学兼优、家庭经济困难的本专科在校生，3% 的本专科生每生每年可获得 5000 元奖励。研究生学业奖学金从 2014 年秋季学期起设立，用于奖励支持学业成绩优秀、科研成果突出的家庭经济困难研究生更好地完成学业，每生每年硕士生不超过 1.2 万元，博士生不超过 1.8 万元。励志奖学金和学业奖学金都可以用来解决在校期间的学习费用问题。也就是说，对于家庭经济困难的学生来说，在获得国家助学金以后，还可以通过勤奋学习，申请获得国家奖学金或国家励志奖学金、学业奖学金，基本解决在校期间的学费、住宿费、基本生活费或学习费用等支出。

问 5：这些国家奖助政策需要怎样的程序获得？

答：每年秋季学期开学后，都由各高校统一组织国家奖助学金评审工作。

一是本人申请。有意参评国家奖助学金的学生，都可以向所在院系提出申请，填写提交申请审批表并附相关证明材料。

二是资格认定。申请国家励志奖学金、学业奖学金和国家助学金的学生，需要通过家庭经济困难学生的资格认定。其中，本专科生国家奖学金和国家励志奖学金在同一学年内不能同时申请获得。

三是综合排名。申请本专科国家奖学金的学生，原则上学习成绩排名与综合考评成绩排名在评选范围内都要位于前 10%，若其中一项或两项排名超出前 10%，但均在前 30% 以内，只有在其他方面表现非常突出的情况下，才可以申请国家奖学金。

四是两级公示。院系将通过组织答辩、民主评议等方式进行初评，形成推荐名单报学校审定。为保证评审结果公开、公正，国家奖助学金评审一般实行院系和学校两级公示，公示期间学生如有异议，可向相关部门申诉。

问 6：除获得国家奖助学金之外，高校学生在校期间还可以通过哪些渠道获得资助，以及如何获得资助？

答：一是部分师范生，可以享受免费教育政策。如果是北京师范大学、华东师范大学、东北师范大学、华中师范大学、陕西师范大学和西南大学 6 所教育部直属师范大学，以及部分地方试点师范院校的师范生，在校学习期间，可以享受免除学费、免缴住宿费，并补助生活费的政策。

二是家庭经济困难的学生可通过申请校园地国家助学贷款，解决学费问题。家庭经济困难的全日制普通高校本专科生和研究生，可以通过本校学生资助部门向经办银行申请办理校园地国家助学贷款。贷款额度本专科生每人每年最高不超过 8000 元，研究生每人每年最高不超过 12000 元。随着生源地信用助学贷款的大力发展，大部分省份已停办校园地助学贷款业务。如要办理校园地国家助学贷款，可先与就读高校联系，咨询是否能够办理校园地国家助学贷款。

三是应征入伍的在校生可申请学费补偿贷款代偿，解决学费和还贷问题。应征入伍服义务兵役的高校在校生，对之前在校期间缴纳的学费或获得的国家助学贷款，可在应征报名时登录大学生征兵报名系统，在线申请一次性补偿或代偿，经学校审核盖章和县级征兵部门盖章后，由学校帮助办理。退役后自愿复学或入学的（高考录取后保留入学资格直接入伍学生），入学报到时向学校提出学费减免申请。本专科生每人每年最高不超过 8000 元，研究生每人每年最高不超过 12000 元。

四是退役士兵，可享受学费资助。对退役一年以上，考入全日制普通高校的自主就业退役士兵给予学费资助。本专科生每人每年最高不超过 8000 元，研究生每人每年最高不超过 12000 元。从 2014 年起，退役士兵学费资助将采取"先免后补"方式，即各高校要先免除符合资助条件的退役士兵学生应资助的学费，待审核后，中央财政按程序将退役士兵学费资助资金拨付给相应高校。

五是学有余力的可申请勤工助学和"三助"岗位津贴，改善学习和生活条件。学生在学校组织下，利用课余时间，通过自己的劳动取得合法报酬，用于改善学习和生活条件的社会实践活动。本专科生原则上每周不超过 8 小时，每月不超过 40 小时，每小时酬金不低于 8 元人民币。

六是除此之外，还可以申请校内设置的各种资助项目。包括高校利用从事业收入中提取的资助资金以及社会团体、企事业单位和个人捐助资金等设立的校内奖学金、助学金、困难补助、伙食补贴、校内无息借款、减免学费等。

（资料来源：《全国学生资助管理中心负责人就普通高校家庭经济困难学生资助问题答记者问》，教育部网站，2014 年 9 月 1 日）

● 回声 3
请别郁闷，正确面对心理落差

巨大的心理落差源于家庭经济贫困的现实以及与其他同学之间的比较。这是正常的情绪反应，不必郁闷或过度自责，要学会接纳。如果你因此而不愿与他人交往，变成了浑身是刺的刺猬，过度敏感他人的话语，过度拒绝他人的好意，从而导致紧张的人际关系，让自己成为"边缘人"，那么你就要重新审视并积极调整改变自己了。

"天将降大任于斯人，必先苦其心志，劳其筋骨，饿其体肤，空乏其身，行拂乱其所为也，所以动心忍性，增益其所不能。"面对贫困，新生同学应积极乐观，不要郁闷悲观，要将其作为磨砺意志的重要平台，将其转化为努力奋斗的不竭动力。相信即使风浪再大，不懈的努力、坚强的意志、身边的朋友都将会引领你到达彼岸，途中请不要忘记抬起头欣赏落日的余晖、碧蓝的海水或是偶尔光顾的海鸥。

案例 9. 应当如何正确认识与预防艾滋病？

场景：小研无意中听同学说起，有位成绩优异的本专业大四学长因为得了艾滋病退学了，对于患上艾滋病的缘由有人说是抽血时不小心感染，也有人说他是"同志"。大学校园里竟然有同学感染艾滋病毒，竟然还发生在身边，小研感到害怕和困惑。

问题

小研应该如何正确认识与预防艾滋病呢？

近年来，我国青年学生艾滋病疫情上升明显，尤其是北上广等一线城市的高校，都已不再是一片净土。

● **回声 1**
象牙塔中的艾滋病，离你并不遥远

截至 2015 年 10 月底，我国报告现存活 15—24 岁的青年学生艾滋病病毒感染者和病人 9152 例。中国疾病预防控制中心性艾中心主任吴尊友透露，近 5 年来，我国 15—24 岁大中学生艾滋病病毒感染者年增 35%，且 65% 的学生感染在 18—22 岁的大学期间。在全国艾滋病新发的 11.5 万病例中，大学本科生病例超过 3500 例，新发病例增速高于普通人群。[1] 年轻的大学生，不再是艾滋病防控人群中可"忽略"的群体。象牙塔中的艾滋病，离你并不遥远。

延伸阅读

1981 年，艾滋病首次在美国被发现，艾滋病医学全名为"获得性免疫缺陷综合征"（Acquired Immuno deficiency Syndrome，AIDS），是因感染人类免疫缺陷病毒(Human Immuno deficiency Virus，HIV) 所致的严重细胞免疫功能缺陷、合并感染和选择性肿瘤的一种致命性传染性疾病。因为 AIDS 发音和"艾滋"相似，因此中文将其称为"艾滋病"。

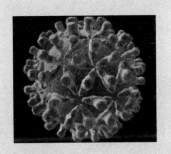

艾滋病病毒被分为两种类型：HIV-1 型和 HIV-2 型，根据不同的类型还会有各自的亚型，在不同地区流行的亚型是不同的。HIV 的致病机理就是通过攻击人体免疫系统的中枢细胞——T4 淋巴细胞，使机体丧失天生的免疫功能。因此，HIV 并不会引发任何疾病，机体也不会单单因为艾滋病而死亡，通常都是由于机体无法抵抗各种疾病，最后因感染其他疾病而死亡。艾滋病病毒的潜伏期可长达十二三年，在感染艾滋病后，艾滋病症状出现前的这段过程被称为艾滋病病毒感染，被感染的人被称为艾滋病病毒携带者或感染者，艾滋病主要是通过血液传播、性传播、母婴传播三种形式。

（资料来源：《世界艾滋病日》，中国疾病预防控制中心，2015 年 10 月 19 日）

● 回声 2
同性性行为是大学生感染艾滋病的主因

大学生艾滋病疫情主要以性传播为主，主要是男性同性性转播。央视主持

1《聚焦世界艾滋病日：中国防艾抗艾如何实现三个"零"》，中国新闻网，2015 年 12 月 1 日。

人、中国红丝带基金形象大使白岩松透露说，2011 年艾滋病确诊病例中，通过同性性传播而得病的比例为 38%，异性性传播比例为 47%。到 2015 年，同性性传播比例上升至 55%。那么大学生中的情况是怎么样的呢？ [2]

从 2014 年和 2015 年 1—10 月的相关数据来看，大学生新增感染艾滋病病例中，同性性行为造成的感染占 82%。另外，感染艾滋病病毒的男女学生性别比是 11 : 1。自 2008 年以来，女学生感染艾滋病病毒的报告人数每年都稳定在五六十人。而男男同性恋造成艾滋病病毒感染的增长幅度却很大，直接导致 2011 年到 2015 年 10 月间的学生艾滋病感染人数年均增长幅度达到 49%。 [3]

典型案例

小袁从小就觉得自己更喜欢和男孩在一起，高中开始他在网络、手机的交友软件上结识了一些同性朋友，后来和一个通过网络认识的大哥生活了三个多月。18 岁大一那年，小袁的扁桃体发炎严重到需要就医，经过检查医生告诉他感染了艾滋病，并且按照小袁当时留下的家长电话，把这个噩耗告诉了他的爸爸。当时，小袁和父亲都不清楚艾滋病到底是什么，"认为是种绝症，最多只能活十年，特别绝望。"他说，当时最害怕的就是让同学们和学校发现。但大二那年，学校还是从相关部门知道了他的情况，劝小袁退学，也是为了更好的治病。之后，小袁从山西老家来到了北京，可是一直没有去找工作，因为他怕办健康证需要检测艾滋病。

（资料来源：《高中生参加同学聚会被同性强暴感染艾滋病毒》，参见：http://hn.qq.com/）

延伸阅读

艾滋病的传播途径主要有以下几种：

（1）性接触传播：感染者与同性、异性之间的性接触都可能会传播艾滋病。艾滋病感染者的精液或阴道分泌物中有大量的病毒，在性活动时很容易造成器官黏

---

2 《近 5 年大中学生艾滋病毒感染者年增 35%》，载《齐鲁晚报》，2015 年 12 月 1 日。

3 章正、朱立雅：《为什么高校学生群体艾滋病感染率连年增长？》，中青舆情检测室，2015 年 11 月 27 日。

膜的细微破损，这时，病毒就会乘虚而入，进入未感染者的血液中。值得注意的是，由于直肠的肠壁较阴道壁更容易破损，所以危险性更大。

（2）血液传播：输入被病毒污染的血液，使用了被血液污染而又未经严格消毒的注射器、针灸针、拔牙工具，都是十分危险的。另外，如果与艾滋病病毒感染者共用一只未消毒的注射器，也会被留在针头中的病毒所感染。

（3）母婴传播：如果母亲是艾滋病感染者，那么她很有可能会在怀孕、分娩过程中或是通过母乳喂养使她的孩子受到感染。艾滋病传播必须同时具备三个条件，即有大量的病毒从感染者或病人体内排出；排出的病毒要经过一定的方式传递给他人；有足量的存活病毒进入正常人体内。

总之，艾滋病虽是不治之症，但可以预防。以下途径不会传播艾滋病病毒：公共场所的一般接触、日常的生活接触、礼节性接吻和拥抱、蚊虫叮咬等，大学生们应通过参加知识讲座、学习宣传单、宣传图册等方式掌握相关医学知识，正确认识、预防艾滋病。

（资料来源：孙震：《近年艾滋病以性传播为主》，载《中国青年报》，2015 年 9 月 28 日）

● 回声 3
行动起来，向"零"艾滋迈进

艾滋病这么可怕，那么大学生应当怎样正确预防艾滋病呢？

一是确保安全性行为。江苏省疾控中心性病、艾滋病门诊部朱银霞医师说："大学生虽然是知识群体，但缺少预防艾滋病和避孕常识是不争的事实，许多同学不知道危险性行为会传播艾滋病。"[4] 无知者无畏，许多"男同"发生性行为时不知道采取防护措施，有的同学爱面子，明知有风险，但为了表示对对方的忠诚也不戴安全套。使用安全套是性生活中最有效的预防性病和艾滋病的措施之一。因此，无论是对于异性恋还是同性恋，安全性行为的首要方式就是使用安

---

4 《江苏去年 140 多名大学生染艾多是"男同"》，载《新华日报》，2015 年 9 月 15 日。

全套。另外，大学生还应提高防范意识，不涉足色情场所，不要轻率地进出某些娱乐场所，更不要轻率尝试"一夜情"，任何时刻都应保持强烈的预防艾滋病意识，不要存在任何侥幸心理。

二是注意输血安全。大学生不要到不正规的地方献血，更不要卖血，最好到正规的采血点献血，这样，才能有效预防感染艾滋病；另外，注意输血安全，不到医疗器械消毒不可靠的地方，特别是个体诊所打针、拔牙、针灸、手术；不用未消毒的器具穿耳孔、文身、美容等。

三是拒绝毒品。吸毒是传播艾滋病的另一个途径。大学生一定不要碰毒品，很多吸毒者往往共用吸管或者是针管，容易造成艾滋病毒快速传播。另外，不与他人共享剃须刀、牙刷等，尽量避免接触他人体液、血液，对被他人污染过的物品要及时消毒。

权益篇

案例 1. 如何维护自身的饮食权益?

场景:来自南方的小研考入了一所北方的大学,入学之初很难适应食堂饭菜的口味。更令小研不解的是,食堂饭菜不算好吃,价格却并不便宜,但在学校食堂就餐是最经济、最方便的选择。某天,小研在食堂就餐时,惊讶地发现了饭菜中的异物。他马上向食堂工作人员投诉,但他们却冷漠地回复:"食堂的饭菜就是这样。"小研感到非常气愤。

问题

小研同学应该采取什么措施,才能促使学校食堂饭菜更可口、更便宜、更卫生?

我国高校遍布大江南北,同学们来自五湖四海,地域之间的气候差异、生活差异常常使得新生在短时间内难以适应。就饮食而言,除了饭菜口味需要适应外,新生可能还会面对饭菜价格不合理、质量不到位等问题,而后者可能在一定程度上侵害新生同学的合法权益。

● 回声 1
沟通方式畅不畅，让理性打通对话渠道

　　新生同学遇到饮食权益方面的问题时，应当尽可能保持客观、冷静，保留证据，避免冲突，努力通过以下途径理性解决问题。

　　一是通过食堂"值班经理"沟通。很多高校团委联合后勤部门，选聘优秀学生担任食堂"值班经理"。"值班经理"主要负责学生的饮食权益维护，并参与食材采购、食品加工等流程的监督等。因此，新生同学可以向"值班经理"反映问题，通过"值班经理"代表维护自己的合法权益。

　　二是通过伙食管理委员会维权。很多高校团委或学生会设有伙食管理委员会，主要职能是代表和维护同学饮食方面的正当权益。伙食管理委员会有权对食堂伙食的质量、价格、卫生等方面进行监督和检查，提出合理的建议，并有权揭发、检举、制止损害同学就餐利益的行为，并建议有关部门予以处理。因此，新生同学可以通过伙食管理委员会维护自己的合法权益。

　　三是通过特定平台反映问题。利用学校的有关特定平台，如"3.15"权益日、校长信箱、"我与饮食经理面对面"、食堂服务月等，如实反映饮食方面的问题或提出合理的建议。当然，新生可以直接向所在高校团委或学生会反映问题，通过共青团或学生会组织维护自己的合法权益。值得一提的是，"青年之声"互动社交平台已在很多高校开通，是共青团组织反映青年呼声、回应青年诉求、维护青年权益、服务青年成长的重要渠道和网络阵地，新生同学的需求困惑和权益问题可以通过"青年之声"进行反映和解决。

　　四是直接向学校主管部门投诉。当遇到服务态度、饭菜口味、卫生条件等问题以及食物变质、过期等情况时，新生同学也可以直接向学校后勤管理部门反映。

● **回声 2**
解决办法多不多，让吐槽变得可爱有用

食堂饭菜，被同学们戏称为"中国第九大菜系"。食堂容易被吐槽是由诸多因素造成的，总体来说可归纳为以下几个方面：其一，我国大部分高校食堂属于公办性质，不以营利为目的。基本宗旨是保证食物供给，保障教育教学顺利进行。在"既要使同学们吃好，又要控制价钱"的条件下（例如某市教委的要求，食堂要保证三不变，即"品种不许少、价格不许涨、质量不许差"），食堂供应的品种以基本菜系为主，一般来讲是高档菜 30%、中档菜 50%、低档菜 20%。其二，校园学生人数众多，来自五湖四海，所谓众口难调，加之大批量生产，口味难以把握，且学生在校时间较长，长时间的菜系口味不变容易使学生失去新鲜感。其三，食堂工作人员日复一日的工作，难免会出现厌烦情绪，碰到问题时，态度不佳、服务不周也是有的。综合以上因素，食堂往往成为同学们"吐槽"的一块主要阵地，其实食堂也是"在枷锁下跳舞"，面对吐槽，食堂也实属不易。

2017 年 3 月，一位中国农业大学植物保护学院的本科生运用自身专业知识写给校长的电子邮件悄然走红网络。他在邮件中写道："倒不是这虫有多恶心，只是对食堂做菜的卫生情况产生了怀疑。希望有关部门多多督促食堂吧。足丝蚁尸体，我已采集，若不服，可来辩。"事发后中国农业大学食堂对事情做出了迅速回应与解决。总之，同学们的"吐槽"不是最终目的，真正目的在于通过"吐槽"或者维权行为促进学校食堂提高管理水平，从而保障同学们能够吃到放心、可口的饭菜。

 延伸阅读

中国人民大学学生伙食委员会正式成立

2015 年 1 月 7 日下午，中国人民大学学生伙食委员会成立大会暨一届一次全委会在学生活动中心多功能厅召开，大会宣读了校团委《关于成立中国人民大学学生伙食委员会的决定》和《关于批准中国人民大学第一届学生伙食委员会组成人员名单的决定》，并向委员代表颁发了任命书，表决通过了《中国人民大学学生伙食委员会章程》。第一届学生伙食委员会包括委员 49 名、信息员 569 名，委员来自全校 23 个学院，信息员涵盖了全校所有本科、研究生班级。

中国人民大学学生伙食委员会是在学校党委和团委指导下的全校本科生、研究生参与的监督学校餐饮伙食工作的学生组织，以"来自同学、服务同学"为组织原则，承担代表广大同学监督、调研、协调学校后勤餐饮伙食问题的工作任务。

为加快完善面向学生的餐饮伙食服务意见沟通机制，提高广大同学对后勤餐饮伙食服务的满意度，根据学校"1420"行动计划部署和学校领导指示精神，校团委、校学生会、校研究生会于 2014 年 10 月启动了中国人民大学学生伙食委员会的组建工作，先后开展了组织架构、运转机制、外校伙食调研及组织章程征求意见等多项前期准备工作，并通过"学院推荐、学校审核"的方式遴选了第一届学生伙食委员会委员、信息员。

中国人民大学学生伙食委员会的成立是中国人民大学深化学生权益服务保障工作的一个新起点，也是中国人民大学维护学生权益、保障学生生活、促进校园和谐的一次积极尝试。中国人民大学学生伙食委员会将立即制订工作计划和目标，迅速落实各项工作，筹备开展调研活动，以高效地运转、扎实的工作推动学校后勤餐饮伙食服务水平的不断提升。

（资料来源：《中国人民大学学生伙食委员会正式成立》，人大新闻网，2015 年 1 月 9 日）

场景：小研对大学的住宿条件非常满意。唯一令他苦恼的是，开学以来经常有各种各样的推销人员直接进入宿舍推销东西，不仅有在校学生，还有校外人员。有一次室友出门忘记锁门，等下课回来之后，小研发现自己包里的几百元现金不见了。

问题
小研所遇到的问题应该通过什么途径加以解决呢？

宿舍是大学生最主要的生活场所，也是最容易发生盗窃案件的场所。一旦出现财物失窃，不仅会影响大学生正常的学习生活，而且会给大学生带来心理和经济上的沉重负担。财物失窃固然令人着急、惊慌，但着急、惊慌之余，我们应该学会冷静、合理处理问题。

● 回声 1
独立，从保管自身财物做起

新生的财物安全防范意识需加强。大一新生普遍缺乏独立生活的意识和能力，体现在宿舍生活中，就是对个人财物缺乏基本的管理保护能力。因此，新生入学初期，往往是宿舍财物失窃的高发期。为保障宿舍财物安全，新生同学应养成良好的安全防范习惯。比如手机、笔记本电脑、钱包等贵重物品，不要随意乱放。即使只离开宿舍几分钟，都应把钱包、手机带在身上或者锁进抽屉，切不可因为宿舍里有人就随意乱放。休息时间要关门，不要把宿舍钥匙给陌生人，可在宿舍门口放置一个收集传单的盒子。当遇到入室推销手机卡、生活用品等外来人员时，要提高警惕、加强防范，必要时向宿舍管理人员反映情况。

● **回声 2**
   冷静，从处理突发情况开始

当发现自己的财物丢失时，新生同学切不可惊慌失措，冷静处理才是最佳策略。首先，要保护好现场。很多同学发现财物丢失后，往往急于乱翻床铺、抽屉、箱子等地方。这种做法是不可取的，会对盗窃现场造成破坏，不利于日后的案件侦破。正确的做法应该是：立即保护现场，第一时间向学校保卫部门报案，耐心等待保卫人员到来。一般情况下，学校保卫部门会及时赶赴现场处理，并视情况与公安机关联系。同学们也可直接拨打"110"，向公安机关报案，报案时要迅速、简洁、准确地告知案发地点、案情以及自己的姓名、电话等信息。其次，要做好补救工作。在保卫人员或警察完成现场勘查工作后，同宿舍同学应该尽快检查自己的物品，如发现银行卡、存折、手机等物品被盗，应立即联系银行和相关支付机构，办理挂失手续。最后，要配合做好案件侦破工作。学校保卫部门和公安机关会根据情况向失主或有关人员了解情况，制作《询问笔录》。反映情况时要实事求是，仔细回忆财物失窃的前后经过和具体细节。

● **回声 3**
   长大，从丢东西的那刻开始

习近平总书记曾指出："青年在成长和奋斗中，会收获成功和喜悦，也会面 301

临困难和压力。要正确对待一时的成败得失，处优而不养尊，受挫而不短志，使顺境逆境都成为人生的财富而不是人生的包袱。"也许我们已经十八岁了，但面对独立的生活或许还没有完全做好准备。失而复得，是一种惊喜；失而不得，则是一种常态。独立生活之初，同学们要清楚所有的事情并不是一帆风顺的，丢失的东西大抵是找不回来的，与其陷入无限的悲伤之中，不如积极行动并从中汲取经验教训。面对人生的一些"意外"，同学们要时刻调整自己的心态，并感激它的出现，因为我们的长大，也许就是从我们丢东西的那一刻开始的。

延伸阅读

学生公寓人员多、流动性大、出入频繁，因此，宿舍内不宜存放贵重物品和大量现金，个人物品要妥善保管。在自习室和图书馆等学习场所也可能发生盗窃事件，所以大家要增强财物保管意识。

一、大学校园里容易被盗的物品

1. 现金、存折和汇款单等。

2. 贵重物品。如：笔记本电脑、iPad、手机、移动硬盘等，有自行车的同学也要格外小心自己的车子。

3. 护肤品、衣物及书包等生活用品和学习用具。

二、大学盗窃案常见案发地点

1. 学生宿舍。宿舍是最容易发生盗窃的场所之一，现金、贵重物品、生活用品主要放在宿舍里。

2. 教室、图书馆、食堂、操场、浴室等公共场所。学生的物品放在书包里，书包放在教室、图书馆、食堂等公共场所，人离开时，极易被盗。

三、常见盗窃手段

1. 顺手牵羊。往往在你不注意的时候小偷将你的财物顺手偷走，当你发现时为时已晚了。

2. 乘虚而入。这种作案方式往往发生在天热或串门时。宿舍门虚掩甚至大开，给犯罪分子可乘之机。

3.撬门扭锁。这种方式是明目张胆地盗窃，发生盗窃事件后应保护现场，及时报警。

4.其他手段。除了上述几种比较常见的方法，还有的小偷会用翻窗入室、小猫钓鱼（就是用竹竿勾衣服）和其他的方法行窃。

四、盗窃分子的主要作案时间

1.上课期间。上课期间宿舍内无人，极易给盗窃分子可乘之机。

2.夏秋天气炎热之季。门窗大开，为盗窃分子大开方便之门。

3.新生入学、老生毕业之际。宿舍内流动人员较多，学生忙于入住或离校，警惕性放松，也容易发生被盗。

4.放假前后。放假前，学生精力集中在学习上；放假期间，宿舍内人员很少，犯罪分子撬锁作案较多；开学后，学生带来现金较多，稍有疏忽，也易被盗。

五、预防盗窃的方法

1.树立安全防范意识，做到人离门关。

2.妥善保管个人财物，随身携带贵重物品。手提电脑可以进行加锁。现在市面上比较流行手提电脑链条锁，锁端由密码或者钥匙控制，美观且实用。

3.安全使用寝室钥匙，不得私借他人。

4.严防非法促销，谨防上当受骗。

5.在教室、图书馆看书时，在食堂吃饭时，不要用书包占座，不在书包里放现金、贵重物品、钥匙。

6.随手锁车，严管车辆。

7.自觉遵守宿舍制度，服从宿舍管理。

（资料来源：朱以财：《学生宿舍安全注意事项与防盗知识》，中国大学生在线，2012年12月14日）

场景：小研同学发现，学校地理位置较为偏僻，附近没有商场超市，购买日常学习生活用品只能去校内唯一的一家超市。经过几次购物体验后，小研发现学校超市的部分商品明显比外边贵，但去外边购买又非常不方便。面对学校超市的"离谱"高价，小研感到无可奈何。

问题

小研对于校内超市不正常的商品价格应该怎么办？

校园作为一个小社会，涵盖了诸如超市、水果店、打印店、理发店等消费场所，给校内师生的学习、工作生活提供了方便。但不可否认的是，部分校内经营主体利用地理位置、货源单一等优势，在校园内形成价格垄断，令不少师生感到不公甚至愤慨。

● **回声 1**
理性看待，区别解决

现实生活中，垄断经营现象随处可见，大学校园也不可避免。面对如此情况，新生同学需要学会理性对待。在市场经济条件下，商品价格的高低取决于供求、竞争等多种因素，只要是正常经营中的成本增加，并且没有出现侵害消费者权益的经营行为都是合法的、正当的。如果校园个别商家因为地理位置优越、货源单一等优势垄断经营、恶意涨价，侵害了师生的合法权益，那么，我们就要通过合法手段来反映问题、解决问题。具体而言，可以采取如下措施。

一是直接与商家沟通。首先要弄清具体情况，确认是否因为标签出错、商品错放等问题造成价格异常。在与商家沟通过程中，要以善意的提醒为主，并注意方式和语言，避免产生矛盾而将事态扩大。

二是向学校团组织或学生会组织求助。服务青年是共青团的工作生命线，维护青年合法权益是共青团的重要职能。因此，新生同学要把校内各级团组织作为遇到困难时想得起、找得到、靠得住的"贴心人"。学生会是学生自己的群众组织，合理有序地表达和维护同学正当权益是学生会的基本职责，因此，新生同学遇到权益受侵害的情况后，可以直接向学生会反映情况（学生会一般都设有权益部等部门）。

三是向学校相关管理部门投诉。校内的经营机构一般都由学校后勤部门管理，新生同学可以直接向学校后勤部门投诉。

延伸阅读

为了切实解决广大消费者"投诉难"的问题，及时、方便、快捷地受理消费者诉求，1999 年 3 月 15 日，国家工商行政管理总局在原信息产业部的大力支持下，在全国统一开通了 12315 消费者申诉举报专用电话。全国各级工商行政管理机关以 12315 电话为依托，建立了以现代信息技术为主要手段，集受理、查处、监管为一体，覆盖全国城乡的 12315 消费者申诉举报服务网络。全国 12315 互联网平台于 2017 年 3 月 15 日正式上线。这是推进"互联网＋政务服务"的又一重大举措，标志着我国工商和市场监管部门的消费维权工作跨入互联网＋时代。拨通 12315 电话后，如您需投诉或举报，请按工作人员的提示回答问题，如实说出投诉的事实、理由及投诉请求，并说出自己的姓名、地址、电话号码或其他联系方式和被申诉方的名称、地址、电话。另外拨打 12315 是收费的，消费者申诉案件，由经营者所在地工商行政管理机关管辖，如商家在异地，需商家所在地区号 +12315。

（资料来源：《12315 平台》，参见：http://baike.so.com/）

● 回声 2
多元比较，优化选择

在互联网发展迅猛的今天，网购已经深深地融入人们的日常生活。新生同学完全可以利用互联网平台购买到物美价廉的商品，既方便快捷又价格公道；另外，同学们也可到学校周边的超市或商场购买学习生活必需品。我们虽然没有办法决定商品的价格，但在共享经济时代，消费者拥有充分的选择权，可以进行多元比较并优化选择方案。

面对不公平现象，作为大学生，我们要有维护公平正义的勇气，这不是较真，更不是自找麻烦，而是我们日后走出校园成为社会公民应当具备的良好品质。值得注意的是，我们要采取正当合理的方式维护自身的合法权益。

延伸阅读

关于校内外超市物价调查报告

调查者说：经营成本的上升导致涨价。长沙理工大学的同学们 2011 年曾成立调查小组，对校园周边超市内的 15 种生活必需品进行调查，调查发现有 11 种商品的价格比校内超市低 20%，主要为饮料、食品等大学生日常消费多的商品。为此他们走访了校园内的超市，并分析了校园内外商品价格差异的主要原因：一是校园内经营者需要支付高额的承包费。许多学校采用招标承包的形式发包，承包金额逐年递增。据了解，一所两万多学生的大学，年承包金额超过 200 多万元，由于超市承包额竞标过高，商家必然会想办法转移经营成本，造成学校商品价格远远高于校园外市场的通常价格。二是学校经营消费环境相对封闭。一些高校由于整体规划和空间资源的因素，校园内的超市一般控制在一至两家，就会造成垄断局面，缺乏必要的竞争。

（资料来源：《关于校内外超市物价调查报告》，载《长沙理工大学学报》，2011 年 10 月）

案例 4. 助学金评选结果不公平该怎么办?

场景：入学不久，小微看到了学校发布的助学金评选通知。由于家庭经济困难，小微决定申请。评选结果却让小微大感意外，自己没有评上不说，同宿舍平时花钱大手大脚的 L 同学却"榜上有名"。更让小微气愤的是，L 同学拿到助学金后竟然换了新手机。大学的助学金到底应该发给哪些同学呢？

问题
小微面对助学金评选结果不公问题应该怎么办?

"助学金"，顾名思义，是为了帮助家庭经济困难学生顺利完成学业的一种资助方式。根据《普通本科高校、高等职业学校国家助学金管理暂行办法》(以下简称《办法》)，国家助学金的设置是为体现党和政府对普通本科高校、高等职业学校家庭经济困难学生的关怀，帮助他们顺利完成学业。另外，根据《办法》规定，"家庭经济困难，生活俭朴"是获得国家助学金的基本条件。现实中，由于一些高校在家庭经济困难学生认定、助学金名额分配等环节存在不完善之处，国家助学金评选有时会出现一些不公平的问题。新生同学遇到助学金评选不公的问题，应该如何应对呢？

● **回声 1**

摸到真诚的一颗心

当我们在埋怨助学金评选不公的时候，我们首先要问问自己是否诚信？是否真正符合评选条件？《办法》规定的国家助学金基本申请条件有五项：热爱社会主义祖国，拥护中国共产党的领导；遵守宪法和法律，遵守学校规章制度；诚实守信，道德品质优良；勤奋学习，积极上进；家庭经济困难，生活俭朴。同时，各高校对国家助学金的评选也都设置了非常严格的程序。如果新生同学对评选结果有异议，首先不要抱怨或愤慨，而要冷静地思考自己是否完全符合申请条件，是否具备评选资格。

⊘ **延伸阅读**

又是一年高校评定助学金的时候，各所高校近期基本上都开展了助学金评定的工作。国家出于帮助贫困学生顺利完成学业的目的设立了国家助学金，这一举措本应该帮助许多家境贫寒、生活贫困的寒门学子顺利完成学业，但是这一拥有很好出发点的举措却在如今的许多高校变了味。

在今年助学金评定前后，网络上就有许多有关助学金评定不公的声音传出。尤其是许多手拿 iPhone 手机、身穿耐克阿迪的"伪"贫困生屡屡申请国家助学金成功，而真正贫困的学生却总是面临着这样那样的申请障碍。这些消息让任何一个有良知的人都会感到不适。每年的助学金评定似乎变成了一场"哭穷比赛"，大家都去填几个表格，开一个证明，然后开始参评。殊不知这其中有多少本没有资格申请国家助学金的学生最终通过一道道手续竟成功申请助学金。除了一部分本不贫困却与贫困生抢贫困名额的学生思想觉悟不高的原因外，究其根源，是我们的助学金评定制度与流程还不规范，还不够严谨。

一般情况下，申请国家助学金需要提交申请表格和一份证明。这份证明通常被称为三级证明，但是证明的开具过程中往往存在许多的漏洞。从居委会或村委会开始第一次审核盖章，到街道办（镇）的第二次审核盖章，再到区（县）民政部门的第三次审核盖章，往往审核并不严格。各级部门几乎不会对申请人所陈述的情况进行核实，这使得开具贫困证明变得十分简单。当证明和申请表提交到各高校，各高校班级中的所谓的民主评议也往往是名存实亡，"关系户"层出不穷。等上报到辅导员处时，也往往是辅导员一个人说了算。这一切使高校贫困生的评选存在巨大的漏洞。使不少人浑水摸鱼，给一些本不贫困的"伪"贫困生提供了可乘之机。

对贫困生来说，这笔助学金可能是赖以生存的生活费，可能会改变他们的未来；对于国家来说，这笔助学金的支出也是为了帮助贫困的学生完成学业，尽可能地实现教育公平。而当这笔对于贫困生来说是可以继续完成学业的资金到达"伪"贫困生手中时，可能就只是一次奢侈的聚餐，一部高档的手机。

贫困生的学业与生活令国家和社会牵挂，国家助学金是一个好的项目，不要因为不完善的评定与审核制度，使国家助学金发挥不了其应有的作用。

（资料来源：郭俊良：《莫让高校助学金失色变味》，人民网，2015 年 10 月 30 日）

● 回声 2
寻到合理的一条路

新生同学如果发现助学金评选过程存在弄虚作假、徇私舞弊等情况，可以直接向辅导员、学院学生工作部门或学校学生工作部门反映情况，也可以直接向这些部门举报不符合申请条件但获得助学金的同学。总之，要通过合理正当的程序来维护自身的合法权益。

另外，助学金与家庭经济困难同学息息相关，保证助学金评选工作公开、公正、公平，不仅仅是学校相关部门的责任，也是广大同学的责任。因此，新生同学要勇于承担监督责任，及时向学校相关部门反映助学金评选过程中的不合理、不规范情况，共同推动助学金评选制度的完善，切实维护好广大同学的正当权益。

国家助学金的设立旨在帮助家庭经济困难且立场坚定、遵纪守法、诚实守信、勤奋学习、生活简朴的同学，顺利完成学业，正确面对困难，实现成长成才。新生同学要正确认识助学金设置的意义和评选的标准，将其作为衡量自身道德品质和奋斗意识的"一杆秤"。"天行健，君子以自强不息；地势坤，君子以厚德载物。"自强者精神之可贵，在于其依靠自己的拼搏奋斗，而非坐享外界的便利。作为大学新生，更应该自强不息，培养自立自强的性格，正确地看待助学金，树立正确的金钱观。

延伸阅读

在助学金评选之后，助学金到底如何用？很多情况下也是引发争议的。

2016 年 11 月，一篇名为《妈妈给我买了一双耐克的球鞋，学校就取消了我的贫困生助学金》的文章在网络上引起争议。作者称，大学时有个同学，打球总穿着开裂发黄的鞋子，家里省吃俭用几个月，给他买了双打四折的耐克鞋。他视如珍宝，每次打完球都要刷一遍才行。后来他的助学金资格被取消了，只因"贫困生就该有贫困生的样子"。他为此哭了很久，我买一双耐克鞋，就要被取消助学金资格吗？这个讨论在微博上引起了两万多的话题量，在很多微信公众号的推送中取得 10 万＋的阅读量。

一小部分网友认为，助学金本来就应该是给最需要的人，能买得起耐克鞋，说明还没有到"最需要"的程度。

@ 演员梁鑫：我觉得学校做得很合理，我是校领导我也取消，把助学金给不会有虚荣心更需要帮助的孩子买点书籍读物。十几块的球鞋就不能穿了？我上学时候宿舍也有贫困生，每顿饭就是馒头榨菜，给的奖学金贫困金全部用来买书了。

@YUANYUE09414：一双耐克鞋对于穷人来说可以买好多东西了，何必要去追求一个名牌呢？我没穿过不照样活得好好的？钱要花在刀刃上啊！再说老妈省吃俭用买的鞋踩在地上心里畅快吗？

大部分网友认为，贫困与否真的是一双耐克鞋可以说明的吗？"贫困生是什么样子，是只能穿得破烂？不能有一点爱美之心？还是应该把尊严丢弃，然后在怜悯的目光下生存？”

　　@晴霸气额：我不明白什么叫作"贫困生就该有贫困生该有的样子"？贫困生应该是有那条划分线吧，比如说按家庭年收入、社区证明，等等。如果一切程序合理，他就是贫困生。而不是因为一个家庭省吃俭用好久买了双不错的鞋子而否定他贫穷，这不过是一个贫穷的少年家庭尽最大的努力满足了他和同龄人一样的最小的那份追求。

　　@呀咿呀di6灵童：又不是天天穿名牌，省吃俭用买一双鞋怎么了，助学金不就是拿来补助贫困人家的么，让贫困人家的孩子能够像正常人一样吃穿，穷人如果拿了助学金，还是整天不敢吃、不敢穿、不敢用、那么我们还发助学金做什么？

（资料来源：《妈妈给我买了一双耐克的球鞋，学校就取消了我的贫困生助学金》，中国新闻网，2016年11月7日）

案例 5. 遭遇处分不公该怎么办？

场景：期中考试到了，小研感到非常紧张，没有按照监考老师的要求仔细检查座位。在考试过程中，监考老师发现小研座位里面有与考试相关的资料。尽管小研不知道资料是谁的，但监考老师不容小研解释，认定他考试作弊，并把情况上报了学校。学校根据相关规定，决定给予小研记过处分。小研感到十分委屈，但却不知道应该怎么处理。

问题
小研受到了不公处分，应该怎么办？

在学校的学习生活中，难免会碰到很多不公正的"意外"。当事情发生时，千万不要慌张，不要马上"哭鼻子找家长"，或"忍气吞声"，抑或"采取极端行为"，这些都不是合理解决问题的方式。我们应该冷静理性地看待问题、分析问题，并找到合理解决问题的办法。

● 回声 1
找到"代言人"

高校各级共青团组织、学生会组织都有代表和维护同学正当权益的职责，是同学们权益的"代言人"和"维护者"。新生同学的正当权益受到侵害时，要及时向团组织、学生会组织反映问题，依托这些组织维护自己的合法权益。

　　同时，大学中的辅导员是新生同学成长过程中的重要老师和知心朋友。因此，新生同学遇到正当权益受侵害的情况时，可以直接向辅导员老师反映问题并求助。

 延伸阅读

辅导员的主要工作职责

　　（一）帮助高校学生树立正确的世界观、人生观、价值观，确立在中国共产党领导下走中国特色社会主义道路、实现中华民族伟大复兴的共同理想和坚定信念。积极引导学生不断追求更高的目标，使他们中的先进分子树立共产主义的远大理想，确立马克思主义的坚定信念；

　　（二）帮助高校学生养成良好的道德品质，经常性地开展谈心活动，引导学生养成良好的心理品质和自尊、自爱、自律、自强的优良品格，增强学生克服困难、经受考验、承受挫折的能力，有针对性地帮助学生处理好学习成才、择业交友、健康生活等方面的具体问题，提高思想认识和精神境界；

　　（三）了解和掌握高校学生思想政治状况，针对学生关心的热点、焦点问题，及时进行教育和引导，化解矛盾冲突，参与处理有关突发事件，维护好校园安全和稳定；

　　（四）落实好对经济困难学生资助的有关工作，组织好高校学生勤工助学，积极帮助经济困难学生完成学业；

　　（五）积极开展就业指导和服务工作，为学生提供高效优质的就业指导和信息服务，帮助学生树立正确的就业观念；

　　（六）以班级为基础，以学生为主体，发挥学生班集体在大学生思想政治教育中的组织力量；

　　（七）组织、协调班主任、思想政治理论课教师和组织员等工作骨干共同做好经常性的思想政治工作，在学生中间开展形式多样的教育活动；

（八）指导学生党支部和班委会建设，做好学生骨干培养工作，激发学生的积极性、主动性。

（资料来源：节选自教育部《普通高等学校辅导员队伍建设规定》，2006 年 7 月 23 日）

华南理工大学学生会权益部职能介绍

1. 开展全校范围内的提案征集活动。分为"一年两次"的大型征集和日常网站提案征集。代表学生向校方反映同学们最迫切需要解决的学习、生活、娱乐、安全等各方面问题，同时把学校的各种解决方案及时传递到同学们手里。

2. 在学校教学、科研、后勤服务和校园治安等方面代表学生与学校进行协商，维护学生的合法权益；不定期进行专项调研，为学校相关部门解决学生反映的权益问题提供依据。

3. 通过学生代表监督学校对学生各项权益的维护情况，引导学生代表与学校进行沟通，发挥好学校与同学之间的桥梁纽带作用。

4. 宣传、推广有关维护权益的法律及其他相关知识，为学生提供适当的法律咨询支持，并联合学校相关部门开展相关活动，如新生座谈会、维权系列活动等，建立学生与学校沟通的桥梁。

（资料来源：节选《华南理工大学学生会权益部工作制度手册》）

● 回声 2
走好"程序图"

根据《普通高等学校学生管理规定》，学生对学校给予的处分或者处理有异议，可向学校、教育行政部门提出申诉。高校负责接受和处理学生申诉的机构是学生申诉处理委员会，并有专门的《学生申诉处理办法》（具体内容请查阅所在高校的《学生手册》或向辅导员咨询）。一般情况下，学生如果对学校处分决定有异议，应当在接到处分决定书之日起 5 个工作日内，向学校学生申诉处理委员会提出书面申诉。被"冤枉"的小研同学可以按照申诉程序，提出书面申请，维护自身权益。

延伸阅读

清华大学学生申诉处理办法（节选）

第三章 学生申诉处理程序

第十二条 学生对本办法第二条所规定的学校处理决定有异议的，在接到学校取消入学资格通知书、退学通知书或处分决定书之日起五个工作日内（含当日，以下同），可以向学生申诉处理委员会提出书面申诉。

申诉学生因正当理由，致使逾期未能提出申诉的，可以于正当理由结束之日起五个工作日内，向学生申诉处理委员会提出书面申诉，请求受理，是否受理该申诉，由学生申诉处理委员会决定。

第十三条 学生提出申诉时，应当由本人向学生申诉处理委员会办公室提交书面申请。因学校教学安排等正当理由，申诉学生不能当面提交申诉申请的，可以采取挂号邮寄的方式。申诉申请的提交日期以邮戳日期为准。

申诉申请书应当包括以下内容：

（一）申诉人的姓名、（原）班级、（原）学号、联系方式和其他基本情况；

（二）申诉的事项、理由和要求；

（三）相关的证据资料；

（四）提交申诉申请书的日期；

（五）学校处理决定的复印件；

（六）本人签名。

第十四条 学生申诉处理委员会接到申诉申请书的日期，以办公室接到满足本办法第十三条要求的申诉申请书文本之日起计算。

（资料来源：清华大学学生申诉处理办法．参见：http://www.tsinghua.edu.cn/）

● 回声 3
做个"耐撕人"

面对"一时的误解和委屈"，新生同学应当耐心平和地沟通，妥善合理地解决，做个内心坚强的"耐撕人"。学会"自我安抚"，保持头脑清醒、行为理智，是大学生应当养成的重要素质。美国经营心理学家欧廉·尤里斯教授提出了能使人平心静气的三项法则："首先降低声音，继而放慢语速，最后胸部挺直。"降低声音、放慢语速都可以缓解情绪冲动，而胸部向前挺直，就会淡化冲动紧张的气氛。

南宋方岳诗云："不如意事常八九，可与人言无二三。"当发生"委屈与不解"的时候，不妨找朋友们倾诉一番，一方面可以把负面情绪发泄出来，另一方面也可获得朋友的真诚关心与安慰，同时多方面听取朋友意见，合理解决问题。

遇事不怕事，且把组织找。团委学生会，组织来维权。有我辅导员，自有公道在。走好程序图，问题必解决。面对突发状况，同学们应正当有序地维护权益。同时，应保持良好的心态，科学合理地解决问题。

◑ 延伸阅读

对师道尊严、师徒父子、严师高徒等传统的施教理念来说，学生申诉现象无疑是一次挑战。北师大珠海分校教育管理学博士宋术学、法学博士周志强认为，传统的"师道尊严"及其施教方法应该有所扬弃，因为信息时代的大学生、中学生，甚至小学生，都不再是习惯于耳提面命教育方式的孩子。

北京师范大学经济学博士戴伟坦言，今天，教师在教育、引导学生成长的同时，更应该尊重他们的思想、情感和尊严，要允许他们挑战权威，允许他们和老师争辩，向学校申诉。我们不能把学生申诉简单地看作离经叛道，以下犯上，而应该把申诉听证制度看作学生群体应有的公共权力。对学生来说，参与申诉本身也是一堂最生动的法律法规教育课。过去的学生管理只有高校的自律及其行政部门之间的制约，而缺失了学生对自身权益的维护和对高校管理的参与和监督。

"在几千年的传统文化中，天地君亲师从来都是神圣不可侵犯的，何以在今天就生出许多陌生和反叛呢？"遵义医学院珠海分校党务办副主任刘玉萍在接受记者采访时说，作为制度建设和体现社会角色公平，高校可以有个申诉听证和化解矛盾的调解机构，但如果把申诉听证当作家常便饭，学生一遇处分，轻则申诉反驳，重则抵赖狡辩，势必造成师生双方关系紧张。这也把根本利益一致的受教育者与教育者的关系搞到了剑拔弩张的地步，从而模糊了高校依法管理和以德治校、以纪律约束人的界限，那样就会因小失大。刘玉萍认为，类似于校园申诉这样公开辩论的方式还是应该慎用为好。他们学校成立的学生申诉处理委员会没有明辨是非的"法官"，而是开通了一条通过协商调解、妥善解决师生纷争的"消防"渠道。

（资料来源：杨连成：《学生有了申诉权怎样行使才得当》，载《光明日报》，2006 年 3 月 30 日）

案例 6. 大学教师"磨洋工"该怎么办？

场景：小微在刷朋友圈时发现，一篇名为《大学教师磨洋工十大惯用招数》的文章最近很火，文中调侃了部分大学教师如何消磨课堂时间，又如何让一节生动的课程变得索然无味的情况。这让小微想起自己正在上的一门必修课，主讲老师讲课较为随性，经常花费半节课的时间来点名、聊天，偶尔还会给大家放一节课的视频，对于一些重点难点的问题，也常常告诉同学们了解即可。小微和同学们对这门课程非常困惑，自己在这样的课堂上到底能学到什么东西？

 问题

小微不解，难道大学的课堂学习就是这个样子的吗？

大学的课堂完全不同于高中，很多新生对大学课堂的憧憬在上完第一节课后就几乎被打碎。在面对"形色各异"的大学课堂时，新生应该具备什么样的心态呢？

● 回声 1
大学课堂"无趣≠变水"

曾有媒体对大学生为什么不听课以及逃课的原因进行过调查，其中，对"大学生，你为什么不听课？"的回答中，64.87%的大学生认为原因在于"老师讲课的方式和风格不够吸引我"。由此可见，大学课堂的"有趣性"或者老师讲课的"生动性"成为吸引大学生认真听课的主要原因。

为什么大学课堂变"水"？这就要从大学课堂的质量谈起。大学课堂的好坏不仅仅是以"有趣性"为衡量标准的，大学的课堂性质、内容、任务等都是考量因素。但大学课堂（大学教师）的首要任务是传道授业解惑，在此基础上，才能通过各种形式把课堂变得有意思，吸引广大同学们认真听课。所以，广大新生要摆正心态，明白课堂的首要任务，认真对待大学课堂。

在大学中，确实也存在一小部分教师不备课也可以"绘声绘色"讲课的情况。在课上说些闲话，随意放点视频，随堂来个小组讨论，最后以"点名"作结。看似形式多样，也很人性化，然而教学质量却大打折扣了。这就是所谓的"水课""磨洋工"现象。

清华大学哲学系王晓朝教授认为："我们相信，真正抹黑中国的大学教师是少数人，不是主流。目前，高校内的绝大部分教师是能够为学生传递正能量，对学生的人生观、价值观给予正确引导的。对于这一点，我们应该有信心。"[1]

● 回声 2
没有一次真诚沟通解决不了的问题，如果有，那就两次

虽然绝大部分大学老师能够做到尽职尽责，但教学效果不好的问题也是客观存在的。当遇到这样的情形时，新生同学应该怎样做呢？

---

1 董鲁皖龙、赵婀娜：《理想的大学课堂应该什么样》，载《人民日报》，2014 年 11 月 27 日。

一是可以委婉地向老师提出建议。同学们可通过与老师真诚地当面交谈，或是通过写信、发短信或电子邮件等较为正式的途径表达自己的想法，委婉地向老师提出意见和建议。

二是可以向辅导员或班主任反映，请辅导员或班主任代表同学们向相关老师反馈。当同学们的意见较为集中时，可将意见搜集整理，统一向辅导员或班主任反映。

三是在多次反映仍然没有改进的情况下，可以考虑去向学校教务部门投诉。通常情况下不推荐这种方法，能通过沟通交流解决的事情就不要向学校反映，从而尽量避免与授课老师发生冲突。

● 回声 3
大学育人的一个重要目标就是"学会学习"

"学习永远是自己的事。"在学习的道路上，高校教师只起一个辅助作用，学习永远是自己的事，大学的终极目的就是让你学会一种终身学习的方式。当发现个别老师教学"磨洋工"时，我们切忌产生对课程本身的抵触情绪，这是极不明智的选择。新生同学可以通过"慕课"、图书馆查阅资料等途径弥补课堂教学的不足。

"有没有用不是现在就能看出来的。"乔布斯在退学后，并没有离开学校。其中有一门书法课非常吸引他，起因在于他注意到校园里的大多数海报都画得很漂亮。"我学到了衬线字体和无衬线字体，怎样在不同的字母组合间调整其间距，以及怎样作出完美的版面设计。这其中所蕴含的美、历史意味和艺术精妙之处是科学无法捕捉的，这让我陶醉。"在若干年后，他所有的产品中，科技必定与完美的设计结合，那门书法课程给他带来的意义是非凡的。"如果我大学的时候从没有上过那门课，麦金塔计算机里绝不会有那么多种字形以及间距安排合理的字体。"[2]

　　"聚精会神是一种稀缺的能力。"现任国家射击队总教练的王义夫从小酷爱玩鸟枪，17 岁进入辽阳市业余体校学射击，1978 年初进入省队，1979 年入选国家队，参加过六届奥运会、六届亚运会和六届全运会，获得了几十枚奖牌，其中有两枚奥运会金牌，可谓功勋显赫。他取得的成就离不开他对一直努力做好射击这件事的坚持和专注。在课堂上能够专注听讲，跟随老师的思路理解问题，某种程度上并不一定只是为了专业知识的学习，有时更是为了培养自己的专注力。应该说，具备一种能够使自己全身心投入、聚精会神做一件事的能力，有时比学习更重要。

　　所谓"师傅领进门，修行靠个人"，大学最重要的就是学会学习，大一阶段尤其如此。希望新生同学在此期间能够培养起良好的学习习惯，为未来四年学习打下坚实的基础。

2 沃尔特·艾萨克森：《史蒂夫·乔布斯传》，中信出版社，2011 年。

案例 7. 兼职遭遇被骗该如何维护权益？

场景：小研同学觉得大学生活消费较高，经济负担较重。为了给父母减轻经济压力，他通过中介找到了一份销售兼职工作。本来说好的工资日结，但第一天上班结束后，老板却没有兑现承诺，理由是大学生缺乏实际工作经验，第一周属于实习。小研在工作了一个月后，老板又以小研不适合销售工作为由，不仅不给他报酬，而且停止了他的工作。

问题
小研应该怎样维护自己在兼职工作中的合法权益？

大学生在兼职过程中被骗，追讨工资无果，往往选择吃哑巴亏，采用"慢慢淡忘"的方式来抚平"伤疤"。长此以往，选择"淡忘""宽容"的大学生让不良商家更加肆无忌惮。所以，当我们在兼职过程中权益受到损害时，应通过合法合理的途径和方式维护权益。

● 回声 1
遇事别逃避，维权有途径

在兼职过程中遭遇无故克扣或者不给工资的情况时，大学生该怎么办呢？

首先，尝试与雇主沟通。当大学生受到侵害时，要保持理性冷静，切不可因一时冲动与雇主发生争执，导致自己维权不成反受到财产或者人身损害。另外，应当在沟通的过程中做好充分的证据收集工作。其次，如果沟通不能解决问题，新生同学就要学会用法律手段维权。一般情况而言，兼职大学生与用人单位双方是一种短期的雇佣关系，属于平等民事主体之间建立的劳务合同关系，适用《民法通则》及《合同法》等民事法律的有关规定。因此，当兼职过程中权益受侵犯时，同学们可以根据《民法通则》及《合同法》等民事法律的有关规定，直接去合同履行地基层人民法院起诉。

延伸阅读

大学生暑假打工，发传单、做家教、开办补习班……大学生通过各种方式融入社会，积累社会经验，锻炼自我。由于缺乏社会阅历，被黑中介骗钱，被无良老板克扣、拖欠工资等情况经常发生。

对于大学生勤工俭学，其与用人单位双方是一种短期的雇佣关系，可以根据《民法通则》的相关条款维权。劳动部在《关于贯彻执行〈中华人民共和国劳动法〉若干问题的意见》中规定："在校生利用业余时间勤工俭学，不视为就业，未建立劳动关系，可以不签订劳动合同。"因此，学生打工并不属于现行劳动法律、法规、规章的适用范围。

大学生利用课余时间参加劳动，为用人单位提供劳务并获取相应的报酬，属于平等民事主体之间建立的劳务合同关系，适用《民法通则》及《合同法》等民事法律的有关规定。劳务合同的双方主体之间只存在财产关系，彼此之间无从属性，双方之间的权利义务均在合同中约定，劳动者提供劳务服务，用人单位支付劳务报酬，各自独立、地位平等。因劳务合同而取得的劳务报酬，按等价有偿的市场原则支付，完全由双方当事人协商确定。发生纠纷后无须仲裁前置程序，双方可以协商解决，也可以直接到法院起诉。

律师提醒，在校学生兼职时要注意保留证据。入职表、工作证、公司的内部资料、工作照片等，在工作中注意保留，以便产生纠纷时用作证据。

另外，暑期兼职多是通过中介机构介绍。如何辨别中介机构的资质？首先看职介中心是否有劳动部门颁发的《职业介绍许可证》和工商部门颁发的《营业执照》，只有具备这两证的职介中心，才能从事职业介绍工作。正规中介机构，除具有中介许可证之外，一般会将营业执照悬挂在大厅等较显著位置。大学生打工者一定要看清对方营业执照，了解经营范围是否与其所称的相符。

当然，市场上不乏一些招聘单位巧立名目，向求职者收取抵押金、报名费和培训费等。罗海良律师特别提醒，应聘者应拒交各种名义的押金、保证金以及证件。任何招聘单位，以任何名义向求职者收取抵押金、风险金、报名费、培训费等行为，都属非法行为。

招聘单位培训本单位的职工，也不准收取培训费。求职者遇到此类情况，要坚持拒交，坚决不押任何证件，证件一旦流失，不法分子可能利用它进行诈骗或伪造证件等不法活动。兼职打工者一旦发觉上当受骗，要及时向招聘单位所在地的劳动保障监察大队或公安派出所报案，寻求法律保护。

(资料来源：周国芳：《大学生兼职，不属劳动关系》，载《齐鲁晚报》，2015 年 6 月 25 日)

● 回声 2
风险要防范，合同是关键

大学生应该增强风险防范意识和依法维权意识，主动采取措施避免权益受损。在兼职时要与用人单位签订合同或是协议，对工作时间、工作报酬、违约金、意外情况赔偿等事项进行约定。签订合同或者其他书面协议是预防日后侵权事件发生的关键所在。如果没有签订合同或协议，同学们要注意收集、保存相关证据，比如工作证、工作服、工资条等物证，必要时还可以采取录音、录像等方式，以防范可能出现的风险，维护自己的合法权益。

延伸阅读

暑假又至，不少大学生热衷于打工"挣外快"。但是大学生缺乏社会经验，易上当受骗。某法院结合近年来案件审理过程中发现的问题，提醒广大学生注意陷阱，合理解决纠纷，维护自身合法权益。

典型案例1：日薪200元缩水为80元

大三学生小张在学校宣传栏看到一张招工广告，上写"某国际知名企业在本地举办展销会，招募临时工作人员，日薪200元，包午餐，工作时间30天"。如此优渥的待遇，让小张不禁怦然心动，立刻打通了该活动举办方的电话。通过面试后，小张顺利上岗，投入了紧张的工作中，有时还要加班到很晚。然而上班十几天之后，却被告知场地没有落实下来，该展销会取消，之前的十几天是前期准备，所以工资仅按照80元一天给小张进行结算。因为没有任何书面协议，小张没有依据要求对方支付约定的200元日薪，更别提加班费了。

法官提点：大学生不要被高薪广告诱惑，在对单位几乎不了解的情况下盲目去打工。一定要去公司实地看看，了解真实情况。要及时要求与用人单位签订书面协议，明确双方权责，约定工作时间、内容、工资、支付方式等。

典型案例2：交中介费后不了了之

大二学生阿明暑假回家后打算找份暑期工，无意中看到一份暑期兼职信息，便按照上面的联系电话打了过去。电话那头声称自己是一家职业中介机构，要通过他们联系暑期兼职，需要先交纳200元中介费进行资料登记。阿明照对方的要求将自己的简历发给了该"中介"，又将200元打入对方提供的账户。结果等了一个月，对方也没有给他介绍任何工作。

法官提点：通过中介寻找打工单位要注意审核中介机构的资格。不要相信没有实体办公地点的电话和网络中介。进门先看该机构是否有工商管理部门发的营业执照，询问是否有《职业介绍许可证》。正规中介机构通常会将营业执照悬挂在办公地点的大厅等显著位置。

典型案例3：400元押金再也要不回

大学生小冯几天前在某招聘网站上看到一家酒业公司招聘短期兼职的信息，与之联系后，对方同意小冯暑假期间在该公司做兼职，工资100元一天，但要求小冯入职前要交纳300元押金，说其中200元是工作服的押金，另外100元是担保小冯按时上班的押金。而且，押金在打工结束全额退还。而后小冯到分店工作时，该分店说还要再交100元，不然前面300元也不能退。小冯只好就范。在培训两天之后，该店叫小冯回去等消息，谁知过了一个多星期也没有通知小冯上岗，而按照协议的要求，如果一个月工作时间不满25天，则押金不退。小冯这才知道自己掉进了"押金"陷阱。

法官提点：任何招聘单位以任何名义向打工者收取押金、培训费等钱款的行为都属于非法行为，正规企业的岗前培训都是免费或带薪。若在打工时遇到此类情况，要坚决拒交，以确保自身合法权益不受侵害。尤其要注意的是，千万不能抵押任何证件给用工单位。

（资料来源：凌越、史慧敏、陈亮：《暑期打工陷阱多——法官剖析受骗案例逐一提点支招》，载《羊城晚报》，2014年7月31日）

● 回声3

选择需谨慎，渠道很重要

在现实生活中，很多大学生的兼职工作只是临时的，报酬也是按天结算，所以往往不会和用人单位签订合同。因此，为避免权益受损，新生同学在选择兼职工作时，务必要小心谨慎，尽量通过正规渠道获取招聘信息。第一，学校勤工助学中心。高校都设有勤工助学中心，其中一项重要职责就是积极收集校外勤工助学信息，开拓校外勤工助学渠道，增加校外勤工助学岗位，并接受学生参加勤工助学活动的申请，安排学生勤工助学岗位，为学生和用人单位提供及时有效的服务。因此，新生同学应尽量从学校勤工助学中心获取兼职信息。第二，辅导员、熟悉的同学。一般情况来说，老师、同学所推荐的兼职工作信息是真实可靠的。第三，正规的中介机构。目前，职业介绍中介机构鱼龙混杂，对此，学生们要提防非法中介机构，要到有资质、信誉好的职介中心找工作，如何辨别中介机构的资质呢？新生同学可以参考本案例"延伸阅读"中的相关内容。此外，部分违法组织或个人以高额回报诱使大学生兼职，实则进行传销。

大学生在寻找兼职的时候，应时刻警惕，避免陷入传销组织。

对于新生同学而言，学习依然是首要任务。在确保学业的前提下，新生同学可以尝试兼职，增加收入，锻炼能力。在兼职过程中，自身合法权益受到侵害时，要积极主动采用合法合理的方式进行维权。

延伸阅读

近年来，媒体频频曝出大学生深陷传销组织的新闻。一些大学生被非法传销组织蒙骗，遭遇传销组织的精神控制，引起社会各界广泛关注。作为天之骄子的大学生，理应充满理性和智慧，为何会屡陷传销陷阱不能自拔呢？

典型案例 1：“热心”好友引入传销深渊

黄某是内蒙古某大学的一名大四学生，正面临找工作的压力。在对毕业之后的前景感到渺茫时，高中同学张某打电话邀请他去广西创业。张某称自己已经在广西站稳脚跟，急需人帮忙发展业务。黄某喜出望外，立即动身前往广西北海。不料，张某其实是某传销组织的一员，见到黄某后立即对其展开“洗脑”。通过数日的所谓成功学、管理学、营销学等课程的高强度学习，黄某成为张某众多“下线”中的一员。为了进入组织和发展自己的“下线”，黄某开始编造各种谎言向家里要钱，先后骗得父母汇款 7 万余元。直到几个月后，黄某父母接到黄某大学老师打来的电话才知道真相，在家长、学校、警方的共同努力下，黄某几经周折最终幡然醒悟。

典型案例 2：找兼职误入传销窝点

张某是广东某知名大学的大三学生。暑假来临之际，张某想好好利用假期兼职打工，以此赚点生活费。他在某网站上看到一则诱人的招聘广告，“工作富有挑战性，只要你敢来，月薪一万不是梦”。张某心动不已，当即决定去应聘。出乎意料的是招聘人员并没有询问张某的学习成绩和工作经验，而是领着他参观工厂，向他介绍公司的医疗器械产品（经查属于“三无产品”），并对他嘘寒问暖。张某心里很是感动，以为自己遇到“贵人”。殊不知这家公司其实是个非常隐蔽的传销组织。进入公司后不久，张某就被彻底“洗脑”，主动把自己的家人拉入传销组织推销医疗器械，积极发展"下线"，一心想"实现人生价值，3年挣千万"的"宏伟"目标。所幸公安机关一举端掉了张某所加入的传销组织，这时张某才恍然大悟。

检察官提醒：

大学生在求职或兼职打工过程中，首先要提高自身的认知能力，克服功利心理，提高防范意识。在参加兼职或招聘活动时，要清楚了解招聘单位的性质、业务范围、公司地址、法人代表、注册时间等，必要时可查询招聘单位在工商局的登记信息，以免上当。如果应聘单位在外地，最好结伴同行，特别注意不要把自己的毕业证书、身份证等留给招聘单位，提交复印件即可。遇到疑似传销的情况，在注意人身和财产安全的前提下，择机向工商部门求证或向公安部门报警。

（资料来源：李涛、李丹萍、张思兰：《斩断伸向大学生的传销"黑手"》，载《南方法治报》，2016年11月30日）

案例 8. 遭遇电信诈骗该怎么办？

场景：有一天，小微在上课时接到高中同学 L 的 QQ 信息："我的银行卡丢了，需要暂时转一笔钱到你的银行卡里，你的银行卡号是什么？"小微没多想便把银行卡号发了过去。不久 L 同学又发信息称银行需要验证码确认转账信息。小微开始有所迟疑，担心同学会不会是骗子，但考虑到没告诉她银行卡密码，于是又把短信验证码发了过去。过了一会儿，小微发现自己银行卡中被转走了1000 元。

 问题

小微应该如何防范和应对电信诈骗呢？

当前，电信诈骗案件高发，如何识破骗局已成为大学新生进入大学的重要一课。

● 回声 1
遇事多一心，损失少一分

类似上述案例的骗局中，骗子一般都会先盗取你的好友的 QQ、微信或者手机号，然后冒充好友和你交流，其目的就是为了获得你的手机验证码。而这个验证码实际上是开通快捷支付的验证码。如果你把身份证号码和验证码告诉了对方，骗子就会用这些信息开通你的快捷支付，而快捷支付是不需要银行卡密码的。也就是说，骗子能以开通快捷支付功能的方式使用你的银行卡消费。

因此，同学们如果在网络上、短信中收到关于"钱""银行卡"等的信息，不管是家长发的还是朋友同学发的，都要跟对方进行电话确认。如果电话打不通，那么说明这个号码已被骗子盗用或控制，这种情况下千万不要向对方发送银行卡号、手机验证码、身份证号等信息。此外，要妥善保管好绑定银行卡、信用卡、第三方支付机构的手机，如果手机丢失一定要第一时间挂失手机卡。如果出现手机突然无信号、无法拨打的情况也要迅速去营业厅查询；如果已经遭遇诈骗一定要第一时间报警。

● 回声 2
识破骗局有诀窍，民警专家来支招

资深刑警分析电信诈骗案，为同学们防范诈骗支招。谨记"八个凡是""三不原则""六个一律"，避免上当受骗。

"八个凡是"[1]：

1. 凡是自称公检法要求汇款的；

2. 凡是叫你汇款到"安全账户"的；

3. 凡是通知中奖、领取补贴要你先交钱的；

4. 凡是通知"家属"出事先要汇款的；

5. 凡是在电话中索要个人和银行卡信息的；

6. 凡是叫你开通网银接受检查的；

7. 凡是自称领导（老板）要求汇款的；

---

1 周慧慧、黄启旺：《资深刑警教你防盗防骗："八个凡是""三不原则"》，参见：http://www.gywb.cn/content/2016-01/18/content_4502258.htm。

8．凡是陌生网站（链接）要登记银行卡信息的。

总之，凡是关于这八个方面的信息，均不要相信！

"三不原则"：

1．不轻信来历不明的电话和短信，不回复手机短信，不给犯罪分子进一步设圈套的机会；

2．不因贪小利而受犯罪分子及其短信的诱惑，无论什么情况，都不向对方透露自己及关系人的身份信息；

3．学习了解银行卡常识，保证自己银行卡内资金安全，坚决不向陌生人汇款、转账。

"六个一律"：

1．接电话，遇到陌生人，只要一谈到银行卡，一律挂掉；

2．只要一谈到中奖，一律挂掉；

3．只要一谈到公检法税务或领导干部的，一律挂掉；

4．所有短信，但凡让我点击链接的，一律删掉；

5．微信不认识的人发来的链接，一律不点；

6．所有不熟悉的 170 开头的电话一律不接。[2]

能做到这六个"一律"，基本上就不会上当受骗了。你想，如果真有事找你，对方也不会因为你挂了电话就不再联系你了。

总之，大一新生要提高警惕，不能轻信花言巧语，不要把身份证、银行卡、家庭住址等信息随便告诉别人。在涉及钱的事情上，多一分慎重就会少一分损失，同时也会让在远方的父母少一分担心。

● 回声 3
人生不止眼前的苟且，还有诗和远方

2016 年 8 月，山东两名大学生因学费被骗含恨离世的消息令人震惊。面对

2《警察内部最近疯传"六个一律"，快告诉亲友》，载《人民日报》，2016 年 5 月 2 日。

骤然逝去的鲜活生命，我们惋惜之余也应深刻反思，当不幸被骗并且经济损失无可挽回时，应当怎样面对现实呢？

如果遭遇电信诈骗，我们首先应该寻求公安部门、家长、老师的帮助，积极地去解决问题。如果经济损失无法挽回，我们更应调整心态，客观面对。生活并不是一帆风顺的，挫折、磨难正如人生旅途的坎坷、高山与激流，不可避免、无法躲避。但挫折、磨难也有积极的一面。阿里巴巴集团创始人马云曾说过："世界上最富有的人，是跌倒最多的人；世界上最勇敢的人，是跌倒了再爬起来的人。"可见，挫折、磨难也是人生的宝贵财富。新生同学在面对不幸现实时要冷静，及时调整心态，用积极的眼光看待挫折、磨难，将其作为人生历练、社会融入的重要课堂，在逆境、不幸中培养自己抵抗挫折、承受压力的意志和品格。

 延伸阅读

1. 遇见诈骗类电话或者信息，及时记下诈骗犯罪分子的电话号码、电子邮件地址、QQ 号、MSN 码及自身银行卡账号等，并记住犯罪分子的口音、语言特征和诈骗的手段经过，及时到公安机关报案，积极配合公安机关开展侦查破案和追缴被骗款等工作。

2. 如被骗钱款后能准确记住诈骗的银行卡账号，则可以通过拨打"95516"银联中心客服电话的人工服务台，查清该诈骗账号的开户银行和开户地点（可精确至地市级）。

3. 通过电话银行冻结止付：即拨打该诈骗账号归属银行的客服电话，根据语音提示输入该诈骗账号，然后重复输错五次密码就能使该诈骗账号冻结止付，时限为 24 小时。若被骗大额资金的话，在接报案件后的次日凌晨 00：00 时后再重复上述操作，则可以继续冻结止付 24 小时。该操作仅限制嫌疑人的电话银行转账功能。例如，涉嫌诈骗的账号归属工商银行，则可以拨打"95588"工商银行客服电话进行操作。

4．通过网上银行冻结止付：即登录该诈骗账号归属银行的网址，进入"网上银行"界面输入该诈骗账号，然后重复输错五次密码就能使该诈骗账号冻结止付，时限也为 24 小时。如需继续冻结止付，则可以在次日凌晨 00：00 时后重复上述操作。该操作仅限制嫌疑人的网上银行转账功能。例如：涉嫌诈骗的账号归属农业银行，则可以登录农业银行的网址进行操作。

（资料来源：都一鸣：《看清这 18 种"电信诈骗伎俩"》，新华网，2014 年 4 月 16 日）

案例9. 女大学生应该如何保护自己的人身安全？

场景：小微上大学前喜欢晚上和妈妈一起跑步，这种方式既舒缓压力，又锻炼身体。上大学后，小微依旧保持这种习惯，每天晚自习后都围着学校跑一圈。有天晚上，小微在跑步时发现有陌生男生一直在跟着她。该男生还主动跟她搭讪，要求加微信好友，表情和动作十分猥琐，这令小微十分反感，也非常害怕。有了这次经历后，小微再也不敢晚上出去跑步了。

 问题
小微应该如何保护自己的人身安全？

2014年5月，宁波一女青年独自夜跑途中遭男子拖入路边绿化带强奸；2014年8月，杭州一年轻女性夜跑途中遭持刀歹徒抢劫；2015年8月，合肥一女性夜跑时在离家3公里的草地上遭歹徒强奸；2015年8月，烟台一名女大学生夜跑时遭陌生男子拖上三轮车，万幸的是女孩及时拨通了父亲电话，获得了警方的及时解救，避免了悲剧的发生。近年来，年轻女性独自夜跑造成的人身安全问题越来越引起关注。作为刚刚进入大学、开始独立生活的女同学，一定要树立安全意识，切实保护好自己的人身安全。

● **回声 1**
谨慎独自夜跑，增强防范意识

盘点近几年的夜跑遇袭事件，不难看出共有的几个关键词：夜跑、女性、单独、夜间。对此，法官给出建议：夜跑者尤其是女性夜跑者，一定要选择安全、熟悉的路线，不要选择人迹罕至、缺少照明的线路，跑步时间尽量不要太晚，最好选择有摄像头监控的区域；有条件的话找个同伴一起跑，互相之间能有个照应。除了防范不法分子，还要注意交通安全，最好穿一些颜色鲜艳、荧光材质的跑鞋、服装，或把会发光的鞋夹、腕带夹在身上，这样可以让路上的汽车、电瓶车等在较暗的情况下注意到跑步者的存在，避免误伤；有的人喜欢边跑步边戴着耳机听歌，甚至玩手机，这些都会大大分散注意力，一旦碰到突发情况无法第一时间做出反应，是非常不可取的。[1]

中国人民公安大学李玫瑾教授解释，在犯罪心理学中，有一个术语叫"独狼"，这种人是极其危险的，因为他以人为猎物。"施暴者非常残忍，应依法严惩。但在表达对受害者同情和对犯罪者愤怒的同时，不妨冷静思考一下，从女大学生自身来说，疏于防范也是导致'羊入虎口'的原因之一。"她建议，安全防范措施基本有结伴、避免危险时间外出、遇到陌生人增加防范意识、紧急情况下利用手机发送有效信息或按紧急电话报警、不要触怒对方，等等。如果事情无法控制，要保持冷静，慌张、一味吼叫并不能解决问题。"我们别无选择的时候就应该以生命为第一位，要想办法保护自己的生命。我们也要相信大多数人是可劝解的，好言相劝，让他明白他的行为只是一时的痛快。这也许可以起到自我保护的某种作用，但不是绝对的。"[2]

因此，女生同学一定要提高安全防范意识，尽量加入"夜跑团"或与同学同行，尽量不要在危险时间夜跑，把跑步路线、大概结束时间告知同学、朋友或老师，可随身携带迷你防狼报警器或喷雾等。

---

[1]《女孩夜跑遭强奸，法官给夜跑女孩 6 点注意！》，参见：http://legal.people.com.cn/。

[2]《全国一月连发 3 起女生被侵害案》，参见：http://view.inews.qq.com/a/NEW2014082900611605。

延伸阅读

危急时刻来临，千万不要慌张，尽量冷静，想办法脱险！如果你已经深处困境，这时一定要把钱财放下，不要贪恋钱财。同时避免正面冲突，了解歹徒的弱点也是很有必要的！关键时刻可以救命！

1. 不要用语言刺激歹徒。善恶一念之间，他要钱你就一边掏钱包一边慢慢后退，然后将钱包扔到远处，然后迅速向反方向逃跑。

2. 假装顺从，让歹徒放松警惕，安抚歹徒情绪，如果对方突然冲过来，要看准时机用力向上猛推他的下巴！然后马上逃跑！

3. 如果被歹徒从背后抱住，迅速弯下腰从双腿中间抓住歹徒的脚用力向前拉！

4. 如果对方拿刀子戳向你，就用你的包包做挡箭牌，然后扔掉包包迅速逃跑！

5. 如果迫不得已产生了正面冲突，尽量用胳膊肘、膝盖做武器，毕竟女性体力难以与歹徒抗衡。如果可以，可攻击歹徒的眼睛、鼻梁、腹部以及下体。这些地方都是他们相对薄弱的部位。一旦得空赶紧逃脱！

（资料来源：《女性如何保护自己的人身安全？》，搜狐公众平台，2015 年 10 月 30 日）

● 回声 2
女大学生保护自己的"四喊三慎喊"

中国人民公安大学王大伟教授认为，女大学生的防范意识是最重要的。王教授结合自己见过的大量实际案例提出遇到"色狼"时的顺口溜"四喊三慎喊"："男友在旁高声喊，二三女友高声喊，白天高峰高声喊，旁有军警高声喊；天黑人少慎高喊，孤独无助慎高喊，直觉危险慎高喊，斗智斗勇智为先。"喊和不喊的根本标准，就是以保护自己、以不伤害自己的身体为第一位。[3]

---

3 《女大学生该如何自我保护》，中国青年报，2015 年 8 月 12 日。

提高防范意识对于每一位女生而言都是十分必要的，因为哪怕有千万分之一的危险，降临到你的身上，对你和家人的伤害都是百分之百的。因此，请谨记以上专家老师的建议意见，通过提高安全防范意识把危险消灭在萌芽状态中。此外，如若不幸遇到危险，要保留证据并及时报警，且主动寻求心理帮助。

延伸阅读

近年来，女大学生失踪被害案件的报道急剧增多，查阅近期新闻，有《重庆20岁女大学生"搭错车"遇害》《女大学生济南被黑车司机囚禁性虐》《江苏女学生返校途中遭抢劫被害》等多篇报道。

年轻女性该如何保护自己？中国人民公安大学犯罪心理学教授李玫瑾告诉《中国青年报》记者，最重要的是在宣传教育方面，学校对于学生的安全防范意识教育是非常薄弱的。大学生进入大学之后，脱离了父母的指导，虽然同学之间可以互相帮助，但是年龄都差不多，有时候高校老师对于社会的阴暗面也接触不多，同样会有"想不到"，不能对同学做出提醒。而相关部门过去的教育更多地针对中小学生，"觉得大学生不会出问题，实际上很容易出问题"。

"不只是女大学生，有的大学生到外面参与一个推销活动，或者出门打了一辆车，就失踪了。学生的家庭背景不一样，有的没听过这么多事。这和人的智力没关系，和人的见闻有关，就好像遇到骗子，遇到一次后就很难再被骗。"她认为，社会宣传层面是第一位的，可以由官方搜集制作相关纪录片，当作大学生的入学教育。

大学生对于危险也应该保持敏感，时间、地点、参与人、具体活动，任何一个要素出现非常态，都应该立刻警觉。"熟人之间也要注意防范，尤其是特殊的环境下，比如喝酒、夜间和对方单独到封闭的房间内。现在有的人相约见面就会选择开放的场所。如果一进门发现非常僻静，就可以找个借口先行离开。另外，可以多带朋友一起去，用社会性的方式避免独自的危险。"

（资料来源：杨利伟、刘婵、刘言：《专家解说女大学生应如何自我保护》，载《中国青年报》，2015年8月12日）

后 记

　　本书的编写得到了团中央书记处的高度重视。团中央书记处第一书记秦宜智为本书作序，团中央书记处书记傅振邦担任主编。全书分为六篇，报考篇由尹兆华、王丽红执笔，学业篇由张媛钰、刘冰、温雅、邓张升执笔，人际篇由臧伟伟、孙晓丹执笔，发展篇由孙晓丹、刘冰、王小宁执笔，生活篇由唐敬执笔，权益篇由张成双、牛犁执笔。全书由秦涛、石新明统稿，团中央学校部部长杜汇良审定。团中央网络影视中心提供了典型问题的相关素材，团中央学校部大学处、学联办提供了写作建议。

　　北京化工大学、河北工业大学、内蒙古工业大学、吉林大学、长春师范大学、华东理工大学、安徽工业大学、福建师范大学、山东工商学院、潍坊科技学院、中原工学院、南华工商学院、桂林理工大学、渭南师范学院、陕西杨凌职业技术学院等高校为本书提出了具体的修改意见。

　　本书的出版得到了中国青年出版社的大力支持。在此，向为本书编写和出版付出心血的全体单位和个人一并致谢！

编者

2017年8月